Christian Hennecke · Dieter Tewes · Gabriele Viecens
Herausgeber

# Kirche geht …

## Die Dynamik lokaler Kirchenentwicklungen

Christian Hennecke
Dieter Tewes · Gabriele Viecens
Herausgeber

# Kirche geht ...

## Die Dynamik lokaler Kirchenentwicklungen

echter

Bibliografische Information der Deutschen Nationalbibliothek

Die Deutsche Nationalbibliothek verzeichnet diese Publikation in der Deutschen Nationalbibliografie; detaillierte bibliografische Daten sind im Internet über ‹http://dnb.d-nb.de› abrufbar.


www.echter-verlag.de
Umschlag: Peter Hellmund
Umschlagbild: Gettyone
Satz: Hain-Team, Bad Zwischenahn (www.hain-team.de)
Druck und Bindung: CPI, Clausen & Bosse, Leck
ISBN 978-3-429-03590-7 (Print)
ISBN 978-3-429-04694-1 (E-Book PDF)
ISBN 978-3-429-06093-0 (e Pub)

## Inhalt

*Christian Hennecke:* Einleitung .......................... 7

Hinwege .......................................... 13

*Franz Weber:* Ja, Kirche geht .......................... 15

*Valentin Dessoy:* Kirche könnte gehen ... ................ 23

Weltkirchliche Wegerfahrungen ......................... 43

*Jean Paul Russeil:* Ein Weg des Glaubens in der Sendung der Kirche: die örtlichen Gemeinden ................ 45

*Gisèle Bulteau:* Örtliche Gemeinden begleiten ............ 57

*Eric Boone:* Aus- und Weiterbildung der örtlichen Gemeinden ......................... 67

*Bischof Gilles Côtés SMM:* Die Kirche zu den Menschen bringen! ........................... 75

Wegmarken ........................................ 89

*Hermann J. Pottmeyer:* Der Wandel des Kirchenbildes im und nach dem II. Vatikanum .................. 91

*Christian Hennecke:* Was meint Lokale Kirchenentwicklung – ein theologischer Werkstattbericht ................ 109

Weggeschichten ................................... 135

*Martin Piller, Marianne Reiser, Priska Blattmann:* Wie hat sich die Kirche in Maria Lourdes, Zürich-Seebach, in den letzten 10 Jahren entwickelt? .... 137

*Matthias Eggers, Christiane Kreiss, Cathrin Kuffner:* Wolfenbüttel – Von Wegen lokaler Kirchenentwicklung .......................... 159

Marktplatz – Weg-Geschichten lokaler Kirchenentwicklung .......................... 177

Aufbruch .......................................... 225
*Alfons Vietmeier:* Eine Vision gewinnt Gestalt –
Merkmale der Kirche der Zukunft, vor Ort ............ 227
*Franz Weber:* (Eindrücke und Rückblicke) –
Wahrnehmungen und Ermutigungen ................ 257

Schlusswort .......................................... 263
*Christian Hennecke:* Kirche geht weiter – Schlusswort ..... 263

Christian Hennecke

# Einleitung

Das Symposion in Lingen war das dritte in einer Serie von theologisch-praktischen Vergewisserungen. Die Absicht und das Ziel wiesen in eine Richtung: Es ging darum, immer tiefer in eine weltkirchliche Lernbewegung einzutreten. Es ging präziser noch darum, theologisch zu reflektieren und zu vertiefen, was hinter der Erfahrung und Faszination des weltweiten kirchlichen Phänomens der „Kleinen Christlichen Gemeinschaften“ steckt.

## Ein weltkirchlicher Aufbruch

In einem ersten Lernschritt war seit 2008 deutlich geworden, dass Kleine Christliche Gemeinschaften und kirchliche Basisgemeinschaften als Sozialformen gelebten Kircheseins einerseits ganz in der Linie einer geistlich-theologischen Rezeptionsbewegung des II. Vatikanischen Konzils liegen, der es um eine spirituelle Erneuerung aus dem Wort Gottes geht. Was weltweit Praxis geworden ist, und im Begriff des „gospel sharings“ (Bibelteilen – Gemeinschaft im Wort) einen Weg beschreibt, wie alle Christen im Raum der Gegenwart des Auferstandenen gemeinsam das Wort des Lebens „berühren“ können, konnte theologisch beschrieben und verantwortet werden im Rückgriff auf die Lehre der „loci theologici“ und damit den unterschiedlichen Erkenntnisorten und Erkenntniswegen Gottes. Damit war auch klar, dass die Kirche in ihrem Umgang mit der Schrift sich ergänzende Zugänge kennt. Das Bibelteilen findet so seinen Ort in den Prozessen der Ekklesiogenese, als „ecclesia ex auditu" gewissermaßen, inmitten einem Gefüge der Schriftauslegung zwischen Exegese und öffentlicher Verkündigung.

Kleine Christliche Gemeinschaften tragen in ihrer Rezeptionsgeschichte im deutschsprachigen Raum einen ekklesiopraktischen Code in sich, der sie praktisch zu spirituellen Selbsthilfegruppen werden ließ. Sie traten in eine Lücke, die die an vielen Orten spürbare spirituelle Erschöpfung einer klassischen Gemeindegestalt ließ. Kleine Christliche Gemeinschaften scheinen so einer praktischen Interpretation der Communiotheologie verpflichtet, in der Communio verstanden wird als bergende Gemeinschaft, die dann aber zum einen leicht abgeschlossen ist – und die eigentliche Sendung draußen läßt. Genau diese Herausforderung ließ sich ja allüberall entdecken: Wieso ist nicht nur im deutschsprachigen Raum das Risiko so hoch, dass lokale Formen des Kircheseins ihre Sendungsdimension vergessen, wieso wurde in der deutschsprachigen Rezeption des Bibelteilens, aber auch in anderen Wegen wie der lectio divina, die Dimension des gemeinsamen Handelns ausgeblendet, oder doch einfach individualisiert?

## Kirche in der Nachbarschaft

Genau diesen Fragen widmete sich das 2. Symposion im Jahr 2010: Unter dem Stichwort der „Rückkehr der Verantwortung" wurde zum einen deutlich, dass die Rede von den Kleinen Christlichen Gemeinschaften nicht auf eine neue Kleinegruppenstruktur bestehender Gemeinden zielt, sondern auf eine Kirchenentwicklung, die sich als Gemeinschaft im Dienst an der Nähe des Reiches Gottes versteht. Was pastoraltheologisch mit der Rede von der „Pastoralgemeinschaft" gemeint ist, kann hier praktisch entfaltet werden. Und genau das entspricht den Zeichen einer Zeit, in der Community-organizing und solidarische Nachbarschaftsinitiativen ganz gegen die Einschätzung depressiver Zeithermeneutik auf Potentiale der Solidarität und der Hingabefähigkeit verweisen, die häufig nicht gewürdigt werden.

Sind Kleine Christliche Gemeinschaften also nicht zuerst spirituelle Selbsthilfegruppen und verbleiben sie nicht im Dunstkreis selbstgenügsamer Gemeinschaftsfindung, dann geht es hier in der Tat um eine Neuausrichtung des Kircheseins am Ort – und damit um eine pastorale Vision und einen pastoralen Ansatz, der umfassender als vermutet Entwicklungsprozesse der Kirche fördern will, die auf eine praktische Alltagsrezeption prophetischer Intuitionen des II. Vatikanischen Konzils zielen.

## Auf dem Weg zu einer Lokalen Kirchenentwicklung

„Your Germans have a further step to do", so sagte uns schon im Jahr 2008 Estela Padilla, die Theologin des philippinischen Pastoralinstituts Bukal Ng Tipan. Sie hatte recht: Was wir rezepiert hatten, war eine Faszination und eine Sozialform. Was wir übersehen hatten, das war die theologische und ekklesiogenetische Architektur, die solche Entwicklung ermöglicht. Und in der Tat: Die weltkirchliche Faszination greift ja zu kurz, wenn sie Basisgemeinden und Kleine Christliche Gemeinschaften als Pastoralprodukt und Methode installieren will, ohne wahrzunehmen, dass dahinter langfristig angelegte Prozesse der Kirchenentwicklung standen, die in Diözesen und Kontinentalkirchen meist lange Anwege der Bewußtseinsbildung und pastoraler Bildungs- und Entwicklungsarbeit bedeuteten.

Es wurde uns immer deutlicher, dass es jeweils um einen inkulturierten Ansatz einer Kirchenentwicklung ging, der Grundwerte und Grundoptionen des II. Vatikanischen Konzils aufgriff, die 50 Jahre nach dem Konzil und angesichts der Umbrüche der Kirche im deutschsprachigen Raum neu zum

Leuchten kommen wollen: Die Erfahrungen im Dialog mit dem französischen Bistum Poitiers ließen uns verstehen, dass die Taufwürde und die Orientierung an der Vertiefung der eigenen Taufexistenz notwendiger Hintergrund eines kirchlichen Neuaufbruchs vor Ort sind. Der asiatische Pastoralansatz (AsIPA), auf dem die Entwicklung Kleiner Christlicher Gemeinschaften in Asien ruht, entfaltet eine Kirchenkultur, die durch ein Höchstmaß an Partizipation gekennzeichnet ist. Durch die Begegnungen auf Exposurereisen wurde auch immer klarer, dass ohne eine achtsame Inkulturation dieser Kultur das Risiko ekklesialer Sonderwelten droht.

## Resonanzen

Die Konsequenz lag auf der Hand: Weil es nicht um kirchliche Substrukturen in größeren Pastoralräumen geht – und schon gar nicht um eine spirituelle Gruppenbewegung, sondern um einen zu entwickelnden visionär orientierten und ekklesiopraktischen Pastoralansatz –, trat die Rede von Kleinen Christlichen Gemeinschaften zurück. In den Vordergrund trat die Entwicklungsdynamik der Kirche vor Ort. Wir fanden den Begriff der Lokalen Kirchenentwicklung.

Seit dem Jahr 2011 entwickelt dieser Begriff eine erstaunliche Dynamik im deutschsprachigen Raum. Auslöser sind Erfahrungen im Bistum Hildesheim, die in einer pastoralen Richtungnahme mündeten. Im Frühjahr 2011 veröffentlichte Bischof Norbert Trelle ein Hirtenwort unter dem Leitwort der Prozesse Lokaler Kirchenentwicklung und beschrieb darin wichtige Orientierungen im Blick auf eine Kultur des Kircheseins. Diese Kultur und diese Dynamik des Kircheseins genauer zu fassen, sie theologisch zu reflektieren und in Erfahrungen zu evaluieren, darum ging es beim Symposion in Lingen.

Es steht im Kontext einer erstaunlichen Resonanzbewegung: Die Erfahrungen bei Dekanatstagen und Tagungen, die Workshops und Summerschools, die wir in den letzten Jahren initiiert haben, die weltkirchlichen Pastoralexposure von Missio erlebten ein ungeheuer großes Interesse in Diözesen des gesamten deutschsprachigen Raums. Es verweist auf einen vorsichtigen Stimmungswechsel: von einer eher depressiven Ratlosigkeit hin zu einer vorsichtigen Hoffnung, vor allem hin zu dem Wunsch nach Neuorientierung. Das läßt sich ganz leicht an Zahlen ablesen: Das Symposion in Lingen wurde von Anmeldungen geflutet, und auch der im Februar 2013 stattfindende ökumenische Kongress Kirche2 war schon Monate vor Anmeldeschluss mit über 1000 Anmeldungen ausgebucht.

## Wie Kirche geht

Auf diesem Hintergrund wollte das Symposion in zwei Richtungen die Linien weiter ausziehen und theologische Klärungsarbeit leisten. Dabei ging es zum einen darum, die sich weiter konturierende ekklesiologische Vision einer partizipativen Kirche zu konkretisieren: Wenn dieses Bild einer Kirche im Dienst am Reich Gottes farbig erfahren und beschrieben werden kann – und die weltkirchlichen Erfahrungen geben uns dabei eine gute Sehhilfe, um die eigene Entwicklung in diese Richtung zu entdecken –, dann geht es nun darum, tiefer von der Prozessdynamik zu lernen. Die Erfahrungen der pastoralen Entwicklung im Erzbistum Poitiers wie auch der Pastoralprozess in Papua Neuguinea ermöglichten tiefe Einblicke in Prozesse, die auch im deutschen Sprachraum an der Zeit sind.

Zum anderen aber standen anfanghafte Erfahrungen konkreter Pastoralprozesse im Mittelpunkt des Kongresses: Was in den vergangenen Jahren in Zürich und Wolfenbüttel gewachsen ist, verweist auf eine inkulturierte Lokale Kirchenentwicklung. Appetizer aus verschiedensten Pfarreien machten deutlich, dass „Kirche geht“.

## Auf der Schwelle ...

So sehr es wichtig ist, eine Vision immer neu zu vergegenwärtigen, damit die theologische Rückbindung an die große Tradition der Kirche vertrauensvolle und mutige konkrete Schritte auf dem Weg möglich macht, so sehr ist in Lingen deutlich geworden, dass die Kirche in Deutschland in Bewegung geraten ist, nicht chaotisch, sondern verheißungsorientiert. An vielen Orten wird sichtbar, dass Neues wächst. Zugleich aber tritt ein neuer Stil der Theologie hervor, der in Lingen anfanghaft zu spüren war. Theologie, Spiritualität und Ekklesiopraxis verbinden sich zu einem Gefüge: Das Teilen der Schrift, der Austausch der Glaubenserfahrungen, die Feier der Liturgie und das gemeinsame Nachdenken bilden ein Gefüge kirchlicher Erfahrung, die ja genau auch dem pastoralen Weg einer Lokalen Kirchenentwicklung entspricht.

# Hinwege

Franz Weber

# Ja, Kirche geht ...

## Ein persönliches und pastoraltheologisches Bekenntnis zur Dynamik lokaler Kirchenentwicklung

Geht Kirche wirklich? Wer „macht", wer bewirkt, dass Kirche auch heute „geht"? Am Beginn dieses Symposions seien hier als erster Impuls zur Thematik dieses Symposions einige Gedanken formuliert, die biographischer und theologisch spiritueller Natur sind und die den Blick bewusst über den Horizont der katholischen Kirche in Deutschland in die Weltkirche hinein weiten wollen.

Nehmen wir zunächst für die gesellschaftliche Situation der Kirche im deutschsprachigen Raum nüchtern zur Kenntnis: Für viele Menschen hierzulande geht Kirche nicht mehr. Und sie ziehen daraus die Konsequenz, dass sie gehen, weggehen und austreten. Sie tun das mit Gründen, die sie konkret benennen, aus Enttäuschung, vielleicht auch verletzt, manche mit einer klaren Entscheidung, weil sie in dieser Kirche, wie sie lebt und erlebt wird, nicht die Gemeinschaft finden, die sie suchen, andere auch leichtfertig und leichtsinnig, ohne tiefere Motivation und häufig eben auch nur aus finanziellen Gründen. Bis in die Kernschichten unserer Pfarreien hinein sind Menschen von der Kirche enttäuscht, weil in ihr offensichtlich nichts weitergeht, weil diese Kirche nicht mehr geht, sondern steht, stehen geblieben ist. Diesen Eindruck haben viele, und das wohl nicht ganz zu Unrecht.

Das ist freilich nur die eine Seite der Realität unserer katholischen Weltkirche, zu der sich weltweit weit über eine Milliarde Menschen bekennt. Jedes Jahr kommen – rein statistisch gesehen – einige Millionen dazu. Es ist auch eine Tatsache, dass unsere Kirche für viele Menschen als Kirche vor Ort ganz konkret als ein Stück Heimat, als ein Ort von Lebens- und Beziehungskultur erfahren wird, als Gemeinschaft, die trägt, als Gestalt der Solidarität und der Hoffnung. Viele sagen es – in den Kirchen des Südens häufiger als bei uns: „Wir sind Kirche, katholische Kirche." „We are Catholics", und sie sagen es etwa in Afrika, überzeugt und mit einem gewissen Selbstbewusstsein und nicht nur unter vorgehaltener Hand, nicht mit Scham und Minderwertigkeitsgefühlen, wie das bei uns nicht so selten der Fall ist. Sie entschuldigen sich nicht dafür, dass sie katholisch sind.

Unsere Kirche befindet sich bei näherem Hinsehen – weltweit gesehen – nicht in einem Niedergang, sondern in einem vielgestaltigen Prozess der Ekklesiogenese (Leonardo Boff), einer Gestaltwerdung von Kirche. Sie ereignet sich immer wieder neu, an alten und neuen Orten von Kirche, in Pfarreien, die sich vor allem in den Kirchen des Südens häufig als „Gemeinschaft von Gemeinschaften" verstehen, in neuen geistlichen Gemeinschaften, vor allem aber in unzähligen „Kleinen Christlichen Gemeinschaften", die – global gesehen – wahrscheinlich den „Normalfall von Kirche" darstellen. Geht Kirche also doch?

## Bekenntnis zur Möglichkeit und Zukunftsfähigkeit von Kirche

Auf der Basis meiner eigenen Begegnung mit ganz verschiedenen Sozialgestalten von Kirche und christlicher Gemeinde, die mir – und ich formuliere das bewusst gnadentheologisch – im Laufe meines Lebens geschenkt wurden, auf der Grundlage eines theologischen Kirchenbildes, das von neutestamentlichen Gemeindeerfahrungen, vor allem aber von der Kirchenvision des II. Vatikanischen Konzils geprägt ist, formuliere ich ein Credo, das meinen Glauben an die Zukunftsfähigkeit und Hoffnungsgestalt der Kirche zum Ausdruck bringt:

*Ja, Kirche geht! Kirche ist unter ganz verschiedenen kulturellen, gesellschaftlichen und lebensgeschichtlichen Voraussetzungen, ja selbst unter – menschlich gesehen – unmöglichen Bedingungen möglich, weil Gott sie möglich macht, weil sein Geist Kirche als Gemeinschaft, als Gemeinde in Gestalt erfahrbarer communio stiftet und den Menschen Geistesgaben schenkt, die sie – wie in neutestamentlicher Zeit – zum Aufbau von Gemeinden vor Ort einsetzen.*

*Kirche lebt und wird am Leben bleiben, weil sie aus dem Geheimnis von Tod und Auferstehung Jesu lebt. Sie ist keine statische unveränderliche, sondern eine historische Wirklichkeit, die dem Lebensgesetz des Weizenkorns unterworfen ist. Ihre äußere Sozialgestalt muss immer wieder vergehen, damit neues Leben aufbrechen und für die Menschen Frucht bringen kann. Kirche ist auf ihrem Weg durch die Zeit nicht deshalb am Leben geblieben, weil sie unwandelbar, sondern wandlungsfähig war.*

Dieses mein Credo, mein Kirchenbekenntnis kommt nicht zuerst aus historisch theologischen Einsichten, sondern hat seinen Sitz in meinem Leben als katholischer Christ, Ordensmann, Missionar und Theologe.

Ich habe Kirche und christliche Gemeinde in sehr verschiedenen Gestalten erlebt und wahrgenommen:

- In neun Jahren als Pfarrer in der Begleitung Kirchlicher Basisgemeinden im Nordosten Brasiliens und an der Peripherie von São Paulo.
- Im unmittelbaren Erleben von „Kleinen Christlichen Gemeinschaften“ bei Forschungsaufenthalten in Südafrika, Mosambik, Uganda, Kenia und Tanzania.

- In der Wahrnehmung und Erforschung verschiedener Gemeindeerfahrungen aus Asien in der Begleitung von Diplom- und Doktorarbeiten von Theologen aus verschiedenen Ortskirchen.
- In der Wahrnehmung der Entstehung von „Kleinen Christlichen Gemeinschaften" und neuer Gemeindeerfahrungen im deutschsprachigen Raum, eine Entwicklung, die mich – gerade im Kontext der gegenwärtigen Glaubwürdigkeitskrise unserer Kirche und mancher ihrer Umstrukturierungsprozesse – hoffnungsvoll stimmt.

Das alles und vieles mehr lässt mich zur Überzeugung kommen, dass Kirche „auch heute geht", dass sie aber dynamisch verstanden und gelebt werden muss, als pilgerndes Volk Gottes, das nicht kleingläubig aus Angst vor Glaubens- und Identitätsverlust wie gelähmt stehen –, sondern auf dem Weg bleiben und sich aus der Kraft des Geistes verändern und neu gestalten muss.

## Theologische Grundlagen für ein dynamisches Verständnis von Ortskirche

Auf diesem Symposion wird mit Recht und theologisch legitim von der „Dynamik lokaler Kirchenentwicklung" gesprochen, eine Redeweise, die nach meinem Verständnis ihre Basis in der Ekklesiologie des II. Vatikanischen Konzils hat. Diese Kirchenvision hat – bei aller bleibenden Bruchstückhaftigkeit – in der Weltkirche ihre Verwirklichung gefunden.

Unsere Kirche ist weltweit de facto nicht eine zentralistisch straff und hierarchisch organisierte internationale Institution, sondern eine multikulturelle Gemeinschaft von Teilkirchen und Ortsgemeinden, in denen sich die eine katholische und apostolische Kirche auf je verschiedene Art und Weise inkulturiert und sichtbar Gestalt annimmt. Nur so wird sie für Menschen verschiedener Völker und Kulturen erfahrbar und lebbar.

Katholizität, wie sie das Konzil versteht, bedeutet Einheit, aber nicht Uniformität. Das Marken- und Gütezeichen der katholischen Kirche ist ihre spannende und deshalb auch spannungsreiche Vielfalt. Das gilt vor allem für die Gemeindeentwicklung, durch die die eine katholische und apostolische Kirche vor Ort sehr verschiedene Sozialgestalten angenommen hat. Das ist theologisch legitim und pastoral lebensnotwendig.

Ohne hier die Einzelheiten der Ortskirchentheologie des II. Vatikanischen Konzils zu entfalten, sei nur darauf verwiesen, dass nach der Lehre des Konzils „diese Kirche wahrhaft in allen rechtmäßigen Ortsgemeinschaften der Gläubigen anwesend ist“ (II. Vatikanisches Konzil, Dogmatische Konstitution über die Kirche , n. 26).

Das Konzil hat dann in derselben Nummer der Kirchenkonstitution in einer prophetischen Vision auf eine Gestalt der Kirche hingewiesen, die inzwischen millionenfach Wirklichkeit geworden ist: „In diesen Gemeinden, auch wenn sie arm und klein sind oder in der Diaspora leben, ist Christus gegenwärtig“ (Kirchenkonstitution, n. 26).

## Kraftvolle Bilder und Vergleiche für die Dynamik gegenwärtiger Kirchen- und Gemeindeentwicklung

Unsere Kirche ist nicht mehr das „Haus voll Glorie“, nicht die aus „ewigem Stein“ erbaute Festung und Trutzburg des Glaubens, die sicher, unnahbar und uneinnehmbar „oben“ auf einem Felsen thront: Sie ist pilgerndes Gottesvolk, die „unten“ bei den Menschen lebt und mit ihnen geht durch die Niederungen menschlicher Existenz. Dort, wo „Freude und Hoffnung, Trauer und Angst der Menschen von heute, besonders der Armen und Bedrängten aller Art“ (II. Vatikanisches Konzil, Pastoralkonstitution, n. 1) zuhause sind, dort schlägt sie ihre Zelte auf, die man auch wieder abbrechen und anderswo aufbauen kann. Kirche bleibt nicht stehen, sie zieht mit. „Ist doch ihre eigene Gemeinschaft aus Menschen gebildet, die in Christus geeint auf ihrer Pilgerschaft zum Reich des Vaters geleitet werden“ (ebd.)

Unsere Kirche ist nicht wie ein unbeweglicher Felsblock, an dem die Strömungen der Zeit vorbeifließen. Sie hat diese Strömungen als „Zeichen der Zeit“ zu erforschen und im Licht des Evangeliums zu deuten (vgl. Pastoralkonstitution, n. 4) und als Folge daraus auch ihre Gestalt zu verändern.

Unsere Kirche ist nicht ein mit Kanonen besticktes Kreuzzugsschiff, das ausläuft, um die Feinde des Glaubens zu besiegen. Sie ist aber auch kein Luxusdampfer, auf dem religiöse Bedürfnisse von wohlhabenden Individualisten befriedigt werden. So bequem darf Kirche nicht zu haben sein.

Kirche, wie sie sich heute vielerorts in der Weltkirche darstellt, ist eine „Kirche der Armen“, eine „Kirche der kleinen Leute“ und ist als solche oft recht armselig unterwegs.

Sie segelt meist auf unruhigen Gewässern. Sie bemüht sich Kurs zu halten, kämpft sich durch die Wellen und dreht sich manchmal im Kreis. Sie ist meist auf kleineren, und nicht immer sehr seetüchtigen Schiffen und Booten unterwegs. Aber sie nimmt doch die Schiffbrüchigen aller Art an Bord und verwirklicht vor allem dadurch eine Mission, die Jesus Christus ihr vorgelebt hat.

Unsere Kirche ist keineswegs überall „im gleichen Schritt und Tritt“ auf dem Weg, auch wenn manche in ihr das entschieden fordern. Sie marschiert nicht nach den Takten eines römischen Einheitsmarsches und funktioniert nicht auf Kommando einer zentralen Kirchenleitung.

Sie tanzt vor Ort nach den Klängen lokaler Gesänge und Musikinstrumente. Und sie tanzt oft in mehrfachem Sinn aus der

Reihe. Sie nimmt die Lebensfreude und Lebenssehnsucht der Menschen wahr und feiert mit ihnen.

Sie hört aber besonders auch auf die vielen Schreie der Armen und Unterdrückten dieser Erde und macht sich zur Stimme derer, die keine Stimme haben. Sie hat ein Ohr für die lauten und leisen Töne menschlicher Not und Verzweiflung. Ihre Gemeinden vor Ort kennen diese Musik und machen sie zu Gottes Melodie und zu ihrer Kirchenmusik.

Unsere Kirche serviert die erlösende und befreiende Botschaft des Evangeliums und ihre Tradition des Glaubens nicht als Eintopf und Einheitsbrei. Sie verleiht ihrer Glaubensverkündigung durch die Verwendung lokaler Gewürze einen je eigenen Geschmack.

## Geht Kirche noch? Ja, wenn sie zu den Menschen geht

Ja, sie geht nur dort in den Spuren Jesu, wo sie – wie er – zu den Menschen geht, wo der „Weg der Kirche der Mensch“ (Johannes Paul II.) ist. Kirche geht dort, wo sie bei Jesus Christus und seinem Evangelium in die Schule geht. Sie bleibt dort am Leben, wo sie am Leben bleibt, am Leben der Menschen dran bleibt. Wo sie sich vom Menschen entfernt, wird sie bedeutungslos und stirbt.

Wie das geht und vor Ort gehen kann, das leben uns in der Kirche von heute Millionen kleiner christlicher Gemeinschaften vor. Es ist gut, ja lebensnotwendig für die Kirche in Deutschland und im deutschsprachigen Raum, dass wir uns in der Kirchen- und Gemeindeentwicklung vor Ort im Vertrauen auf das schöpferische Wirken des Geistes Gottes etwas sagen lassen und neue Wege gehen. „Wer Ohren hat zu hören, der höre, was der Geist den Gemeinden sagt“ (Offb 2, 7) – diese siebenmal wiederkehrende Aufforderung und Ermutigung an die Gemeinden am Ende des 1. christlichen Jahrhunderts, wie sie uns in der Offenbarung des Johannes begegnen, sind auch Aufforderung und Ermutigung an dieses Symposion.

Was wir voneinander hören, was wir uns gegenseitig an lokalen Kirchen- und Gemeindeentwicklungen mitteilen, kann unserer Kirche „Beine machen", bringt uns als Kirche zum Gehen. Verfallen wir aber nicht einem gemeindetheologischen praktischen Atheismus und Pragmatismus, in der wir unsere Kirche nur als das Ergebnis von Kirchendisziplin und Strukturreformen neu erfinden und „produzieren" wollen, „etsi Deus non daretur" – „als ob es Gott nicht gäbe". Vergessen wir nie, dass in unserer Kirche nicht nur Menschengeist weht, sondern der Geist Gottes in ihr und in ihren Gemeinden am Werk ist, dass unser Bruder und Herr Jesus Christus – wie mit den Jüngern von Emaus – mit uns geht und zu uns steht. Ihm und seinem Geist verdanken wir letztlich die Dynamik lokaler Kirchenentwicklung.

**Franz Weber,** geboren 1945, ist Professor für interkulturelle Pastoraltheologie und Missionswissenschaft an der Universität Innsbruck. Als Combonimissionar verfügt er über eine reiche Erfahrung im Bereich der Kirchlichen Basisgemeinden in Lateinamerika, Asien und Afrika. Häufige Veröffentlichungen zum Thema. Grundlegend: Weber, Franz; Fuchs, Ottmar (2007): Gemeindetheologie interkulturell. Lateinamerika – Afrika – Asien. Mainz a. Rhein: Matthias-Grünewald-Verlag (= Kommunikative Theologie 9).

Valentin Dessoy

# Kirche könnte gehen ...

Kirche ist Organisation und „braucht Organisation um ihrer selbst willen“ (*Lames* 2012, 228). Als Organisation verkörpert Kirche symbolisch den Ursprung: Bekenntnis und Auftrag Jesu Christi werden in der Welt sichtbar. Zugleich verweist sie zeichenhaft auf das angebrochene Reich Gottes (vgl. *Lames* 2012). Erinnerung und Verweis auf Dauer zu stellen, ist die Kernfunktion von Kirche als Organisation.

Systemisch betrachtet, kann Kirche diese Aufgabe nur dann realisieren, wenn sie sich mit ihrer jeweiligen gesellschaftlichen Umwelt koppelt. Kirchenentwicklung, die Entwicklung der Organisation Kirche, ist unabdingbar, sofern sich Gesellschaft verändert. Der vorliegende Beitrag fokussiert Kirche als Organisation, soll die Fremdperspektive eintragen. Basierend auf sozialwissenschaftlichen Konzepten und ausgehend von Erfahrungen aus kirchlichen Entwicklungsprozessen werden Kriterien skizziert, wie Kirche als Organisation in Bewegung kommen und bleiben kann.

## 1. Was passiert, wenn Kirche geht

Zunächst drei Vorbemerkungen zum Stichwort „gehen“, um die Grundrichtung zu skizzieren.

### (1) Kirche entsteht

Für Kirchenmenschen ist es provokativ, für Systemiker dagegen selbstverständlich: Es gibt – für uns endliche Menschen könnte man einschränkend sagen – *keine Wirklichkeit an sich.*

Systeme, Wirklichkeit und damit auch Wahrheit im semantischen Sinn – jenseits logischer Widerspruchsfreiheit – entstehen, wenn Menschen sich im Kommunikationsprozess selektierend beobachten, wechselseitig aufeinander beziehen und ihrem Verhalten auf diese Weise Sinn zuschreiben (Luhmann 1993). So entsteht Kirche, so entfaltet sich Offenbarung. Wohlgemerkt, Kirche bzw. Offenbarung *ist* diese Kommunikation.

Wenn sich Getaufte auf den Weg machen und zusammenkommen, um ihre (Glaubens-)Erfahrungen auszutauschen und zu reflektieren, dann sind sie Kirche, betreiben sie Kirchenentwicklung und zeigen: „Kirche geht!". Damit ist alles gesagt. Es geht um ein im Schwerpunkt verändertes Kirchenverständnis. Exemplarisch hierfür mag die Emmausgeschichte (Lk 24, 13–35) stehen. Das II. Vatikanische Konzil benutzt dafür die Bilder des pilgernden Gottesvolkes und der Communio, der lebendigen Gemeinschaft (u. a. LG 4).

### (2) Kirche lernt

Sprache speichert Wissen. Daher lohnt ein genauer Blick auf das Wort „gehen". Die Wortwahl ist Programm. Etymologisch geht das Verb „gehen" auf die *idg.* Wurzel ĝhē[i] zurück, die „klaffen, leer sein, verlassen, [fort]gehen" bedeutet. *Ich kann nur gehen, wenn ich etwas verlasse, also los- oder zurücklasse.*

Gehen hat viel mit „lernen" zu tun. Das Verb „lernen" leitet sich aus *ahd.* leisten ab und bedeutet ursprünglich „einer Spur nachgehen, nachspüren". *Lernen geht nur über „Er-fahrung", ist also ein aktiver, selbstgesteuerter Vorgang.* Wenn Kirche geht, macht sie (neue) Erfahrungen und dadurch lernt sie.

Gehen hat auch mit „führen“ und „leiten“ zu tun. Die *idg.* Wurzel leit[h] steht für „gehen, dahingehen“. Im *ahd.* und *mhd.* entspricht dieser Bedeutung das Wort „leiden“, erst unter christlichem Einfluss wird daraus „dulden, ertragen, Schmerz, Kummer empfinden“. Das Verb „leiten“ ist das Veranlassungswort zu „leiden“, bedeutet ursprünglich „gehen oder fahren machen“. Ähnlich verhält es sich mit dem Wort „führen“, dem Veranlassungswort zu „fahren“. Das also ist die Kernaufgabe von Führung und Leitung: *Nicht von oben zu bestimmen, was zu tun ist, sondern in Bewegung zu bringen, Erfahrung zu ermöglichen, Lernen in Gang zu setzen und den Übergang zu gestalten.*

### (3) Kirche bleibt

Zurück zum Titel des Kongresses: „Kirche geht“. Der Titel lässt unterschiedliche Assoziationen zu. Zwei scheinen besonders prägnant und in unserem Zusammenhang von Bedeutung zu sein.

Die erste: „Kirche geht“ ist eine (generalisierende) Feststellung, ein Fazit: Kirche funktioniert! Das ist – selbst für den geneigten Beobachter – eine steile These. Die Realität sieht anders aus. Von außen hat man eher den Eindruck, dass sich die Kirche bei uns im fortgeschrittenen Stadium der Auflösung befindet. Ist man etwas näher dran, hört man von den Verantwortlichen, dass sie gerade nicht wissen, wie es geht. Aber alle wissen: Kirche (wie wir sie kennen) geht nicht mehr.

Die zweite Assoziation: „Kirche geht“ ist eine Beschreibung: Kirche macht sich auf den Weg, kommt in Bewegung, ist (schon) unterwegs. Die Aussage ist bescheidener, öffnet den Blick auf Zukunft hin. Sie verweist auf Aufbrüche, gemeinsame Wege und neue Erfahrungen. Unvollständigkeit und Ungewissheit, Irrwege und Sackgassen gehören mit ins Bild.

In der Verknüpfung beider Assoziationen liegt das Entscheidende: „Kirche geht nicht, wenn sie stehen bleibt“ also „Kirche vergeht, wenn sie bleibt (festhält)“, und umgekehrt, „Kirche bleibt, wenn sie geht" oder anders „Kirche geht (funktioniert), wenn sie geht (loslässt)". Der Satz „Kirche geht, wenn sie geht" ist weder tautologisch, noch trivial. Er ist nicht tautologisch, weil „gehen" Unterschiedliches bedeutet. Es ist wie im Gleichnis von den klugen und törichten Jungfrauen (Matthäus 25,1–13): Kirche hat eine Zu-Kunft, Gott kommt auf sie zu, wenn sie sich auf den Weg macht. Und der Satz ist nicht trivial, weil der Mainstream anders gepolt ist: 90% der jährlich etwa 4,5 Mrd. Euro an Kirchensteuern werden in die Aufrechterhaltung des Status Quo gesteckt, in der Hoffnung, zu bleiben.

## 2. Warum es wichtig ist, dass Kirche jetzt geht

Die Kirche befindet sich – nicht ohne eigenes Zutun – in einer Situation, die sehr zeitnah entschlossenes Handeln erfordert.

### (1) ... um aus dem Funktionsmodus in den Lernmodus zu kommen

Organisationen sind Systeme, die auf Dauer ausgerichtet sind. Mit ihren Routinen sorgen sie dafür, dass Personen austauschbar bleiben und die Muster der Kommunikation reproduziert werden. In diesem Sinne sind Organisationen immer darauf ausgerichtet, stabil und funktional zu bleiben.

Zugleich stehen Organisationen mit ihren Umwelten im Austausch von Materie, Energie und Information. Ändern sich die Umwelten, müssen sich Organisationen verändern, indem sie sich mit den Logiken der relevanten Umwelten koppeln. Veränderung (Lernen) ist systemisch gesehen die Bedingung von Stabilität (Funktionalität).

Die große Herausforderung besteht dabei in der stetig ansteigenden Komplexität und Dynamik gesellschaftlicher Prozesse. Klaus Doppler formuliert das so: „Wir leben quasi in einem permanenten Ausnahmezustand. Das Leben in instabilen, turbulenten, unkalkulierbaren Umwelten ist die Normalität – und zwar aller Voraussicht nach auf Dauer". In dieser Situation wird Lernen, also Gehen, immer wichtiger, zur Schlüsselkompetenz.

### (2) ... um den vorhandenen Entscheidungs- und Gestaltungsspielraum zu nutzen

Die Kirche existiert seit zweitausend Jahren und hat sich dabei immer wieder grundlegend und umfassend verändert. Heute, unter den Vorzeichen der Postmoderne, tut sie sich damit besonders schwer. Sie hat sich in den zurückliegenden Jahrzehnten in ihrem Bemühen, den volkskirchlichen Status Quo zu erhalten, sehenden Auges immer tiefer in eine Sackgasse manövriert.

Die Folgen sind dramatisch: Die Kirche hat ihre Anschlussfähigkeit an die Menschen von heute weitgehend verloren. Die Auswirkungen sind unübersehbar, eine fortschreitende, generalisierte Dysfunktionalität.

Tempo und Dynamik der Veränderungen werden bis heute massiv unterschätzt. Mental und organisatorisch auf maximale Stabilität und Funktionalität programmiert, sehen sich die Akteure Umwälzungen gegenüber, die für die Kirche (bei uns) in absehbarer Zeit existenzbedrohend sein werden.

Noch sind hinreichend personelle, finanzielle und infrastrukturelle Ressourcen vorhanden. Noch gibt es substantielle Gestaltungsspielräume. Es bleibt allerdings nur noch wenig Zeit, bis das System umkippt.

### (3) ... um die vorhandene Kluft zur Umwelt nicht zu groß werden zu lassen

Übergänge in komplexen, dynamischen Systemen verlaufen sprunghaft, insbesondere dann, wenn ihnen eine lange Phase der Stabilität vorausgeht, die Organisation das Lernen verlernt hat, und sich gleichzeitig die Kontextparameter sehr stark und sehr schnell verändern.

Um lernen zu können, müssen Systeme von bestehenden Routinen abweichen und neue Wege erproben. Nur induktiv (experimentell) über „Versuch und Irrtum" können innovative Lösungen gefunden werden, Lösungen, die einen Unterschied machen (vgl. Dessoy, Lames 2012). Abweichungen nützen der Organisation zwar auf Dauer, weil dadurch neue Lösungen gefunden werden können, die eine bessere Umweltpassung ermöglichen, wirken jedoch im Alltagsgeschäft zunächst immer als „Störung" und erzeugen Stress.

Je größer die Kluft ist, die es zu überbrücken gilt, je größer und grundlegender also der Lernbedarf der Organisation ist, umso mehr muss aufgegeben werden, ohne bereits neue Lösungen gefunden zu haben. Ängste und Widerstände wachsen, der Druck, (kurzfristige) Lösungen nach bewährten Mustern zu generieren, steigt und die Wahrscheinlichkeit einer innovativen Anschlusskommunikation sinkt. Daher ist es so wichtig, dass Kirche jetzt geht. Aber wie?

## 3. Wie Kirche gehend gemacht werden kann

Damit keine Missverständnisse entstehen: Die folgenden Kriterien sagen nichts darüber aus, *wie Kirche (operativ) gehen*, also Pastoral in veränderter Zeit betrieben werden kann! An dieser Stelle geht es ausschließlich um die Frage, *wie Kirche gehend gemacht werden kann*, also um die organisatorisch-kulturellen Rahmenbedingungen, die erforderlich sind, damit Kirche innovativ werden, sich wirksam erneuern und in veränderten gesellschaftlichen Kontexten wirkungsvoll und nachhaltig bewegen kann (vgl. Dessoy 2012 [a]).

### (1) Kriterium 1: Kirchenbild und Offenbarungsverständnis – Umkehr, Macht, Sinn

Erneuerung setzt die grundlegende Bereitschaft voraus, miteinander zu lernen und sich weiter zu entwickeln. Der neutestamentliche Begriff dafür ist Umkehr, Metanoia (vgl. Lames 2003). Sie gründet in der Erkenntnis, dass es für uns Menschen keinen unmittelbaren Zugang zu absoluten Wahrheiten und damit auch keine endgültigen Lösungen gibt. Kirche und Offenbarung sind stets geschichtlich und kulturell vermittelt. Aber wie soll das gehen?

Für den Prozess der Neuformulierung und Validierung ihrer Botschaft und ihres Handelns kennt die Kirche aus ihrer Geschichte zwei Wege, die eng mit dem dazugehörigen Kirchenbild (vgl. LG 4) verknüpft sind: den diskursiven von unten nach oben (man denke an das Apostelkonzil in Apg 15,1–41) und den institutionellen von oben nach unten („Du bist Petrus, der Fels …“, Mt 16,18). Angesichts des fortschreitenden gesellschaftlichen Wandels und der damit einhergehenden Krise der Institutionen generell und der Institution Kirche im Besonderen scheint die dialogische Glaubensvergewisserung alternativlos, um den Anschluss nicht schon durch das Verfahren zu verlieren. Die frz. Religionssoziologin Danièle Hervieu-Léger nennt das „gemeinschaftliche Glaubensvalidation“ im Gegensatz zur vorherrschenden „institutionellen Glaubensvalidation“ (Hervieu-Léger 2004, 123 ff.).

Um in der Terminologie Luhmanns zu bleiben: Kirche kann sich heute für die Validierung und Plausibilisierung ihrer Botschaft und ihres Handelns nicht länger des Kommunikationsmediums der „Macht“ bedienen (vgl. Bucher 2008, 274–291). Sie versucht es bis heute, wie die Entscheidung zur Kirchenzugehörigkeit im Zusammenhang mit der Kirchernsteuer erneut gezeigt hat. Sie hat jedoch das Macht- und Wahrheitsmonopol längst verloren: Es interessiert einfach niemanden mehr! Die einzige Chance, sich in einer pluralen emanzipierten Gesellschaft zu Gehör zu bringen und Anschlusskommunikation wahrscheinlicher zu machen, ist, die Sinnhaftigkeit der Botschaft in heutiger Zeit jenseits abgedroschener Formeln in differenzierter Weise dialogisch zu ermitteln und darzustellen. Dazu müssen die Akteure diese selbst erst wieder neu entdecken, also umkehren, hingehen und lernen. Das setzt Demut voraus.

### (2) Kriterium 2: Reformparadigma – langfristig, offensiv, missionarisch

Die Kirche denkt in Jahrhunderten. Sie kommt aus einer langen Phase des Überschusses und der Massenproduktion. Auf dieser Folie folgen Kirchenreformen seit den 1980er Jahren einem festen Muster: Für eine schwindende Zahl von Gläubigen soll mit abnehmenden personellen und finanziellen Mitteln das überkommene Portfolio in traditionellen Bezügen möglichst flächendeckend aufrechterhalten werden. Die Reformen sind kurzfristig angelegt, defensiv motiviert und bleiben auf die Binnensicht beschränkt. Tradierte Produkte, nicht Bedürfnisse von Menschen sind das Kriterium. Der Mangel soll durch Zentralisierung, Konzentration und Verdichtung ausgeglichen werden.

Dieser Reformansatz ist gescheitert. Der Abbruch generalisiert und beschleunigt sich. Die Reformzyklen werden immer kürzer, die Spielräume immer enger. Die Kluft zwischen Kirche und Gesellschaft wird immer weiter, die ungelösten Fragen immer grundsätzlicher. Der erforderliche qualitative Sprung wird immer größer und die Lösungsansätze werden im Gegenzug vielfach noch defensiver. Eine weitere Verdichtung ist sinnlos. Das bisherige Reformparadigma führt die Kirche ins gesellschaftliche Abseits.

Kirchenreformen, die dem österlichen Sendungsauftrag (Mt 28,19) und den veränderten gesellschaftlichen Rahmenbedingungen gerecht werden, erfordern ein Reformparadigma, das *langfristig-strategisch*, *offensiv-missionarisch* und *experimentell-wirkungsorientiert* angelegt ist. Der qualitative Sprung: Kirche muss (neu) lernen, sich von der Zukunft her zu denken, Veränderung und Entwicklung als zentrale und bleibende Aufgabe zu verstehen. Dreh- und Angelpunkt ist die Frage, wie die Menschen heute für die Frohe Botschaft und für die Mitarbeit am Reich Gottes gewonnen werden können (vgl. Dessoy 2010 [a]).

### (3) Kriterium 3: Umweltstrategie – dialogisch, lebensweltorientiert, kleinräumig

Systeme überleben, wenn sie in der Lage sind, nachhaltig Umweltreferenz herzustellen. Die Kirche hat immer wieder kulturelle Gegebenheiten und gesellschaftliche Impulse aufgegriffen und in die bestehende Systemlogik integriert. In den ersten Jahrhunderten wurde die christliche Botschaft in unterschiedlichste Kulturen eingetragen. Durch Kopplung mit der Umwelt, die Transformation von Bildern und Begriffen, durch Reflexion und Normierung entstand der Kanon und in der Folge die kirchliche Tradition.

Durch fortschreitende Institutionalisierung und Traditionsbildung wurde der Spielraum für Variationen allerdings zusehends geringer. Exklusion und Assimilation entwickelten sich im Mittelalter zu den vorherrschenden Kommunikationsstrategien, um sich mit Unterschieden (Fremdheit) auseinander zu setzen und den erreichten Status Quo abzusichern.

Inzwischen hat sich Gesellschaft emanzipiert. Die Exklusionsstrategie ist wirkungslos, die Assimilationsstrategie versagt angesichts der zunehmenden Differenzierung und Dynamik gesellschaftlicher Prozesse. Stattdessen findet „Exkulturation“ statt, eine „wachsende (Selbst-)Distanzierung von kulturellen, ästhetischen und sozialen Erfahrungsräumen und Ausdrucksformen der Menschen“ (Spielberg 2008, 76, 417).

Kirche muss sich entscheiden, ob sie den Weg der Weiterentwicklung im Dialog mit der Gesellschaft gehen will oder den individualistisch und spirituell ausgerichteten Weg der Innerlichkeit und der Abgrenzung von Gesellschaft, der nicht selten doktrinäre Züge aufweist und in ein Nischendasein mündet. Kirchensysteme, die auf Dialog setzen, müssen realisieren, dass sie sich im Markt bewähren müssen, weil sich die Menschen in dieser Logik bewegen. Kirchliches Handeln (Botschaft, Kult, Praxis) muss dann auch – ähnlich, wie in der Frühzeit – dauerhaft und stetig kleinräumig und experimentell im Blick auf Lebenswirklichkeiten und ästhetischen Orientierungen transformiert werden.

Mission geschieht an Hecken und Zäunen. Sie wird nur funktionieren, wenn die Kirche ihre Umweltstrategie von Exklusion und Assimilation auf Inklusion und Differenzierung umstellt (vgl. Lames 2012).

### (4) Kriterium 4: Produktstrategie – projekthaft, prototypisch, experimentell

Ein System kann nicht zugleich maximal funktionieren und optimal lernen. Produktivität und Lernen verlaufen antizyklisch. Wenn ein System lernt, funktioniert es nicht (optimal). Es wird viel ausprobiert. Lösungen sind pragmatisch. Entscheidungen gelten für begrenzte Zeit und können revidiert werden. Fehler bzw. Störungen sind erlaubt und willkommen. Prozesse, Ergebnisse und Wirkungen werden kommuniziert und evaluiert.

Ganz anders Systeme im Zustand hoher Funktionsfähigkeit, im Status der Massenproduktion: Output ist das Kriterium. Es liegen Routinen vor, die effizienzoptimiert sind. Störungen und Fehler sind lästig, müssen abgestellt werden. Am Fließband gibt es keine Möglichkeit, zurückzutreten, zu reflektieren, zu kommunizieren oder gar Änderungen vorzunehmen.

Die Kirche tut alles, um genau in diesem Modus zu bleiben. Wie soll sie da lernen? Die Prioritäten müssen neu justiert werden: Nicht Produktion und deren Steuerung, Innovation und Entwicklung werden gebraucht. Mindestens 2/3 der verfügbaren Ressourcen sind in die Gestaltung von Lern- und Entwicklungsprozessen zu investieren, die geeignet sind, bestehende Routinen zu stören, produktive Unterschiede hervorzubringen und Neukunden zu gewinnen. Die Pastoral der Zukunft ist experimentell: Ästhetische Differenzierung des Portfolios, innovative Projekte und prototypisches Arbeiten sind gefordert. Mit den Worten von Linus Pauling, dem zweimaligen Nobelpreisträger: „To have a good idea, you must have lots of ideas".

Hierfür braucht es angemessene Lernarchitekturen, die Räume bereitstellen, in denen methodisch fundiert in einem geschützten Rahmen kreativ-divergent gedacht und systematisch experimentiert werden kann. Feedback-Schleifen dienen dazu, Wirkungen kontinuierlich zu evaluieren. Qualifizierte Entscheidungsprozesse stellen sicher, dass die Ergebnisse von Suchprozessen nicht versanden und gefundene Lösungen implementiert werden (vgl. Dessoy 2012 [b]).

### (5) Kriterium 5: Sozialgestalt – dezentral, lose gekoppelt, multistabil

Komplexe, dynamische Umwelten erfordern Strukturen, die multistabil, also flexibel und beweglich sind. Demnach gilt die Struktur den Unternehmen heute lediglich als Mittel, um die jeweilige (Markt-)Strategie umzusetzen („structure follows strategy").

Netzwerkstrukturen eignen sich in besonderer Weise, die Kopplung im System im Blick auf Prozesse bedarfsgerecht zu variieren. Nicht die Aufgabenträger und ihre Funktion sind der Ausgangspunkt, sondern die Kunden und die Prozesse, die gebraucht werden, um die Kundenbedürfnisse zu befriedigen. Netzwerkstrukturen setzen auf dezentrale Ressourcenverantwortung und die Selbststeuerung autonomer Teilsysteme in Teams und Projekten. Sie fördern die horizontale Vielfalt (Differenzierung und Diversität) und erhöhen damit die Wahrscheinlichkeit, über Abweichung vom Standard Innovationen hervorzubringen.

Die Kirche ist eine heterogene Mischorganisation, in der gleichzeitig *unterschiedlichste Organisationsmodelle* wirksam sind. Es besteht in der Vertikalen eine hohe formal-strukturelle Komplexität, die eine Vielzahl höchst langwieriger und redundanter Abstimmungs- und Entscheidungsprozesse erforderlich macht. Das dient der Vereinheitlichung und der Stabilität, verhindert aber eine zeitnahe und flexible Anpassung an veränderte Umweltanforderungen. Das System ist strukturell fixiert (vgl. Dessoy 2010 [b]).

Angesichts der Krise reagiert die Kirche über weite Strecken nach altem Muster. Sie versucht, die Kopplung noch enger zu zurren, teils mit normativ-ideologischer („Hl. Rest", „Leuchtender Berg", „Biotope des Glaubens") teils funktional-administrativer Begründung („bessere Steuerung", „effizienteres Management"). In beiden Fällen wird Kompetenz nach innen und oben verlagert.

Das Gegenteil scheint angeraten: Die auf größtmögliche Stabilität und Funktionalität ausgerichtete Gestalt ist so zu transformieren, dass sie sich nachhaltig in einem dynamischen Umfeld bewegen kann, das maximale Flexibilität und Innovation erfordert. Kundennähe, Differenzierung und Beweglichkeit gewinnt Kirche dann zurück, wenn sie *Strukturen und Prozesse im Binnenbereich dezentral organisiert,* also ihre horizontale Komplexität erhöht, und zugleich *ihre vertikale Struktur vereinfacht,* sich im Overhead wesentlich schlanker aufstellt als bisher.

Die Kirche der Zukunft wird sich als Netzwerk multipler Kirchorte darstellen: Lose gekoppelte, autonome (selbststeuernde) Einheiten unterschiedlicher Formate („Gemeinden") kooperieren in großen pastoralen Räumen prozess- und projektbezogen miteinander. Einzelne profilierte kirchliche Zentren bündeln die pastorale Arbeit inhaltlich und personell, richten Akteure und Aktivitäten auf das Ganze und die Einheit aus, schärfen exemplarisch das Profil von Kirche nach innen und außen und sichern ggf. eine knapp bemessene „Grundversorgung" (vgl. Dessoy 2009, Kehl 2009). Wie aber geschieht hier Steuerung?

### (6) Kriterium 6: Prozesse – rational, transparent, verbindlich

Lernprozesse in Organisationen setzen voraus, dass Basisprämissen und Regeln transparent und für alle Beteiligten gleichermaßen verbindlich sind. Sie können nicht einseitig und beliebig geändert oder außer Kraft gesetzt werden. Umgekehrt sind sie einem rationalen Diskurs zugänglich und (zumindest langfristig) veränderbar. Hierfür gibt es wiederum allseits bekannte und verbindliche Regularien.

In lose gekoppelten Organisationsformen gelten nur ganz wenige, übergeordnete Basisprämissen und Metaregeln. Die konkreten Spielregeln werden von den jeweils Beteiligten selbst mit Hilfe zeitlich befristeter, verbindlicher und überprüfbarer Vereinbarungen festgelegt. Steuerung geschieht cross-over über Kontrakte, nicht top-down über Vorgaben.

Das klingt trivial, ist jedoch für die Kirche eine besondere Herausforderung: Trotz anderer, hierarchisch-bürokratischer, synodal-demokratischer oder kooperativ-teamorientierter Traditionen (Dessoy 2010 [b]), ist sie in ihrem Kern durch eine monarchisch-feudale, bisweilen absolutistische Form der Machtausübung geprägt (vgl. Gärtner, 2002). Kennzeichnend sind zwei Regeln:

– 1. Regel: Persönliche Beziehungen sind entscheidend. Regeln können sich jederzeit ändern – jenseits formaler Regularien und unabhängig vom eigenen Zutun. Durchgriff und Bestrafung an formalen hierarchischen Ebenen vorbei sind möglich etc.

– 2. Regel komplementär: Regeln und Vereinbarungen müssen nicht eingehalten werden, solange keine ernsthaften (öffentlichen) Störungen auftreten oder Machtinteressen anderer berührt werden. Die Folge ist ein ritualisiertes Muster „geplanter Folgenlosigkeit“: Man trifft sich, bespricht sich, vereinbart sich – und hält sich nicht daran.

Dieser Mechanismus lähmt das zentrale Nervensystem der Organisation durch einen kulturell und strukturell verankerten Überhang negativer Feedback-Schleifen. Veränderungsimpulse können sich nicht fortpflanzen und verstärken. Das macht das System hochgradig stabil.

Eine Kulturveränderung setzt gerade hier an: Ziele, Vorgehensweisen und Regeln der Zusammenarbeit sind transparent zu machen, operational zu beschreiben, verbindlich zu vereinbaren und konsequent zu überprüfen. Feudal-normative Eingriffe sind konsequent zu unterbinden. Das erfordert von den Beteiligten Mut, macht aber auf der anderen Seite auch sehr schnell deutlich, ob die Organisation in der Substanz und in der Führung bereit ist, die erforderliche Kulturveränderung mitzugehen.

### (7) Kriterium 7: Führung – ermöglichend, unterstützend, emanzipatorisch

Organisationen, die sich in komplexen, dynamischen Kontexten bewegen, brauchen ein grundlegend verändertes (Rollen-) Verständnis von Führung und Leitung (vgl. Berkel 2008). Der Schwerpunkt verschiebt sich von der Organisation und Steuerung des Alltagsgeschäfts (dem klassischen Management) hin zur Begleitung von Innovations- und Transformationsprozessen. Der Manager der Zukunft ist „Systemarchitekt, Katalysator, Trainer und Spielführer, der die Mannschaft richtig einsetzt und zum Sieg führt“ (Doppler 2006, 33).

Wenn die Transformation von Kirche im Rahmen einer offensiv-missionarischen Reformstrategie auf maximale Einheit und maximale Selbststeuerung zielt, besteht die Kunst des Führens und Leitens darin, kontextuell-situativ zu erkennen, was die Menschen im jeweiligen System aus eigener Kraft und Kompetenz zu leisten in der Lage sind, um sie an dieser Stelle zu unterstützen, den nächsten Lernschritt im Sinne der kirchlichen Gesamtstrategie zu gehen.

In einem Szenario, das Kirche als Netzwerk multipler selbststeuernder „Kirchorte" oder „Gemeinden" begreift, sind kirchliche Führungs-/Leitungskräfte nicht in erster Linie für die operative Seelsorge oder deren Steuerung, sondern dafür verantwortlich, angemessene Bedingungen für lokale Lern- und Entwicklungsprozesse zu schaffen, also Differenzierung und Innovation durch größtmögliche Autonomie und Selbststeuerung zu ermöglichen. Modern formuliert: Die Kirche braucht zukünftig Führungskräfte, die sich als *Coaches, also Spielertrainer*, verstehen.

Die Grundregeln, an die sich F&L-Kräfte zu halten haben, sind vergleichsweise einfach. Es gilt, *nichts zu tun, was der Übernahme von Selbstverantwortung im Wege steht oder diese verhindert*, dagegen alles dafür zu tun, dass die Verantwortung für die Seelsorge, ihre Organisation und Weiterentwicklung vom jeweiligen System, also den Menschen selbst aufgrund ihrer Taufwürde, wahrgenommen wird (vgl. Dessoy 2010 [b], Schrappe 2012). Konsequent angewandt lösen diese Prinzipien natürlich zunächst massiven Widerstand aus. Auf Dauer haben sie eine durchschlagende emanzipatorische Wirkung.

### (8) Kriterium 8: Personalpolitik – flexibel, charismenorientiert, leistungsbezogen

Monolithische Rollenarchitekturen und ein bürokratisches Amtsverständnis sind denkbar ungeeignet, flexibel kundenorientierte Prozessketten zu knüpfen und netzwerkartige Organisationsstrukturen aufzubauen. Moderne Unternehmen setzen daher auf flexible Rollenarchitekturen. Sie stellen umfangreiche Qualifizierungs-, Förder- und Anreizsysteme bereit, damit die Mitarbeiter/innen den Sinn eines besonderen Einsatzes erkennen können und ihre Potenziale abrufen bzw. weiterentwickeln.

Ganz anders in der Kirche: In traditioneller Logik hat der Priester mit Studium, Weihe und Beauftragung alles, was er zu seinem Dienst braucht. Sein Lernprozess ist abgeschlossen. Gleichwohl fehlt ihm zumeist das in der Praxis erforderliche Knowhow. In Personal- und Organisationsentwicklungsprozessen zeigt sich regelmäßig auf allen Ebenen ein tiefgreifender Mangel an strategisch-struktureller und systemisch-prozesshafter Wahrnehmungs- und Handlungskompetenz, also jene Fähigkeiten, die gebraucht werden, um auf Distanz führen und Entwicklungsprozesse gestalten zu können (vgl. Berkel 2008).

Das klassische Rollenverständnis („allen alles“) entfaltet mit der generellen Kompetenzzuschreibung („alle können alles“) und dem am einzelnen ausgerichteten Seelsorgeverständnis in dynamischen Kirchenumwelten eine fatale Wirkung: Die Mehrzahl der Priester ist massiv überfordert. Viele lösen den Widerspruch zwischen Anspruch und Wirklichkeit durch Komplexreduktion, durch Rückzug oder Krankheit. Die Verantwortlichen müssen akzeptieren, dass nur ein begrenzter Teil des Klerus geeignet (bzw. qualifizierbar) ist, die erforderlichen Veränderungen mitzugehen, geschweige denn dabei die Führung zu übernehmen. Bei haupt- und ehrenamtlichen Mitarbeiter/innen ist die Situation häufig umgekehrt: Ressourcen, Kompetenzen und Motivation sind vorhanden, können jedoch nicht angemessen eingesetzt werden.

Eine auf Innovation und Nachhaltigkeit ausgerichtete Personalpolitik setzt auf eine differenzierte und flexible Rollengestaltung/-architektur, einen charismenorientierten Personaleinsatz, eine strategisch ausgerichtete Personalentwicklung und eine leistungsbezogene Gratifikation (vgl. Schrappe 2012). Diese Prinzipien gelten gleichermaßen für die Arbeit mit hauptberuflichen wie mit ehrenamtlich tätigen Mitarbeiter/innen.

### (9) Kriterium 9: Kommunikation – wertschätzend, ermutigend, inspirierend

Eine Kultur der Erneuerung lebt von einer Kommunikation, die wertschätzend, ermutigend und inspirierend ist. Es gibt ein grundlegendes Vertrauen, dass man gemeinsam auf der Suche nach dem richtigen Weg ist. Abweichungen und Fehler sind erlaubt und erwünscht, um Unterschiede zu produzieren, neue Erfahrungen zu machen und neues Wissen zu generieren. Wer dies tut, macht andere stark, ganz im Sinne der Worte Jesu an Petrus: Stärke Deine Brüder! (Lk 22,32). Empowerment ist das Zauberwort.

Kirche, wie wir sie kennen, funktioniert traditionell und auch heute vielfach noch ganz anders. Normativ auf Erhalt programmiert, sind Transparenz und diskursive Differenz (trotz vieler anderslautender Bekundungen) nicht wirklich erwünscht. Kleinste Abweichungen werden bestraft, nicht gefördert, geschweige denn gezielt initiiert. Wenn Öffentlichkeit ins Spiel kommt, hört der Spaß auf, folgen Sanktionen, ggf. Exklusion. „Divide et impera", isolieren und abstrafen, ist noch immer die Methode der Wahl. Umgekehrt werden kriminelle Machenschaften über Jahrzehnte hinweg systematisch gedeckt und vertuscht, um das „System Kirche" zu schützen und bestehende Machtverhältnisse zu bewahren. Wen wundert es, dass die besten Köpfe auswandern?

Der Kirche muss es gelingen, ihre kulturgeschichtlich größte Stärke, die soteriologische Dimension ihrer Botschaft, die heilende und befreiende Kraft des Evangeliums wieder zu entdecken. Diesmal aber nicht im Gegenüber, sondern im Ringen mit sich selbst. Wenn ihr dies – Transparenz und Emanzipation nach innen – gelingt, und nur dann, wird sie ihre Glaubwürdigkeit zurückgewinnen. Dann ist sie auch in der Lage, ihre Botschaft in moderner Gesellschaft zu bezeugen und zu plausibilisieren.

## 4. Fazit: Was sucht ihr den Lebenden unter den Toten? (Lk 24,5)

Aus sozial- bzw. organisationswissenschaftlicher Perspektive kann gesagt werden: Kirche könnte gehen, wenn sie Raum zum Gehen lässt. Viele stehen in den Startlöchern. Einzelne Aufbrüche gibt es bereits. Potenziale und Ressourcen sind zuhauf vorhanden. Entscheidungen sind fällig – jetzt.

## 5. Literatur

Berkel, K.: Führen und Leiten in der Kirche, in: *LS* 2/2008, 75–79.

Bucher, R.: Neue Machttechniken in alter Gnadenanstalt?, in: V. Dessoy, G. Lames: *„Denn sicher gibt es eine Zukunft" (Spr 23,18). Strategische Perspektiven kirchlicher Organisationsentwicklung*, Trier 2008, 274–291.

Dessoy, V.: Wie Kirche zu einer lernenden Organisation werden kann, in: *LS* 4/2012, 243–247 [a].

Ders.: Design Thinking – Organisationskultur und Innovationsmethode, in: Ders., G. Lames (Hrsg.), *„Siehe ich mache alles neu" (Off 21,5). Innovation als strategische Herausforderung in Kirche und Gesellschaft*, Trier 2012, 184–200 (b).

Ders.: Die Reform reformieren. Strategisch denken und prozessorientiert handeln lernen, in: *Diakonia* 1/2010, 65–68 (a).

Ders.: V., Kirche in Zukunft führen und leiten, in: Ders., G. Lames (Hrsg.), *„... und siehe, ich bin bei euch bis an der Welt Ende!" (Mt 28,20) Zukunft offen halten und Wandel gestalten.*

*Strategisches Denken und Handeln in der Kirche*, Trier 2010, 202–225 (b).
Ders.: Führen und Leiten von Pfarren. Differenzierte Rollenarchitektur in zukunftsfähiger Sozialgestalt, in: *ThPQ* 1/2009, 10–17.
Dessoy, V., Lames, G. (Hrsg.): *„Siehe ich mache alles neu" (Off 21,5). Innovation als strategische Herausforderung in Kirche und Gesellschaft*, Trier 2012.
Doppler, K.: Führen in Zeiten der Veränderung, in: *OrganisationsEntwicklung* 1/2006, 28–39.
Gärtner, H. W.: Kirche als Organisation – (Leib Christi) aus organisationstheoretischer Sicht, in: *Wege zum Menschen* 54/2002, 373–388.
Hervieu-Léger, D.: *Pilger und Konvertiten. Religion in Bewegung*, Würzburg 2004.
Kehl, M.: *Ekklesiologische Überlegungen zur pastoralen Neuordnung in den deutschsprachigen Diözesen. Vortrag beim Symposion: Die Kirche Jesu Christi*, Vallendar 2009 (http://www.sankt-geogen.de/kehl/pdf/Kehl_Ekklesiologische_Ueberlegungen_zur_pastoralen_Neuordnung_der_deutschspr_Diozesen.pdf [01.10.2012]).
Lames, G.: Kirche ist Organisation – und anderes, in: *LS* 4/2012, 226–232.
Ders.: Metanoia – Kirche im Wandel – vom Krisenschema zum Entdeckungsschema in Kirche und Pastoral?, in: *TThZ* 4/2003, 255–267. Luhmann, *Soziale Systeme*, Frankfurt/M. 41993.
Schrappe, C.: *Personalentwicklung im Bereich Seelsorgepersonal. Ein Schlüsselinstrument zur Gestaltung einer zukunftsfähigen Kirche*, Würzburg 2012.
Spielberg, B.: *Kann Kirche noch Gemeinde sein? Praxis, Probleme und Perspektiven der Kirche vor Ort*, Würzburg 2008.

**Dessoy, Valentin,** Dr. phil., Dipl.-Psych., Dipl.-Theol., Geschäftsführer von kairos. Coaching, Consulting, Training Mainz, Psychotherapeut, Familientherapeut (IFW), Trainer, Supervisor (BDP), Coach (BDP) und Organisationsberater; Schwerpunkte: Strategische Organisations- und Personalentwicklung, Führungskräfteentwicklung, Prozessoptimierung und Innovation; Autor und Herausgeber einschlägiger Veröffentlichungen in den Bereichen Führen und Leiten, Organisations- und Personalentwicklung, Mitherausgeber der online-Zeitschrift futur2. Kontakt: Gartenfeldstr. 3, D-55118 Mainz, Tel. +49 | (0)6131 | 9 45 46 57, E-Mail: info@kairos-cct.de, Web: http://www.kairoscct.de.Buch „Kirche geht“

# Weltkirchliche Wegerfahrungen

Jean Paul Russeil

# Ein Weg des Glaubens in der Sendung der Kirche: die örtlichen Gemeinden

[aus dem Französischen von Gabriele Viecens, Dipl.-Übers.]

*„Damit sie das Leben haben und es in Fülle haben“ (Joh 10,10)*

## Einleitung

Zu berichten von einem Weg des Glaubens, dessen Grundlage eine klare pastorale Option für die Örtlichen Gemeinden in der Diözese Poitiers ist, das erfordert zuallererst einmal, den Kontext zu beschreiben. Und im zweiten werde ich dann auf die drei Fragen eingehen, die Sie mir im Vorfeld gestellt haben und dann noch kurz zusammenfassen.

### I Im Kontext der Kirche in Frankreich

#### 1. Der Brief der Bischöfe an die Katholiken in Frankreich (1996) ist Anruf an uns, zum Wesentlichen vorzudringen, was das Leben im Glauben ausmacht.

Für die Kirche Gottes in Frankreich ist der Brief der Bischöfe von 1996 an die Katholiken in Frankreich so etwas wie eine Zäsur: *In der heutigen Gesellschaft den Glauben vorschlagen.* Der Brief wendet sich an alle Getauften und geht von klaren Feststellungen aus:

„Wir können ... die Augen nicht verschließen vor den besorgniserregenden Anzeichen eines Tiefstands religiöser Praxis, eines gewissen Verlustes der gemeinsamen christlichen Erinnerung, der Problematik der fehlenden nachfolgenden Generationen. Stellung und Zukunft des Glaubens selbst in unserer Gesellschaft sind in Frage gestellt."

Der Brief präzisiert dann die pastorale und geistliche Haltung:

„Wir sind ohne Zögern bereit, uns als Katholiken in das kulturelle und institutionelle Gefüge der Gegenwart, das vor allem durch Individualismus und Laizismus gekennzeichnet ist, einzubringen. Wir lehnen jede Nostalgie nach vergangenen Epochen ab, in denen angeblich das Prinzip der Autorität unangefochten galt. Wir träumen nicht von einer unmöglichen Rückkehr zur so genannten Christentümlichkeit (chrétienté). (...) Kurz, wir meinen, dass die heutige Zeit für die Verkündigung des Evangeliums nicht weniger günstig ist als die vergangenen Zeiten unserer Geschichte." (I.1) „Selbst wenn die jetzige Situation zuweilen mühsam ist, so ist sie doch eine Chance, die wir nicht verpassen dürfen. Wir sind gehalten, gemeinsam zum Wesentlichen vorzudringen, zu dem, was unser Leben als Glaubende ausmacht und so noch entschlossener und radikaler Jünger und Zeugen des Gottes Jesus Christus zu werden."

Die Kirche in Frankreich ist ganz klar eingeladen, den „Glauben vorzuschlagen". Wenn wir aber den Glauben vorschlagen, so fordert uns das auch heraus, selber „an die Quellen unseres Glaubens" zu gehen. Darin liegt auch die Herausforderung der beiden Synoden, die, in Einklang mit dem Kirchenrecht (CIC) seit 1983 stattgefunden haben.

## 2. Die Diözesansynoden sind Teil der Rezeption des Kirchenbildes des II. Vatikanischen Konzils in dem vom Kirchenrecht festgelegten Rahmen

Wir wissen, wie sich die Institution der Diözesansynoden im Kirchenrecht darstellt. Der CIC (Codex Iuris Canonici) von 1983 gibt den institutionellen Rahmen vor, wie Diözesansynoden abgehalten und gefeiert werden sollen (Kanon 460–468). So ist dieser Schritt der Diözese Poitiers – in Bezug auf die Weltkirche – im Einklang zu sehen mit dem Kirchenbild des II. Vatikanischen Konzils und seiner institutionellen Umsetzung gemäß den Normen des CIC von 1983. Es besteht aber genau so ein Einklang – in Bezug auf die Kirche in Frankreich – mit der Perspektive, die die Bischöfe in ihrem Brief „*In der heutigen Gesellschaft den Glauben vorschlagen*" zum Ausdruck gebracht haben.

Die erste Diözesansynode unter der Leitung von Bischof Rozier wurde 1983 gefeiert und verkündet mit dem Leitwort „*Wege des Evangeliums*". Die zweite Synode wurde 2003 unter der Leitung von Bischof Rouet gefeiert und verkündet mit dem Leitwort: „*Diener und Dienerinnen des Evangeliums*". Unsere Erfahrung im Blick auf diese beiden Diözesansynoden erlaubt uns wirklich zu sagen, dass eine Synode die tiefe Natur der Kirche als Ort der *Versammlung* zum Ausdruck bringt; sie stellt sicher, dass die *Meinung von allen* gehört werden kann, weil alle repräsentiert sind; sie garantiert den *Status des apostolischen Dienstamtes:* Der Bischof beruft die Synode ein, steht der Versammlung vor und verkündet die synodalen Beschlüsse. Er verortet die Diözesankirche im konkreten *menschlichen und kulturellen* Kontext. Er *ermöglicht Initiativen* im Blick auf die Sendung der Kirche, das Heil des Evangeliums zu verkünden. So können wir sagen, dass wir die beiden Synoden als spirituelles Ereignis gelebt haben, welches das missionarische Bewusstsein einer Diözese herausbildet und ihre pastorale Ausrichtung im Glauben verwurzelt.

Der Ausdruck „Örtliche Gemeinden“ ist im Dekret des II. Vatikanums über Dienst und Leben der Priester (Presbyterorum ordinis) zu finden:

*„Die Einzelgemeinde (communitas localis) darf darum nicht nur die Sorge für die eigenen Gläubigen fördern, sondern muss, von missionarischem Eifer durchdrungen, allen Menschen den Weg zu Christus ebnen. Ihre besondere Sorge gelte jedoch den Katechumenen und Neugetauften; sie sind schrittweise zur Erkenntnis und Führung eines christlichen Lebens zu erziehen.“ (6)*

Der zweifache Horizont einer jeden örtlichen christlichen Gemeinschaft wird hier beschrieben: Zum einen geht es um das missionarische Bewusstsein der Kirche, die gesandt ist, das Evangelium „auf Augenhöhe“ zu verkünden, aber auch darum, Ort zu sein, wo Erziehung im Glauben stattfindet. Derselbe Konzilstext bekräftigt auch den Sinn der *cura pastoralis*, wenn er sagt:

*„Die Hirtenaufgabe beschränkt sich aber nicht auf die Sorge für die einzelnen Gläubigen, sondern umfasst auch wesentlich die Bildung einer echten christlichen Gemeinschaft.“*

Das Herz, die Mitte der Örtlichen Gemeinden in der Diözese Poitiers sind Taufwürde und die Sakramente der christlichen Initiation. Hier offenbart sich der Zusammenklang von Spiritualität, Theologie und Pastoral – ein Zusammenklang, der Nahrung ist für unsere Diözese schon seit den Zeiten ihres ersten bekannten Bischofs: der heilige Hilarius, Kirchenvater und Kirchenlehrer. In der Tat ist es so, dass der Ausgangspunkt seiner theologischen Reflexion der Glaube an die Taufe ist. Diese

Verwurzelung in der Geschichte des Glaubens im Poitou weist auf eine Priorität hin: nämlich Ausbildung. In diesem Kontext kommt in der zweiten Diözesansynode deutlich zum Ausdruck, woraufhin die Örtlichen Gemeinden ausgerichtet sind:

*„Der Geist der örtlichen Gemeinden ist vor allem ‚missionarisch'. Jede Aufgabe wird anvertraut auf der Grundlage der christlichen Initiationssakramente, um so für das Evangelium Zeugnis zu geben. Aber jede Aufgabe, die einer Person anvertraut wird, entbindet die anderen Mitglieder der örtlichen Gemeinde nicht von ihrer je eigenen Verantwortung. Darüber hinaus ist die gesamte Kirche eingeladen, allen Menschen zum Nächsten zu werden: denn da, wo eine christliche Gemeinschaft lebt, da ist Kirche, da ist Christus (Mt 18,20).“*

Dieses Zitat aus den synodalen Dokumenten gibt ein Echo auf die oben erwähnten Konzilstexte. Als nächstes möchte ich auf die drei Fragen eingehen, die Sie mir gestellt haben:

### Auf dem Weg zu neuen Pfarreien

Die ersten synodalen Dokumente aus dem Jahr 1993 weisen darauf hin, dass neue Pfarreien errichtet werden können, aber es ist „dafür Sorge zu tragen, dass lebendige Gemeinschaften erhalten bleiben.“ Im gleichen Paragraph der synodalen Dokumente findet sich auch der Ausdruck „örtliche Gemeinde“, ebenso wie das Wort „équipe d'animation“, d. h. eine örtliche Equipe, die die Lebendigkeit der Gemeinde fördert. Einige Monate nach der Verkündung der synodalen Akte durch Mgr Rozier wurde Mgr Rouet zum Bischof-Koadjutor ernannt. Er nimmt diese Termini wieder auf um die zugrundeliegende pastorale Orientierung zu bekräftigen, und die Dokumente der Diözesansynode von 2003 bekräftigen diese Perspektive noch einmal: *„eine Untersuchung (...), mit dem Ziel, welche Möglichkeiten ge-*

*geben sind, die Pastoralsektoren, die sich aus örtlichen Gemeinden zusammensetzen, kirchenrechtlich in neue Pfarreien zu entwickeln"*

Der neue Erzbischof von Poitiers – Mgr Pascal Wintzer – hat vor kurzem ein Dekret erlassen sowie einen Hirtenbrief geschrieben, in denen er noch einmal den Unterschied zwischen Pfarrei und örtlicher Gemeinde präzisiert. Die Pfarreien sind zu verstehen als „Gemeinschaft von örtlichen Gemeinden". Die Zielrichtung wird von ihm ganz klar benannt: „Pfarreien für die Evangelisierung". Die Schritte, die momentan unternommen werden, um Bezugspunkte und Wegmarken zur Vorbereitung dieser neuen Pfarreien herauszukristallisieren, die Art und Weise der Beratungen und die Art, wie Meinungen eingeholt werden – all dies ist klar synodaler Natur. So kann man sagen, dass der Horizont für die neuen Pfarreien schon seit 20 Jahren präsent ist, aber es brauchte vor allem auch noch den geduldigen Weg der örtlichen Gemeinden und ganz besonders das immer tiefere Verständnis der Taufgnade. Heute ist es möglich geworden, dass – im Rahmen der neuen Pfarreien – sowohl das gemeinsame Priestertum aller Gläubigen und das pastorale Dienstamt der Priester zum Ausdruck gebracht wird vor dem Hintergrund der Sendung, die die Kirche allen anvertraut hat. Ich möchte das gern noch etwas präzisieren: Die Pfarreien sind weder der einzige Ort noch die einzige Weise, wo oder in der das Evangelium verkündet werden kann. Sie ist ein Ort „in der Vielfalt der Mission der Kirche". Es gibt ja auch noch die apostolischen Verbände, geistliche Gemeinschaften, spirituelle Gruppen, Orte, wo Ausbildung und Erziehung stattfindet, Nächstenliebe geübt wird und noch weitere, verschiedenste Einrichtungen, die an der Sendung der Kirche teilhaben.

### Gemeinsames Priestertum der Gläubigen und Dienstamt der Priester

Sie haben die Frage nach der Beziehung zwischen dem gemeinsamen Priestertum aller Gläubigen und dem priesterlichen

Dienstamt gestellt. Die Dokumente der Synode von 2003 (Diener und Dienerinnen des Evangeliums, Abs. 3211) zitieren zu diesem Punkt die dogmatische Konzilskonstitution Lumen Gentium 10:

„*Das gemeinsame Priestertum der Gläubigen* aber und das Priestertum des Dienstes, das heißt das hierarchische Priestertum, unterscheiden sich zwar dem Wesen und nicht bloß dem Grade nach. Dennoch sind sie einander zugeordnet: das eine wie das andere nämlich nimmt je auf besondere Weise am *Priestertum Christi* teil."

In den synodalen Dokumenten heißt es dann weiter:

„*Die grundlegendsten Glaubensartikel bringen immer dieselben wesentlichen Elemente zum Ausdruck: Christus ist wahrer Gott* und *wahrer Mensch. Gott ist Vater, Sohn* und *Heiliger Geist. Daher bekennen wir einen einzigen Herrn, Jesus Christus, einen einzigen Gott. (...) Die Verwendung der Konjunktion* ***‚und'*** lädt uns dazu ein, die Sakramente der christlichen Initiation und das Sakrament des Ordo nicht als alternative oder entgegengesetzte *Sakramente anzusehen, sondern als einander zugeordnet.*"

Unser Ansatz verortet konkret dieses Zitats aus Lumen Gentium 10 im Bekenntnis des trinitarischen und christologischen Glaubens. In der Tat kann man sagen, dass das gemeinsame Priestertum der Gläubigen und das Priestertum des Dienstes „teilhaben am Priestertum Christi". Dennoch gibt es einen Unterschied, der in der Quelle der Sakramente des Glaubens begründet ist: Einerseits qualifizieren die Sakramente der christlichen Initiation die örtlichen Gemeinden für die ihnen anvertraute Sendung; andererseits bevollmächtigt das Sakrament des Ordo zur *cura pastoralis*. Hier findet das chalzedonsiche Prinzip seine Anwendung: Das gemeinsame Priestertum der Gläubigen und das Priestertum des Dienstes sollen empfangen und gelebt werden, „ohne das eine mit dem anderen zu vermischen oder voneinander zu trennen." Das eine ist nicht das andere, aber das eine ist auch nicht *ohne* das andere: Der heilige Augustinus hat das sehr bemerkenswert formuliert:

*„**Für** euch bin ich Bischof, **mit** euch bin ich Christ. Jenes bezeichnet das Amt, dieses die Gnade, jenes die Gefahr, dieses das Heil.“*

Das II. Vatikanische Konzil bezeichnet die Beziehung zwischen den Laien und den Hirten mit dem Adjektiv „vertraut“ – wie in einer Familie.

*„Aus diesem vertrauten Umgang zwischen Laien und Hirten kann man viel Gutes für die Kirche erwarten. In den Laien wird so der Sinn für eigene Verantwortung gestärkt, die Bereitwilligkeit gefördert. Die Kraft der Laien verbindet sich leichter mit dem Werk der Hirten. Sie können mit Hilfe der Erfahrung der Laien in geistlichen wie in weltlichen Dingen genauer und besser urteilen. So mag die ganze Kirche, durch alle ihre Glieder gestärkt, ihre Sendung für das Leben der Welt wirksamer erfüllen.“ (Lumen Gentium 37)*

Und im Blick auf die unterschiedlichen Realitäten in der Pastoral:

*„(Das wirkt sich auf die Beziehung aus, die in der Kirche zwischen dem allgemeinen Priestertum und dem Amtspriestertum besteht.) Der Umstand, daß sie, obgleich sie sich dem Wesen nach unterscheiden, einander zugeordnet sind,* schafft eine Wechselseitigkeit, die zum harmonischen Aufbau des Lebens der Kirche als Ort des geschichtlichen Vollzugs des von Christus gewirkten Heils beiträgt .“(Pastores *gregis 10)*

Und im Blick auf die Priester:

*„Schließlich stehen die Priester in einer positiven und anregenden Beziehung zu den Laien, denn ihre Gestalt und ihre Aufgabe in der Kirche ersetzen ja nicht das auf die Taufe zurückgehende gemeinsame Priestertum des ganzen Volkes Gottes, sondern fördern es, indem sie es zu seiner vollen kirchlichen Verwirklichung führen.“ (Pastores dabo vobis 17)*

Eine solche Haltung erfordert ganz klar den Willen zu geschwisterlichem Dialog und pastoraler Unterscheidung im Hören auf das Wort Gottes; sie erfordert, das Wirken des Hl. Geistes zu erkennen und aufzunehmen, sich für die Vergebung Gottes und seine Barmherzigkeit gegenüber unseren menschlichen Schwächen zu öffnen; ein lebendiges Bewusstsein der Sendung der Kirche in unserer heutigen Welt, den Wunsch und Willen, das Evangelium zu verkünden. Ebenso erfordert es auch institutionelle Regelungen, um in der richtigen Weise die Grundlage für eine gesunde und fruchtbare Zusammenarbeit zu schaffen. Wenn wir die Würde der Laien hervorheben, die ihnen durch die Taufgnade geschenkt ist, qualifiziert das die Priester nicht ab, ganz im Gegenteil. Es gilt aber auch umgekehrt: wenn der Sinn und die Schönheit der pastoralen Verantwortung des priesterlichen Dienstamtes zum Ausdruck gebracht wird, qualifiziert dies die Laien nicht ab. In keiner Weise kann der Wert des einen den Wert des anderen mindern. Dass das eine zum anderen in einer rechten Beziehung steht, gründet nicht nur auf gesellschaftlicher Anerkennung oder der Aufgabenverteilung, entscheidend erscheint uns die Lehre von der Kirche als Communio. Die kirchliche Gemeinschaft setzt Gemeinschaft im Glauben voraus, und die Gemeinschaft in den Sakramenten des Glaubens. Dies kommt zum Ausdruck in der verschiedenartigen *Teilhabe* (participatio) an der einen Mission der Kirche. Eine solche Perspektive erfordert einen echten Weg der *Umkehr* (metanoia): Wir können das Gewicht unserer Gewohnheiten, unsere Zögerlichkeit, den eigenen Willen, unsere Widerständlichkeit gegenüber Veränderungen, die doch notwendig sind in einer Welt, die sich in einer tiefergreifenden Veränderungsphase befindet, nicht einfach ignorieren. Es geht um die *Nachfolge Christi* (sequela Christi) und um ein lebendiges Bewusstsein im Blick auf die empfangene Sendung. Der Dienst der Diözese am spirituellen Leben, die Begleitung der örtlichen Gemeinden, das Verfassen von Texten über die großen spirituellen und pastoralen Persönlichkeiten unserer Diözese tragen dazu bei, diesen Weg zu gehen.

Sowohl das aufeinander Bezogensein und als auch die Abgrenzung der Laienberufungen und des priesterlichen Dienstamtes rufen nach neuen kirchlichen Lehrentwicklungen. Diese Herausforderung ist auch dogmatischer Natur, sie ist Konsequenz des II. Vatikanischen Konzils, aber auch Konsequenz des neuen kulturellen Kontextes, in dem Glaubensverkündigung heute stattfindet. Von daher gilt es auch wahrzunehmen, was die Wiedereinführung des ständigen Diakonats als eigener Grad des Sakraments des Ordo bedeutet (im Bistum Poitiers haben wir 40 Diakone und weitere 10 in der Ausbildung). Ebenso sind wir auch herausgefordert, die „anerkannten Laiendienstämter" (Laien, die einen kirchlichen Sendungsauftrag haben) in den Blick zu nehmen, im Moment sind dies 75 Personen. Wenn wir die Pluralität der Berufungen in der Kirche anerkennen, so bedeutet das: Wir bezeugen, dass das Evangelium in jeder Kultur, in jeder menschlichen Situation, verkündet werden muss – als pfingstliches Ereignis, wo jeder die Botschaft in seiner eigenen Sprache hören konnte. Denn:

*„Es besteht in der Kirche eine Verschiedenheit des Dienstes, aber eine Einheit der Sendung."* *(Apostolicam Actuositatem 2)*

Was es braucht, sind tatsächlich neue kirchliche Lehrentwicklungen. Der Glaube ist weder eine Frage der Hierarchie von Privilegien, noch geht es darum, dass wir immer alles und für alle Zeiten genau so weitermachen müssten. Der Glaube ist vielmehr ein Weg, ein Risiko, das es einzugehen gilt: die Nachfolge Christi und ein Leben aus dem Evangelium. In der Kirche von Frankreich, und also auch in der Diözese Poitiers, müssen wir bei jeder Auswahl, die wir treffen, sehr genau die Konsequenzen bedenken, besonders auch aufgrund unserer geringen Mittel. In der französischen Gesellschaft, wo die Kirche kein offiziell anerkanntes Organ ist aufgrund der Trennung von Kirche und Staat, können wir nur handeln durch Menschen, die sich senden lassen. Dem widmen wir unsere ganze Kraft. Es geht darum, dass Menschen als Jünger, in der Nachfolge Christi ans Licht kommen und sein Evangelium bezeugen. Wesentliche Faktoren hierfür sind Katechese für alle Altersgruppen und der Katechumenat. So haben wir z. B. beschlossen, den Erwachsenen alljährlich die Möglichkeit der Firmung vorzuschlagen, wichtig ist auch die Pfingstvigil, denn all das betont unseren Wunsch, die Gaben des Heiligen Geistes, der das Volk Gottes lebendig macht, immer mehr ins Licht zu rücken. Im Blick auf die unterschiedlichen Gaben des Heiligen Geistes, lesen wir die Schriftstelle aus dem zweiten Briefes an Timotheus:

*„Aus diesem Grund ermahne ich dich: entfache von neuem die Gnadengabe Gottes, die in dir ist durch die Auflegung meiner Hände."* (2 Tim 1,6)

Indem wir uns durch den Geist Christi – wie von einem Feuer – ergreifen lassen, kann die Frohe Botschaft mutig verkündet werden in den Gegebenheiten der französischen Gesellschaft von heute. Es geht in der Tat um eine Form von Verzicht – Verzicht darauf, der Vergangenheit hinterherzutrauern, sich von der Gegenwart entmutigen zu lassen oder defätistisch in die Zukunft zu blicken. Nur so können wir das österliche Geheimnis Christi und die Gaben des Heiligen Geistes nach dem Plan Gottes des Vaters bekennen.

### Schlussbemerkung: „Damit sie das Leben haben" (Joh 10,10)

Wir kennen die Wege der Zukunft nicht im Voraus. Erst wenn wir sie gehen, können sich Wege für unsere Zeit eröffnen. Die örtlichen Gemeinden sind Teil dieser pastoralen Option. Ihre Bedeutung ist verwurzelt in der langen Glaubenstradition unserer Diözese und ihr Daseinsgrund zeigt sich in den Früchten, die sie bringen. Sie sind wie Worte der Frohen Botschaft, die sich demütig, aber sehr real so nahe wie möglich in das Leben der

Menschen heute übersetzen. Sie sind auch so etwas wie ein Vorgeschmack auf eine Zukunft, die möglich ist. Sie regen Initiativen an, sie erwecken die Freude des Glaubens und des Hoffens und lassen sie wachsen. Sie sind wirklich Teil der Mission der Kirche und möchten Christus Jünger und Jüngerinnen schenken, die sein Evangelium in der Zeit von heute bezeugen.

**Jean Paul Russeil** ist Generalvikar des Erzbistum Poitiers. Er war Bischofsvikar und theologischer Berater von Erzbischof Rouet und gilt als einer der theologischen Architekten der pastoralen Entwicklung im Erzbistum Poitiers.

Gisèle Bulteau

# Örtliche Gemeinden begleiten

[aus dem Französischen von Gabriele Viecens, Dipl.-Übers.]

Vorab möchte ich Ihnen eine kurze Erläuterung der örtlichen Equipen im Erzbistum Poitiers geben: Die pastorale Basiseinheit in unserem Bistum ist der Pastoralsektor mit einem verantwortlichen Priester; in einem Pastoralsektor gibt es mehrere örtliche Gemeinden.

Verantwortlich für eine örtliche Gemeinde ist die Basisequipe, zu deren wesentlichen Aufgaben es gehört, die Lebendigkeit dieser Gemeinde zu fördern. Jede Basisequipe setzt sich aus 5 Personen zusammen, die gerufen bzw. gewählt werden auf der Grundlage ihrer Taufwürde. Ihnen werden folgende Verantwortungen anvertraut: ein Verantwortlicher für die Pastoral mit koordinierender Funktion, ein Verantwortlicher für die materiellen Belange der örtlichen Gemeinde (diese Beauftragungen gehen aus Wahlen hervor). Dazu kommen drei Verantwortliche, die gerufen werden: für die Verkündigung des Glaubens, für das Gebet und das geistliche Leben und ein dritter, der sich um die Nöte der Menschen am Ort kümmert – „Nächstenliebe". Jedes Mitglied einer Equipe hat den Auftrag, die ihr/ihm anvertraute Sendung Christi fortzuführen, aber nicht nur allein, sondern zusammen mit anderen Menschen aus der örtlichen Gemeinde.

## 1 Zuhören, begleiten, mit den Menschen auf dem Weg sein

Ich erinnere mich an den Moment, als der Bischof in einer Eucharistiefeier die Anerkennung der örtlichen Gemeinden verkündete. Das war ein großer Augenblick, eine Feier des Glaubens, der Freude, der Geschwisterlichkeit – ein Augenblick des Kircheseins. Während dieser Feier stellt der Priester, der den Pastoralsektor leitet, dem Bischof die Menschen vor, die gerufen sind, die örtliche Basisequipe zu bilden. Jedes einzelne dieser Mitglieder wird vorgestellt, so dass die versammelte Gemeinde jede und jeden wahrnehmen kann. Es kommen meistens auch die Bürgermeister der Zivilgemeinde. Gleichgültig, welcher weltanschaulichen Überzeugung sie auch sein mögen, so legen sie doch Wert darauf, bei diesen Ereignissen, die „Bürger" der lokalen Bevölkerung betreffen, dabei zu sein.

Wir waren Zeugen für etwas, was man wirklich als eine Art „Wiedererweckung" der Christen bezeichnen könnte. Christen, die auf Grund ihrer Taufe gerufen sind, die ihnen geschenkten Gaben und Talente in den Dienst der Gemeinschaft zu stellen.

Am Ende dieser Feier hat der Bischof mich vorgestellt und meine Sendung näher erklärt. Einige Wochen später ist dann der eine oder die andere auf mich zugekommen. Die ersten Fragen, die mir gestellt wurden, waren oft organisatorische Fragen.

## 2 Verstehen, geistlich unterscheiden und antworten

Sehr schnell waren es aber nicht mehr nur organisatorische Fragen, es kamen immer öfter Anfragen nach geistlicher Vertiefung.

Ich wurde gebeten, zu den verschiedenen Orten zu kommen, die Equipen dort zu treffen. Ich habe immer den verantwortlichen Priester darüber informiert, aber sehr oft war es auch der

Priester selber, der mich bat zu kommen. Am meisten habe ich zunächst einmal zugehört. Es fällt auf, dass die Anerkennung und der Sendungsauftrag einer Equipe, auf der Grundlage des Vertrauens, die Christen sprach- und auskunftsfähig machte.

Mit der Basisequipe haben wir gemeinsam nach Antworten und Lösungsmöglichkeiten gesucht, oder ich habe die Fragen weitergegeben an betroffene diözesane Dienste. Eines möchte ich aber im Blick auf meine Aufgabe in der Begleitung der örtlichen Gemeinden noch einmal unterstreichen: Die mir übertragene Aufgabe war nicht eine Verantwortung als Teil der Hierarchie, sondern ein mir durch Anerkennung übertragenes Dienstamt.

Der Aspekt der *proximité*, den Menschen nahe zu sein – dies konkret zu leben hat mich Menschen entdecken lassen, die ein tiefer, lebendiger Glauben prägte, die aber vorher nicht daran gewöhnt waren, über ihren Glauben Auskunft zu geben und ihn mit anderen zu teilen. Sie waren für meinen Dienst der Begleitung sehr dankbar.

Dank dieser Menschen ist nach und nach christliches Leben neu ans Licht gekommen. Sie sind zu Akteuren, zu Subjekten geworden an den Orten, wo sie leben. „*Wir haben schließlich das Recht, unser Christsein da zu leben, wo wir sind.*“ – ohne dass man immer dazu aufgefordert wird, sich an andere Orte zu begeben (an einen zentralen Ort, in die Stadt, da, wo der Priester ist).

## 3 Keine örtliche Gemeinde ohne Priester

Der Begleiter der örtlichen Gemeinden ist meistens der Priester, der für den Pastoralsektor verantwortlich ist. Er wird zu jedem planmäßigen Treffen der örtlichen Equipen eingeladen und unterstützt Glaubensleben und missionarischen Eifer der engagierten Christen.

Die Gegenwart des Priesters ist Zeichen der Einheit aller örtlichen Gemeinden und Gruppen von Christen, die in dem konkreten Pastoralsektor leben. Er ruft die gemeinsamen Zielsetzungen immer wieder neu in Erinnerung und hält den Sendungsauftrag des gesamten Pastoralsektors im Blick. Keine örtliche Gemeinde kann sich selber genügen oder sich nur auf sich selbst beschränken.

Der Priester ermutigt und hilft den Christen ihren Glauben zu leben: in Gebetskreisen, durch Lesen und Teilen der Schrift. Er hilft ihnen, mit offenen Augen die menschliche Zerbrechlichkeit der Gemeinden wahrzunehmen: isoliert lebende Menschen, alte Menschen, Altenheime, Heime für Behinderte, Familien in Not, durch Gewalttätigkeit oder durch einen Trauerfall. Er unterstützt die Menschen im Glauben, vertraut ihnen, ohne ständig vor Ort zu sein oder alles selber machen zu müssen.

Menschen sind wichtiger als Strukturen. Eine lebendige örtliche Gemeinde zeichnet sich aus durch das Rufen von so vielen Menschen wie möglich: Du bist das, du kannst das, die Gemeinde braucht das, komm! Es gibt keine Christen, die nicht in der Lage wären, Frucht zu bringen. Niemand ist überflüssig. Jede und jeder Getaufte ist gerufen, die geschenkte Taufgnade anzunehmen. Der Dienst, den es in der Kirche für alle zu erfüllen gilt, gibt uns die Möglichkeit dazu. Der Geist, der jeder und jedem geschenkt ist, befähigt alle dazu, auf den Ruf des Herrn Antwort zu geben. Das Vertrauen, dass uns durch Gott geschenkt ist, lädt dazu ein, uns gegenseitig zu vertrauen.

Die örtlichen Gemeinden sind Wege des Glaubens für die, die sich auf diesen Weg einlassen.

In jeder örtlichen Equipe kann man von besonderen Zeiten des Lernens sprechen, das ist manchmal sehr mühsam. Zu lernen gilt es den Austausch, das Zuhören, sich einlassen auf die Meinung der anderen. Es geht darum, dass sich Solidarität entwickelt, indem wir gemeinsame Initiativen ergreifen. Jede örtliche Equipe ist so etwas wie ein Forschungslabor im Blick auf das Leben von Geschwisterlichkeit. Sie ist aber gleichzeitig auch konkretes und sichtbares Zeichen für die ganze Gemeinde, dass Geschwisterlichkeit möglich und Geschenk für alle ist.

Ein alter Mann von etwa 80 Jahren – er war der erste Pastoraldelegierte seiner Gemeinde und dies seit 6 Jahren – sagte: *„Ich war immer in meinem Beruf engagiert, auch in der zivilen Gemeinde ... das ist auch in der örtlichen Gemeinde so weitergegangen. Aber jetzt, wo ich alt bin, entdecke ich, dass die Quelle für mein ganzes Engagement die Taufe ist.“* Und er fügt hinzu: *„Was für ein Glück habe ich doch, dass ich diese Kirche kennenlernen durfte!“* Er ist also nicht nur ein alter Mann, sondern vor allem ein glücklicher Christ. Könnte es nicht auch so sein, dass das Leben der örtlichen Gemeinden eine immer stärkere Liebe zur Kirche hervorbringt?

## 4 Im Gehen des Weges entdeckt man die „Wirkfaktoren“ für den Sendungsauftrag

Die jährlichen Treffen der Priester und der Pastoraldelegierten jeder örtlichen Gemeinde mit dem Bischof und den Bischofsvikaren sind in ihrer Geschwisterlichkeit, ihrer Spiritualität und Kirchlichkeit wesentliche Grundlage. Das soll heißen, alle, Dienstämter und Dienerinnen und Diener des Evangeliums im Herzen der örtlichen Gemeinden, arbeiten zusammen, um die Sendung Christi fortzuführen.

### Vorschläge für die Formation

Den Aspekt, ja, den Dienst der „Nähe“ zu leben ist ein „muss“ für alle Christen der Diözese, was auch immer ihre konkrete Verantwortung sein mag. Nach und nach haben sich neue, dezentrale Formen dafür entwickelt, wie z. B. geistliche Besinnungstage, angeleitet durch diözesane Einrichtungen oder aber auch die Klöster in der Diözese. Es gibt Schulungen für den Bereich der Glaubensverkündigung, für die Begleitung von Familien in Trauer, Initiativen, um das Lesen in der Schrift zu fördern, liturgische Fortbildungen ...

Aber diesen Bereich werde ich Eric Boone überlassen, er wird von der Aus- und Weiterbildung durch das Theologische Zentrum berichten.

### Zeiten der Relecture und Equipen, die unterstützend wirken

Als die ersten Basisequipen erneuert wurden, haben wir die Notwendigkeit gesehen, am Ende dieser Zeit noch einmal gemeinsam die zurückgelegte Wegstrecke anzuschauen, zu evaluieren. (Wir behalten hier das französische Wort *Relecture* bei, weil weder Evaluation, Deuten oder Anschauen genau das treffen, was die Bedeutung der *Relecture* ist).

Tatsächlich ist es oft so, dass Personen, deren Beauftragung zu Ende geht, zu allererst daran denken, wie sie Nachfolger finden können. Das Risiko dabei ist aber groß, dass es in der Tat nur dabei bleibt, jemanden zu rufen, der die anstehenden Aufgaben erfüllt und dass nicht deutlich wird, dass es vor allem um einen spirituellen und kirchlichen Schritt im Herzen der örtlichen Gemeinde geht. Wir können aber sagen, dass die *Relecture* die Norm vor jeder Erneuerung der Equipen geworden ist.

Die *Relecture* wird angeleitet von jemandem, der von „außen" kommt. Es gibt auch eine Reihe von Arbeitsblättern, die in dem Handbuch für die örtlichen Gemeinden zu finden sind. Ziel der *Relecture* ist es, die Früchte im Leben der Gemeinde zu „ernten". Wir könnten sie auch als „Überprüfung des Lebens" im Licht des Wortes Gottes bezeichnen. Jedes Mitglied der Equipe sagt, was sich in ihnen bewegt hat, was sie entdeckt haben, ihre Freuden, ihre Schwierigkeiten und welchen Ruf Gottes sie darin erkennen. Oder auch: wie sind sie gewachsen, als Christ, als Christin. Das ist immer ein sehr starker Moment der Gnade.

(Es kann für manche Menschen auch schwierig sein, mit den anderen in der Equipe ihren Weg im Glauben zu teilen, ihre Zweifel, ihre Freuden. Da ist es Aufgabe des Verantwortlichen, hier Austausch zu ermöglichen.)

Diese Zeit des Teilens stärkt die örtlichen Gemeinden und lässt sie mit Vertrauen auf die Zukunft schauen. Sie bewirkt auch, dass der Wille gestärkt wird, auch jenen Menschen etwas zu geben und zuzutrauen, die wenig mit der Kirche zu tun zu haben scheinen, die aber Interesse zeigen. Es ist eine Chance für diese Menschen, eine Erfahrung im Glauben zu machen. Deshalb ist es unsere feste Absicht, an der „Kultur des Rufens" in den örtlichen Gemeinden immer weiter zu arbeiten und sie zu vertiefen.

Der Priester, dem die örtliche Gemeinde anvertraut ist, ist fast immer bei der *Relecture* dabei und oft ist er der Erste, der über die Qualität der Glaubenszeugnisse staunt.

Jetzt möchte ich noch von den unterschiedlichen Verfahren erzählen, die es für die Erneuerung der Equipen gibt:

Angesichts der immer größer werdenden Zahl von örtlichen Gemeinden haben wir die Mitglieder der ersten Equipen, deren Beauftragung zu Ende gegangen ist, gebeten, jetzt ihrerseits die Gemeinden in ihrer Nähe zu unterstützen. Die Verfügbarkeit und Großzügigkeit dieser Personen ist bemerkenswert. In jeder der 14 pastoralen Räume (territoires) der Diözese können sich die Mitglieder der Basisequipen an diese Personen wenden und sie rufen. Sie sind wie große Schwestern oder große Brüder, Wegbegleiter, aber dies in guter Distanz und auf Augenhöhe mit den Engagierten in den örtlichen Gemeinden. Sie alle sind ehrenamtlich tätig und tun diesen Dienst aufgrund ihrer Taufe, nicht auf der Grundlage einer besonderen Dienstbeauftragung. Sie haben vielmehr in ihrer *Relecture* einen Ruf gehört, auf den sie jetzt antworten.

Sie versammeln Menschen, ermutigen, teilen ihre Erfahrung, erinnern an die Grundlagen und berichten, wenn nötig, den Bischofsvikaren, die vor Ort sehr präsent sind, von den Fragen, Schwierigkeiten und Wünschen. Man ruft diese Personen auch, wenn die örtlichen Gemeinden Schwierigkeiten haben oder wenn es Konflikte zu moderieren gilt.

Die Zeiten des Austauschs und der Fortbildung werden von dem Bischofsvikar, der für einen pastoralen Raum verantwortlich ist, vorgeschlagen.

### Das Handbuch

Es wurde nach der Diözesansynode herausgegeben als Carta für der Leben der Diözesankirche. Dieses Handbuch ist ein Referenzpunkt, an dem man sich orientieren kann. In ihm wird immer wieder besonders auf die Option der Diözesankirche hingewiesen, eine missionarische Kirche zu sein.

Das Handbuch ist auch ein Werkzeug, das im Dienst an der Communio der örtlichen Gemeinden steht. Es wird den verantwortlichen Priestern und jeder örtlichen Equipe übergeben.

Wir sind auf dem Weg der Entwicklung von Pastoralsektoren zu neuen Pfarreien. Soweit wir das heute sagen können, bestärkt diese Entwicklung das Leben der Christen in den örtlichen Gemeinden, besonders ihre Sendung zu und mit den Menschen in ihrer Nähe. Sie bezeugen, so nahe wie möglich bei den Menschen, die Relevanz des Glaubens in der heutigen Zeit, indem sie sich in den Dienst aller stellen, besonders den der Kirche am weitesten Fernstehenden.

### Einige Schlussbemerkungen

Kühnheit, Vertrauen, Geschwisterlichkeit, Hoffnung und die Sicherheit: Jesus Christus ist bei seiner Kirche „alle Tage bis ans Ende der Zeiten.“

Davon sind wir Zeugen. Das Evangelium spornt uns dazu ein, in den Dialog mit der Welt zu treten, so dass eine Kirche ins Leben kommen kann, die überzeugt ist, dass „der Dialog ihr apostolisches Amt kennzeichnen muss." (Ecclesiam suam 67)

**Gisèle Bulteau** ist lange Jahre pastorale Mitarbeiterin von Erzbischof Rouet gewesen. Sie ist auf diözesaner Ebene Begleiterin der örtlichen Gemeinden.

Eric Boone

# Aus- und Weiterbildung der örtlichen Gemeinden

## Die Erfahrung des Theologischen Zentrums des Erzbistums Poitiers

[aus dem Französischen von Gabriele Viecens, Dipl.-Übers.]

Das Theologische Zentrum von Poitiers, im Dienst an der Aus- und Weiterbildung des Erzbistums Poitiers, wurde 1974 gegründet auf Wunsch des damaligen Bischofs, Mgr Vion und seines Ko-Adjutors, Mgr Roziers. Die Errichtung dieses Zentrums erfolgte in einer sehr schwierigen Zeit für die Kirche in Frankreich, die sich in jener Epoche unendlich abmühte, Antworten zu finden auf die Fragen, die Folge der Ereignisse des Mai 1968 waren – und so war mit der Errichtung dieses Zentrums ein doppeltes Ziel verbunden:

Erstens: In einem Kontext, in dem viele Priester ihr Priesteramt aufgegeben haben, sollte denen, die blieben, eine solide Fortbildung ermöglicht werden und gleichzeitig sollten Laien ausgebildet werden vor dem Hintergrund einer Untersuchung, die die Bischöfe damals in Frankreich veranlasst hatten. Die Frage dieser Untersuchung lautete: „Sind alle verantwortlich in der Kirche?"

Im Kontext tiefgreifender Veränderungen im gesellschaftlichen Leben (die Stellung der Frau, der Jugendlichen, die Ölkrise …) ging es darum, ein echtes Interesse der Kirche an den gesellschaftlichen und politischen Fragen zu zeigen. Und diesen Punkt möchte ich noch präzisieren: Es ging dabei nicht um einen bloßen Schlagabtausch von schon von vornherein festgelegten Positionen, vielmehr wollte die französische Kirche auf der Grundlage der theologischen Quellen des Glaubens einen Dialog vorschlagen und sich an Diskussionen quer durch die Gesellschaft beteiligen.

Vierzig Jahre später können wir sagen, dass das Theologische Zentrum sich darum bemüht, dieser ersten Intuition treu zu bleiben und diese Zielsetzung in den örtlichen Gemeinden weiter zu verfolgen. Ich möchte verdeutlichen, wie wir genau diese Spur weiter verfolgen, wie die örtlichen Gemeinden damit umgehen, aber auch einige Herausforderungen unterstreichen.

## Die Entwicklung des Theologischen Zentrums innerhalb der letzten vierzig Jahre

Als das Theologische Zentrum vor vierzig Jahren entstand, gab es natürlich schon Formen der Aus- und Weiterbildung in der Diözese. Schon seit Beginn der 60er Jahre des letzten Jahrhunderts war der Vorschlag gemacht worden, dass die Priester bei ihren Fortbildungen in Gruppen zusammenarbeiten sollten. In vielen Diözesen war es aber auch so, dass sich die Fortbildung der Laien an der der Priester orientierte, aber eher im Sinne einer vereinfachten Adaption. Die Laien befassten sich im Prinzip mit denselben Themen wie die Priester, allerdings hatten sie dafür weniger Zeit, es fehlte jegliche Vertiefung und alles, was als zu „technisch“ angesehen wurde, wurde einfach weggelassen. So gab es einen ganz deutlichen Unterschied zwischen der regelmäßigen Fortbildung der Priester und der der Laien.

Schon der Name „Theologisches Zentrum“ sollte diese Logik unterbrechen. Selbstverständlich war es sinnvoll, dass Priester weiter Abendveranstaltungen abhielten, bei denen sie ihre im

Studium erworbenen Kenntnisse, besonders im Blick auf die Schrift und die Glaubenslehre, einsetzen konnten. Solche Abende waren äußerst erfolgreich, besonders im Blick auf die Bibelarbeit, denn es ging ja zum einen darum, wichtige Fortschritte in der Bibelforschung wahrzunehmen, aber auch Entwicklungen in der Theologie insgesamt. Vor allem ging es darum, sich zu den Sozial- und den Humanwissenschaften zu positionieren und Verknüpfungen herzustellen. Aber dabei waren alle Christgläubigen angesprochen, alle sollten befähigt werden, das Evangelium Jesu Christi in der Gesellschaft zu bezeugen. Es ging um eine Aufhebung eines fruchtlosen Auseinanderklaffens von Priestern und Laien. Die Ankunft von Ordensleuten im Bistum und ihr starkes Engagement in der Pastoral, hat ebenso dazu beigetragen, diese Kluft zu überwinden. Und ganz sicher sind unsere Bilder auch durch die ersten Ordinationen von ständigen Diakonen verändert worden.

Nach und nach ist die Diözese dazu übergegangen, Laien Verantwortung zu übertragen, ja anzuvertrauen, und es war die Aufgabe des Theologischen Zentrums, eine Form der Aus- und Weiterbildung für sie zu entwickeln und vorzuschlagen, die den Glauben stärkt und denjenigen zur Vorbereitung dient, die eine solche Verantwortung übernehmen.

Aus dieser Erfahrung der 80er Jahre entwickelte sich im Jahre 1991 eine strukturierte Ausbildung für die Dienstämter. Die Diözesansynode von 1993 hat diese Option bestätigt und die einzelnen Dienstämter in einer pluralen Perspektive aufgezeigt: natürlich die Priester, aber auch die Diakone und die durch Anerkennung übertragenen Laien-Dienstämter. Auf Anregung von Mgr Rouet wurde dann noch eine Reflexion über den bischöflichen Dienst hinzugefügt.

Gleichzeitig hat die Synode von 1993 aber auch die Einführung einer grundlegenden Ausbildung beschlossen, die einführen soll in das Geheimnis Christi, damit „das Ganze des menschlichen Seins verstanden und gelebt werden kann als

Weg in die Nachfolge Christi in der Communio der Kirche". Hier zeigt sich auch die Sorge um eine Ausbildung, die so nahe wie möglich am Leben der Menschen ist, mit einer starken missionarischen Perspektive, besonders auch im Blick auf Kinder und Jugendliche.

Diese Ausbildung findet seit 1994 statt in Form eines gegliederten Kurses über einen Zeitraum von zwei Jahren, in den Regionen, wo sie nachgefragt wird und in der Regel an einem Abend im Monat. Die für die Pastoral dieser Gebiete Verantwortlichen rufen Gruppen von 20 bis 30 Personen zusammen, das Theologische Zentrum macht einen inhaltlichen Vorschlag (natürlich immer mit einem sehr starken biblischen Akzent und einem Fokus auf den Konzilsdokumenten) und schickt dann Fachleute an die Orte, wo die Ausbildung stattfindet.

## Örtliche Gemeinden und Ausbildung

Genau dieses Modul, der Grundausbildungskurs, war und ist das zentrale und wesentliche Werkzeug der örtlichen Gemeinden, seitdem die erste im Herbst 1995 entstanden ist – und das ist ein ganz wichtiger Punkt. Er erinnert uns daran, dass es auf dem Entstehungsweg der Örtlichen Gemeinden nie irgendetwas gab, das an irgendeinem „grünen Tisch" in der Diözese entwickelt wurde, was man dann in den Sektoren einfach nur hätte zur Anwendung bringen müssen. Umgekehrt, der Weg hat sich nach und nach beim Gehen unter den Füßen entwickelt. Wir haben uns nie nur theoretisch mit der Aus- und Weiterbildung der Örtlichen Gemeinden beschäftigt. Wir haben uns mit ihnen ausgetauscht über das, was wir wahrgenommen haben im Blick auf das, was sie brauchen könnten und wir haben versucht, genau darauf eine Antwort zu finden. Vor allem aber haben wir festgestellt, dass die Equipen der Örtlichen Gemeinden sich dieses kleine Modul wirklich zu eigen gemacht haben und gern daran mitwirken. Auch die Priester sehen darin eine Hilfe, um die Verantwortlichen der Equipen zu begleiten.

Der Zeitpunkt der Erneuerung einer Equipe, und zwar alle drei Jahre, hat sich als günstiger Zeitpunkt erwiesen, um diesen Kurs vorzuschlagen. Die Synode von 2003 hat uns sehr klar daran erinnert, dass es keine Mission in der Kirche gibt ohne Ausbildung, und dieser Grundkurs scheint genau auf einen Teil dieses Bedürfnisses nach Ausbildung zu antworten.

Die Geschwindigkeit der heutigen Zeit bringt es aber mit sich, dass viele eine Ausbildungsdauer von zwei Jahren für zu lang erachten. Deshalb schlagen wir gerade jetzt einen stärker gebündelten Kurs vor, der über ein Jahr geht, mit der Option, ein zweites Jahr anzuhängen für die, die das möchten. Das ist insgesamt etwas lockerer gestrickt, wir nutzen dabei auch das Internet und lassen uns mehr ein auf die Problematik des betreffenden Gebietes. Ganz klar sind die Probleme, die sich im Norden der Diözese stellen, nicht identisch mit denen im Süden und wir mussten nach und nach lernen, auf das Spezifische der einzelnen Regionen einzugehen.

## Einige Herausforderungen

Wenn wir sagen, dass die Örtlichen Gemeinden sich dieses Modul der Fortbildung wirklich zu eigen gemacht haben, können wir auch für uns sagen, dass wir daraus sehr viel gelernt haben. Einige wichtige Aspekte dazu möchte ich jetzt zum Schluss noch nennen:

Was heißt überhaupt in diesem Kontext Aus- und Weiterbildung? Wenn wir an die Örtlichen Gemeinden denken, dann hätte es auch nahegelegen, Ausbildung in einer eher pragmatischen Ausrichtung vorzuschlagen, etwas, das man direkt und konkret hätte anwenden können, z. B. um Versammlungen zu leiten, Konflikte zu moderieren, die Gebäude gut zu verwalten …

All das ist auch wichtig und wir versuchen, dem Rechnung zu tragen. Andererseits ist aber auch klar, dass die Menschen, die sich in den Örtlichen Gemeinden engagieren, dieses Engagement als Glaubensweg leben. Für sie geht es ja nicht darum, eine Funktion auszuüben, einen bloßen Dienst zu tun, sondern es geht vielmehr darum, ihr Leben als Getaufte ernst zu nehmen. Deshalb muss dieses Engagement genährt werden, indem sie miteinander ihren Glauben teilen und ihnen Wege und Methoden zur Verfügung gestellt werden, mit denen sie ihren Glauben vertiefen können (vor allem die Heilige die Schrift und die Konzilstexte ...). Wir haben also keine Angst, diesen Menschen eine tatsächliche Einführung in die Theologie zu geben, aber diese Theologie ist sich immer bewusst, zu welchen Menschen sie spricht und was sie bewirken will im Leben dieser Menschen.

Den Glauben nähren, das heißt auch, dass wir lernen, unser Engagement im Leben der Kirche als einen geistlichen Weg zu sehen. Im Rahmen dieser Ausbildung schlagen wir also auch Zeiten für das Gebet vor; Zeiten, in denen wir miteinander teilen, um unseren Glauben zu nähren. Wir sagen oft, dass es nicht so wichtig ist, was wir tun, sondern vielmehr, was wir werden durch das, was wir tun.

Kurz gesagt: in unserer Ausbildung versuchen wir zu verbinden, was nur allzu oft getrennt wird: Theologie, Pastoral und geistliches Leben. Wenn wir lernen, diese drei Dimensionen zu verbinden, bezeugen wir damit die Ganzheitlichkeit des Glaubens, der uns denken und leben lässt, der uns in unserem Menschsein wachsen lässt.

Die Ausbildung verpflichtet uns auch dazu, unserem Engagement einen tieferen Grund zu geben. Hier geht es vor allem um die Sakramente der christlichen Initiation: Taufe, Firmung und Eucharistie rufen uns heraus, unseren Anteil an der Sendung der Kirche wahrzunehmen und im Glauben erwachsen zu werden. Wir profitieren zweifellos von dem immensen Werk des heiligen Hilarius, der im 4. Jahrhundert die Taufe mit dem Glauben an die Dreifaltigkeit verbunden hat. Als Getaufte haben wir Anteil an der trinitarischen Beziehung. Die dreifaltige Beziehung ist das Fundament unserer Haltung im Blick auf Dialog und Beziehung, die den Wesenskern der Örtlichen Gemeinden ausmachen. Diese Taufwürde, die allen Jüngern Christi gemeinsam ist, steht an erster Stelle (LG 32). Hier löst sich die Trennung zwischen Priestern und Laien auf, die ich eingangs erwähnt hatte: eine Trennung, die der Vielfältigkeit der Dienstämter nicht gerecht wird und auch nicht der Gotteskindschaft, die uns allen durch die Taufe geschenkt ist.

So stellt uns die Ausbildung in den Örtlichen Gemeinden mitten in das Geheimnis des Glaubens: an der lebendigen Quelle der Taufe kann sich der Weg öffnen. Im Bekenntnis des Glaubens an den dreifaltigen Gott gründet sich unsere Haltung. Indem wir das entdecken, verfallen wir nicht einer Vision von Kirche, die nur das Ziel hat, die religiösen Bedürfnisse einer Gruppe von Menschen an einem gegebenen Ort zu erfüllen. Unsere Vision von Kirche ist vor allem sakramental und weniger institutionell. Diese Kirche möchten wir verwirklichen (auch wenn es natürlich nie darum geht, Sakrament und Institution in eine Opposition zu bringen). Es geht darum, das Evangelium zu leben und dieses Leben zum Zeugnis werden zu lassen: Die Ausbildung macht uns bewusst, dass genau darin die grundlegende Herausforderung der Örtlichen Gemeinden besteht: Es geht darum, gemeinsam einzuüben, unseren Glauben und unsere Glaubenserfahrung ins Wort zu bringen und so darüber Auskunft zu geben, welches die Hoffnung ist, die in uns ist (1. Petr 3,15).

**Eric Boone** ist als Theologe Leiter des theologischen Fortbildungsinstituts des Erzbistums Poitiers.

Gilles Côtés

# Die Kirche zu den Menschen bringen!

## Dialog, Partizipation und Mitverantwortung in der Kirche der Westprovinz Papua Neuguineas

In der westlichen Provinz von Papua Neuguinea (PNG) begann das Werk der Evangelisierung im Juni 1959 mit der Ankunft der ersten beiden Monfortaner Missionare aus Kanada. Niemand wollte in diese Region kommen, um die Kirche in dieser sehr abgelegenen und unterentwickelten Ecke dieser Erde zu errichten. Unser Provinzobere sagte damals, als die Entscheidung getroffen wurde, dass wir von Kanada in diese Ecke Papuas gehen: „Es wird fast unmöglich und sehr schwierig werden, aber genau deshalb gehen wir dort hin!" So kamen also die Montfortaner Missionare aus Kanada nach PNG. Inspiriert durch die Lehren und den Geist des II. Vatikanischen Konzils luden sie umgehend die Menschen ein, am Leben und der Mission der Kirche mitzuwirken. Sie unternahmen große Anstrengungen, um ein Zugehörigkeitsgefühl zur Kirche zu erzeugen; und sie planten Events, die für die Menschen zu einer neuen Erfahrung von Gemeinschaft wurden und dazu führten, dass die Menschen sagen konnten: „Wir sind Kirche!" Ich erinnere mich, als ich Ende 1971 nach Papua kam, dass bereits ein System lokaler Leitung und Kirchenführer in den existierenden Gemeinden seinen Anfang nahm.

Langsam aber allmählich drangen die Missionare mit Hilfe ihrer melanesischen Mitarbeiter bis zu den Menschen vor, die in kleinen Gruppen in abgelegenen Dörfern lebten. Konkret bedeutete es: tagelange Märsche durch den Urwald und lange Fahrten mit dem Kanu. Es kostete Zeit, da die Diözese eine Fläche von 99 000 $km^2$ abdeckt und bis heute nur eine Straße mit einer Länge von 133 Kilometern existiert, die das ganze Jahr befahrbar ist. Die meisten Dörfer können maximal dreimal jährlich besucht werden aufgrund der großen Entfernungen, die zu Fuß oder mit Schlauchbooten zurückgelegt werden müssen und aufgrund der hohen Benzinpreise. Heute sind wir in einigen Ecken der Diözese, die die gesamte Westprovinz abdeckt, dabei, die Kirche erst zu errichten.

Mitte der 70er Jahre hatten wir begonnen, uns über Wege und Möglichkeiten Gedanken zu machen, die katholischen Gemeinden insbesondere in den abgelegenen Dörfern zu stützen. Diese Gemeinden benötigten ihre eigene Leitungsstruktur und mussten selbst verantwortlich werden für das Leben ihrer Gemeinden, für ihren Unterhalt, ihr Wachstum etc. Dies war die Zeit, als wir auch die Gründung so genannter Basisgemeinden in Betracht zogen. Und wir fragten uns: Wie könnten wir solche Gemeinden errichten? Uns war klar, wir benötigten einen Plan, eine Methode, um unsere Ziele zu erreichen.

## Der partizipative pastorale Ansatz

Es war ein langer Weg. Zu Beginn der 80er akzeptierten wir ein Programm mit Namen „Das neue Bild der Pfarrei“. Es wurde uns von der „Bewegung für eine bessere Welt“ („Movement for a Better World“ – MBW) vorgestellt. In den folgenden Jahren nahmen die meisten Pfarreien größere Anstrengungen auf sich, um ihre Aktivitäten zu planen und sicherzustellen, dass eine gute Kommunikation aufgebaut wurde, damit alle Menschen über die Aktivitäten der Pfarrei informiert werden konnten. Information ist entscheidend, wenn wir wünschen, dass die Menschen teilhaben am Leben der Kirche. In allen Dörfern gaben wir Besinnungstage zum Thema „Christliche Gemeinschaft“, was einen großen Enthusiasmus hervorbrachte.

Mitte der 90er Jahre schließlich machten wir einen großen Schritt nach vorne und entschieden, uns als Diözese auf den Weg zu machen und dem Programm der Erneuerung zu folgen, statt es einzelnen Pfarreien selbst zu überlassen, ihren eigenen Weg zu beginnen. Mit der Assistenz und Begleitung des MBW schrieben wir unseren Pastoralplan. Dies kostete uns fast vier Jahre voller harter Arbeit. Dass es so lange dauerte, lag vor allem daran, dass es uns ein Anliegen war, dass die Menschen zu jedem Moment in diesen Prozess eingebunden waren und ihren Beitrag leisten konnten. Wir erstellten eine Analyse der Situation der Diözese, reflektierten den sozialen Kontext und die religiöse Erfahrung der Menschen. Wir träumten gemeinsam von einer Kirche, die wir nach Gottes Willen werden sollten (ein ideales Modell der Diözese). Und wir beschrieben den Weg, dem wir folgen wollten, um dieses ideale Modell werden zu können. Während der Diözesanversammlung im November 1999 schließlich akzeptierten die Teilnehmer einstimmig den erarbeiteten diözesanen Pastoralplan. Dies war möglich, weil sie in allen Stadien der Vorbereitung und Erarbeitung des Pastoralplans einbezogen waren und somit das Gefühl hatten, dass es ihr eigener Plan war. Und dies war der Beginn unseres Glaubensweges als Diözese.

Während der ersten Phase (sie dauerte 11 Jahre von 2001–2012) förderten wir vor allem Werte, menschliche Werte wie auch Werte des Evangeliums, durch eine Vielzahl von Aktivitäten: Identität (melanesisches und christliches Leben als Geschenk Gottes), Würde (Gleichheit, Respekt) und Freiheit (frei zu sein, wahrhaftes Leben zu wählen und einander zu vertrauen). Wir begannen zudem, die Spiritualität der Gemeinschaft (Communio-Spiritualität) zu leben und zu fördern, was einen großen Unterschied ausmacht in der Art und Weise unserer Beziehungen, unserer Zusammenarbeit und unserer Bemühungen, auf unserem Glaubensweg voranzuschreiten. Diese Spiritualität wurde zu einem beständigen Ruf zur Umkehr, zur Evangelisierung, zur Inkulturation und schließlich zu einem Aufruf, besser aufeinander Acht zu geben.

## Kleine Christliche Gemeinschaften/Gemeinden – Ergebnis des Pastoralplanes

Während dieser ersten Phase sensibilisierten wir die Menschen für Geschwisterlichkeit, für Erfahrungen von Gemeinschaft, um sie einander näherzubringen und ihnen das Gefühl zu vermitteln, dass es gut sei, einander wie Brüder und Schwestern zu begegnen. Das Ziel war es, sie für die Errichtung Kleiner Christlicher Gemeinschaften (KCG) zu gewinnen (das englische Wort „community" meint „Gemeinschaft" und auch deren religiöse Ausformung „Gemeinden"; Anm. des Übersetzers). Zum Ende der ersten Phase (im Jahr 2010) planten wir sehr genau die einzelnen Schritte zur Errichtung der KCG. Wir waren konfrontiert mit sehr großen Herausforderungen: die enorme Größe unserer Diözese, der Mangel an Straßen und Beförderungsmitteln, die großen Distanzen, die es zu überwinden galt, um zu allen Menschen vorzudringen, die Wanderungsbewegungen der Menschen auf der Suche nach Nahrung und Arbeit, der Mangel an Leitung in einigen Gemeinschaften, die Ankunft von fünf Ölgesellschaften mit dem Ziel der Ausbeutung der Ressourcen in der West-Provinz, der Streit einiger Pfarreiteams, der hohe Level von Analphabetismus in einigen Dörfern etc.

Aber das für die Koordination des diözesanen Pastoralplans verantwortliche Team *(Diocesan Team for Pastoral Animation* – DTPA) und einige andere kamen zusammen und planten die einzelnen Schritte. Das Wichtigste war, dass die Menschen wissen und verstehen können mussten, worüber wir sprachen, dass ihnen die Gründe für die Errichtung von KCG in der Diözese verständlich wurden. Wir mussten daher zu den Menschen gehen. Und deshalb entschieden wir, alle Familien in der Diözese zweimal zu besuchen, Leiter der KCG zu wählen und auszubilden. Wir legten auch den Zeitpunkt und die Art und Weise fest, die KCG zu gründen.

## Die Umsetzung

Und so wurde es auch gemacht:

– Wir baten alle Pfarreiteams, eine Gruppe von Menschen auszuwählen, die bereit und auch fähig waren, dieses Anliegen allen Familien der Pfarrei mitzuteilen. Wir nannten solche Freiwilligen „die Besucher".
– Diese Besucher bildeten wir für ihren ersten Besuch in den Familien aus. Wir stellten ihnen Materialien für ihren Dienst zur Verfügung, vor allem zwei Flyer, die das Was und das Warum von KCG erklärten. Um diesen Inhalt erstellen zu können, studierten wir nochmals ausführlich, was wir Jahre zuvor in unserem diözesanen Pastoralplan bereits über KCG formuliert hatten.
– Der Bischof schrieb einen Brief an alle Familien und die Besucher übergaben und erklärten ihn den Familien.
– Die Pfarreiteams organisierten Beförderungsmittel, wo es notwendig war, und erstellten einen Zeitplan für die Besuche der Familien.
– Die Besucher wurden nach ihrem ersten Besuch zusammengerufen, um über ihre Erfahrungen zu berichten und um sie zugleich für ihren zweiten Besuch auszubilden beziehungsweise vorzubereiten.
– Nach dem Besuch aller Familien in einem Dorf oder einer Siedlung wurden alle Familien, die Ja gesagt hatten, zu einem Treffen eingeladen und mit Hilfe des Pfarreiteams und der

Besucher in Gruppen eingeteilt, die eine KCG bilden. In einigen Dörfern und Siedlungen hatten die Bewohner und Familien es bereits von sich aus gemacht. Dies zeigte ihr Interesse an den KCG und ihre Bereitschaft, sich auf eine solche Erfahrung einzulassen. Die Frage der Leitung wurde den Teilnehmern erklärt, auch die Rolle der Mitglieder der Leitung von KCG. Für jede KCG benötigten wir einen *animator* (Anm.: die Aufgabe dieser Person ist es, zu den Treffen einzuladen, zu schauen, dass die KCG ihren Weg geht etc.), einen *facilitator* (Anm.: jemand, der etwas ermöglicht, das heißt der den Dialog innerhalb der KCG ermöglicht, der Partizipation ermöglicht etc.), und schließlich jemanden, der die Entscheidungen der KCG festhält und sich für die Umsetzung einsetzt. Die gewählten Leiter schließlich wurden zu speziellen Ausbildungskursen eingeladen.

– DTPA bildete alle auf diözesaner Ebene angestellten Mitarbeiter aus, damit diese sodann die neu gewählten Leiter der KCG ausbilden konnten. Zwölf Teams wurden auf diese Aufgabe vorbereitet, und in allen Pfarreien wurden Ausbildungskurse angeboten. In einigen Pfarreien wurden an mehreren Orten Ausbildungen angeboten. Der Bischof schrieb eigens einen Brief an die neu gewählten Leiter der KCG, der den Titel trug: „Leiten bedeutet dienen".
– Die Menschen waren inzwischen informiert worden über die Methode, eine KCG zu beginnen. Wir bereiteten einen Event mit dem Titel „Die Erfahrung christlicher Solidarität" vor. Dieser Event bestand aus drei Treffen einer KCG an drei aufeinander folgenden Tagen. Am Ende des dritten Treffens wurden die Familien gefragt, ob sie sich vorstellen könnten, sich zukünftig einmal monatlich zu treffen. Am vierten Tag schließlich kam ein Priester hinzu und man feierte gemeinsam die Eucharistie. Während dieser Eucharistiefeier wurde die Gründung der KCG gefeiert. Die Mitglieder gaben ihrer Hingabe für die KCG Ausdruck. Jedem Leitungsteam wurde

ein Kreuz, eine Bibel, ein KCG-Logo, ein Buch für Aufzeichnungen, KCG-Ausweise, ein Kugelschreiber und Poster mit Themen und Bibel-Referenzen für ihr nächstes Treffen überreicht.

- Es gelang uns, während der Fastenzeit 2011 insgesamt 231 KCG zu gründen. Wenn wir uns die Größe der Diözese anschauen und all die Hindernisse, die wir zu überwinden hatten, um diese wundervolle Erfahrung wirklich zu erleben, können wir zu Recht sagen, dass es wie ein Wunder war und dass etwas geschehen ist, das Gott selbst wollte, dass es mit uns geschah.
- Einige Gruppen oder Familien waren während der Fastenzeit 2011 noch nicht bereit und die Gründung ihrer KCG konnte nicht wie geplant stattfinden. Gründe waren unter anderem der Tod einer Person, neu gewählte Leiter, die auf der Suche nach Arbeit den Ort verlassen mussten etc. Einige von ihnen konnten schließlich zu einem späteren Zeitpunkt gegründet werden.

Unsere Herausforderung ist es nun, auf die KCG Acht zu geben, insbesondere die Leiter. Allen Pfarreiteams ist eine Ausbildung für diesen Dienst gegeben worden und auch besonderes Material wie zum Beispiel Themen für Einkehr- beziehungsweise Besinnungstage. Es ist wichtig, dass wir die Leiter der KCG begleiten und ihnen helfen, in ihrem Engagement stark zu bleiben. Dies ist unsere Priorität für die kommenden Jahre.

## Was ist eine Kleine Christliche Gemeinschaft?

Für uns in unserer Diözese besteht eine KCG aus 10–15 Familien. Ein Schlüsselelement einer KCG ist es, dass die Mitglieder ihren Glauben miteinander teilen. Dies kann nicht geschehen, wenn die Gruppe zu groß ist. Dann nämlich würden einige wenige ihren Glauben mitteilen, die meisten jedoch einfach nur zuhören. Die Familien einer KCG kommen einmal monatlich zu ihrem Treffen im Namen Jesu zusammen. Während des Treffens schauen sie auf ihre Situation, auf Situationen, die ihr Leben betreffen und reflektieren diese im Lichte des Wortes Gottes. Danach treffen sie gemeinsam eine Entscheidung, um einen Wandel zum Besseren hin in ihrem Leben zu ermöglichen. Unser Ziel ist es, dass sie irgendwann auch die Verantwortung für die Vorbereitung der Kinder auf die Sakramente übernehmen. Sie sind Gemeinschaften des Glaubens, der Hoffnung und der Liebe. Sie sind Gottesdienst-Gemeinschaften. Sie sind Gemeinschaften des Dienstes und der Sendung. In einem Dorf oder einer Siedlung kommen alle Mitglieder einer KCG zum Sonntagsgottesdienst oder zu besonderen Feiern und Aktivitäten zusammen, häufig organisiert durch die Pfarrei.

## Dezentralisierung von Macht in der Kirche

Warum bilden wir KCG? Es gibt viele Gründe, einige sind bereits genannt worden. Ich denke jedoch, dass der wichtigste Grund zur Errichtung von KCG darin besteht, die Kirche zu den Menschen zu bringen. Es ist nicht gut, wenn die Menschen die Kirche als große Institution, getrennt von ihnen selbst, ansehen, wenn sie darauf warten, dass ihnen gesagt wird, was sie zu tun und zu denken haben. Die Menschen müssen erfahren können, dass sie selbst Kirche sind, dass das Leben und die Mission der Kirche ihre Verantwortung ist; sie müssen sich die Entscheidungen, die zum Wohl aller getroffen werden, zu eigen machen können. Dies bedeutet aber, dass sie in die Entscheidungsprozesse auf allen Ebenen eingebunden werden. Bei KCG geht es um einen Prozess der Dezentralisierung von Macht in der Kirche. Macht ist sehr stark mit Entscheidungen und Entscheidungsfindung verbunden. In ihren KCG sind die Mitglie-

# Ihre Meinung ist uns wichtig!

*Welchem Buch haben Sie diese Karte entnommen?*

______________________________________

*Erfüllt das Buch inhaltlich Ihre Erwartungen?*

______________________________________

*Wie gefällt Ihnen die Gestaltung des Buches?*

______________________________________

*Was würden Sie an diesem Buch gerne anders wünschen?*

______________________________________

☐ Senden Sie mir bitte Ihren Neuerscheinungsprospekt
☐ einmalig ☐ regelmäßig
☐ Informieren Sie mich bitte per E-Mail über Ihre Neuerscheinungen

www.echter.de

*Wie sind Sie auf das Buch aufmerksam geworden?*

☐ Prospekt
☐ Rezension
☐ Anzeige in Zeitschrift
☐ Empfehlung des Buchhändlers
☐ Homepage des Verlages
☐ Internet allgemein
☐ Andere ______________________

der eingeladen, Entscheidungen über ihr Leben zu treffen, indem sie es im Licht des Wort Gottes betrachten. Und es geht um Entscheidungen, wie sie ihren Glauben und Liebe in ihrem Alltag leben.

## „Wir denken, entscheiden und handeln gemeinsam"

Ein weiterer wichtiger Gesichtspunkt ist, dass in einer Diözese, die sich zum Ziel gesetzt hat, eine Kirche zu errichten, die durch Partizipation und Gemeinschaft geprägt ist, die Menschen eine Struktur benötigen, die es ihnen ermöglicht, diese Gemeinschaft, diese Communio zu erleben. Communio wird erfahrbar, wenn es ein Teilen unter den Menschen gibt, wenn Menschen aufeinander hören und selbst ihren Beitrag leisten, wenn sie ihre Gaben zum Wohl aller Mitglieder teilen, wenn Menschen Entscheidungen treffen, um ihr Leben zu ändern und zu verbessern, wenn sie lernen, wahrhaft Brüder und Schwestern in Christus zu sein. Solch eine Erfahrung kann in einer KCG gelebt werden. Es geht darum, aktive Mitglieder der Kirche zu werden. Um es einfach auszudrücken: Wir denken gemeinsam, wir entscheiden gemeinsam, wir handeln gemeinsam.

Wir wünschen uns, die Partizipation und die geteilte Verantwortung aller Menschen im Leben und der Mission der Kirche noch effektiver zu machen. Wir wünschen uns, jedem Einzelnen dabei helfen zu können, als Mensch und als Christ zu reifen. Wir wünschen uns, die fortdauernde Erneuerung aller Menschen zu ermutigen und die Aufmerksamkeit der Leiter auf die Sorgen und Nöte der Menschen lenken zu können. Wir wünschen, dass alle unsere Mitglieder eine wichtige Rolle im Leben der Kirche und der Gesellschaft spielen. Wir wünschen, dass Dialog, Partizipation und Mitverantwortung Teil des Alltagslebens der Menschen werden.

## Gemeinschaft in der melanesischen Kultur

In der Kultur Melanesiens leben die Menschen traditionell in kleinen Siedlungs-Gemeinschaften. Daher fühlen sie sich alle miteinander verbunden. Die Leben der Menschen, die Teil derselben Gemeinschaft sind, hängen voneinander ab. Die Gemeinschaft ist ein vitaler Teil des Lebens eines jeden. Die Menschen sehen ihre eigene Identität nur in Verbindung mit der Gemeinschaft. Dies ist eine so kraftvolle Erfahrung von Gemeinschaft, dass die Leute sich bewusst sind, dass sie nur ihre persönlichen Ziele und Visionen in ihrem Leben erreichen können, wenn sie die Gemeinschaft und das Wohl dieser Gemeinschaft ins Zentrum setzen. Sie sind aufmerksam für die Bedürfnisse der anderen und übernehmen einen aktiven Part in der Organisation der Gemeinschaft. Solidarität ist in den traditionellen melanesischen Siedlungs-Gemeinschaften/Dörfern sehr stark.

Diese Erfahrung von Gemeinschaft ist nichts Fremdes für die melanesische Kultur. Die Leute sind sich sehr stark ihrer traditionellen Verpflichtungen und ihres Gebundenseins an gegenseitigen Dienst bewusst. Es gibt eine gute Seite an dem „Wantok“-System, das oft kritisiert wird: Der starke Sinn für Gemeinschaft, für Beziehungen und der großzügige Austausch von Gaben. (Wantok meint die Gruppe von Menschen, die dieselbe Sprache oder denselben Dialekt sprechen. Diese Gruppe ist in der Regel bei der Separierung der Ethnien in den bergigen oder vom Urwald bedeckten Gegenden Papuas nicht sehr groß. – Anmerkung des Übersetzers)

Dieses Prinzip der Solidarität oder Gemeinschaft realisiert sich jeden Tag auf ganz einfache Weise in dem alltäglichen Dorfleben in Papua Neuguinea (PNG), wo alle Mitglieder einer Großfamilie oder eines Clans entsprechend ihrer kulturellen Tradition, ihres Alters, ihres Geschlechts, ihrer Möglichkeiten und ihres Status im Leben gebunden sind an ihre Rolle und Verantwortlichkeiten für das Gemeingut aller. Und sie setzen diese auch treu um, damit eine sichere, friedvolle und erfolgreiche Gesellschaft vorwärts kommen kann.

## Gemeinschaft unter den frühen Christen

In der Apostelgeschichte sehen wir, wie genau die ersten Christen in Gemeinschaft lebten. Ihr Glaube an Jesus Christus brachte sie zusammen. „Sie hielten an der Lehre der Apostel fest und an der Gemeinschaft, am Brechen des Brotes und an den Gebeten. Alle wurden von Furcht ergriffen, denn durch die Apostel geschahen viele Wunder und Zeichen und alle, die gläubig geworden waren, bildeten eine Gemeinschaft und hatten alles gemeinsam. Sie verkauften Hab und Gut und gaben davon allen, jedem so viel, wie er nötig hatte. Tag für Tag verharrten sie einmütig im Tempel, brachen in ihren Häusern das Brot und hielten miteinander Mahl in Freude und Einfalt des Herzens. Sie lobten Gott und waren im ganzen Volk beliebt. Und der Herr fügte täglich ihrer Gemeinschaft die hinzu, die gerettet werden sollten." HPG 2,42–47

Diese Großzügigkeit der Christen war das Ergebnis des Ausgießens des Heiligen Geistes. Ihre Liebe für ihre Brüder und Schwestern und die Sache Jesu, die sie angenommen hatten, war größer als ihre Liebe zu Geld und Einfluss. Ihr Teilen zeigte, dass sie Männer und Frauen für einen höheren Wert hielten als materielle Güter. Diese ersten Christen lebten wirklich in Solidarität miteinander.

Die Harmonie und Solidarität in der Gemeinschaft/Gemeinde drückte sich sehr konkret dadurch aus, dass man sich umeinander kümmerte und großzügig zueinander war. Damals war der Ruf zur Solidarität ein Ruf zu einer neuen Weise des Denkens. Man entdeckte, dass die Menschen miteinander in Beziehung stehen müssen und dass sie als aufeinander bezogene Teile eines Leibes Rechte und Verantwortlichkeiten haben.

## Gemeinschaft – herausgefordert durch einen modernen Lebensstil

Es gibt viele Veränderungen, die heutzutage in PNG stattfinden, zum Teil finden diese Veränderungen sehr schnell statt. Dies hat große Auswirkungen auf die melanesische Kultur und auf den christlichen Glauben.

Das Wohlergehen aller in der traditionellen Gesellschaft wird heute durch Ideen und Wege herausgefordert, die statt der Gemeinschaft die Person in den Mittelpunkt stellen: Ich kann selbst für mich sorgen und benötige die anderen nicht mehr. Der Fokus liegt jedoch in diesem Denken auf dem Besitz und nicht auf Beziehungen. Die Person, die Arbeit gefunden und ihr Dorf verlassen hat, macht die Erfahrung, dass sie auf sich allein gestellt überleben kann. Ihre Sicherheit besteht nicht länger aus der Solidarität, die unter den Menschen im Dorf herrscht, sondern im Geld und in ihren Besitztümern. Das Interesse am Allgemeinwohl geht irgendwie verloren. Was aber wichtiger wird, ist das eigene Wohl und das Wohl der eigenen unmittelbaren Familie.

Dieses Denken fördert ein Verständnis, dass Menschen zuallererst auf ihre eigenen Interessen bedacht sind und egoistisch werden. Als eines dieser Ergebnisse ist festzustellen, dass Mitglieder der Gemeinschaft, die wirklich in Not sind wie zum Beispiel Witwen und Waisen, nicht mehr die Unterstützung und Hilfe erhalten, die sie in der traditionellen Gesellschaft erhalten hätten. Das traditionelle Gerüst der Gesellschaft wird heute durch die Moderne ernsthaft herausgefordert. Die Erfahrung mit KCG helfen den Menschen, so die Resonanz vieler Mitglieder unserer Kirche, den Wert der Gemeinschaft zu erhalten. Und dafür sind sie sehr dankbar.

Natürlich hat dies auch Auswirkungen auf den Glauben. Wenn Menschen sich in erster Linie für Geld und Besitztümer als ihren neuen Schatz entscheiden, dann können sie sehr leicht Gott und die Brüder und Schwestern aus den Augen verlieren. Viele Menschen in PNG leben heute ihr Leben so, als ob Gott nicht existiere und nichts mit ihrem Leben zu tun habe. Andere interessieren sich lediglich dafür, ihre eigene Seele zu retten, ohne auch nur einen Gedanken an das Wohlergehen der Anderen zu verschwenden.

## Ausblick: Kirchliche Basisgemeinden in Papua Neuguinea

Viele Diözesen in PNG erwähnen Basisgemeinden in ihrem Pastoralplan. Viele sprechen über diese Gemeinschaften, jedoch gibt es keine gemeinsame Auffassung und keinen vereinbarten Weg zur Errichtung dieser Gemeinschaften. Einige Diözesen folgen dem Modell des Lumko-Instituts aus Südafrika. Andere haben ihre eigenen Programme zur Bildung solcher Gemeinschaften entwickelt. Wieder andere, wie auch unsere Diözese, folgen dem Programm von MBW. Was jedoch trotz aller Unterschiede wichtig ist: dass wir als Kirche in PNG uns zum Ziel gesetzt haben, die Menschen dafür zu gewinnen, einen aktiven Part in ihrem Leben als Kirche zu übernehmen und darin zu wachsen, sich für sie verantwortlich zu fühlen.

[Übersetzung: Norbert Kößmeier
Der Vortrag ist in gekürzter Form als Artikel erschienen in „Forum Weltkirche" 4/2012

**Bischof Gilles Côtés SMM,** Ordensmann und Priester, gebürtig aus Kanada, seit 1971 als Missionar in der unzugänglichen Westprovinz Papua Neuguineas tätig, 1995 zum Bischof geweiht und zum Weihbischof der die Westprovinz umfassenden Diözese Daru-Kiunga ernannt, seit 1999 Bischof der Diözese Daru-Kiunga / Papua Neuguinea.]

# Wegmarken

Hermann J. Pottmeyer

# Der Wandel des Kirchenbildes im und nach dem II. Vatikanum

## Eine theologische Reflexion in praktischer Absicht

Das Gedenken der Eröffnung des II. Vatikanischen Konzils vor 50 Jahren lässt uns dieses Konzil als ein Ereignis feiern, das ein neues Zeitalter für die Kirche einleitete. Es lässt uns auch zurückblicken auf die 50 Jahre seitdem. Was ist aus der Kirchenreform geworden, die das Konzil anstoßen wollte? Die Älteren, die noch die Kirche vor dem Konzil erlebt haben, wissen, dass sich seitdem vieles getan hat. Und sie haben es begrüßt. Weitergehende Hoffnungen aber wurden enttäuscht. Kam es zu dem „neuen Pfingsten", das sich Papst Johannes erhofft hatte? Was Europa angeht, wohl kaum. Warum dann kam der Reformaufbruch nach dem Konzil ins Stocken? Inzwischen entfremden sich immer mehr Christen von der Kirche. Ist das Konzil angesichts dieses Niedergangs bei uns also gescheitert? Oder enthält das, was das Konzil lehrte und wollte, Ressourcen, die wir nicht ausgeschöpft, ja nicht einmal genügend wahrgenommen haben?

Ich möchte im Folgenden aufzeigen, dass das, was als Niedergang erscheint und es auch teilweise ist, dass gerade dies die Chance zu einem neuen Anlauf zu jener Reform eröffnet, die das Konzil wollte. Dazu sollten wir die Umstände und Ursachen zu verstehen suchen, die den Gang der Konzilsreform bei uns beeinflussten. Ich beginne mit dem, was den Start der Konzilsreform bei uns schwierig machte und macht, fahre dann fort mit dem, was die Konzilsreform bei uns einseitig geraten ließ, um dann zu der entscheidenden Ursache zu kommen, die die Reform bei uns zum Stocken kommen ließ. Am Schluss geht es um die Chance, die sich heute auftut.

## Der schwierige Start der Konzilsreform

Hier meine **erste These:** Der Reformaufbruch nach dem Konzil bekam es mit der Hypothek einer jahrhundertelangen Verformung des ursprünglichen Kirchenbildes zu tun, die nachwirkt.

Um mit einem Vergleich mit der Formel 1 des Motorsports zu beginnen: Eigentlich erfolgte die Konzilsreform bei uns aus einer Poleposition, also mit dem Startvorteil der ersten Reihe. Diejenigen, die die Reform auf dem Konzil entwarfen und vornehmlich durchsetzten, waren europäische Konzilsväter und Konzilstheologen. Sie wiederum zehrten von den Reformbewegungen, die in Europa bereits im Gange waren: die liturgische Bewegung, die ökumenische Bewegung, die Bibelbewegung und die Wiederentdeckung der frühen Kirche, schließlich die Bewegung des Laienapostolats. Der Startvorteil, der einen Erfolg der Konzilsreform gerade in Europa erwarten ließ, war also gegeben.

Anderseits war es aber genau die Kirche in Europa, die in besonderer Weise mit der Hypothek der jahrhundertelangen Verformung des ursprünglichen Kirchenbildes belastet war. Hier ein weiterer Vergleich mit der Autowelt, dieses Mal mit dem Autobau. Erinnern Sie sich an Abbildungen der ersten Automobile? Die Erfindung des Selbstantriebs – deshalb Automobil – revolutionierte die menschliche Mobilität. Aber die Karosserie blieb zunächst die der Kutsche. Ähnlich bei der Eisenbahn. Die ersten Züge glichen aneinander gereihten, auf Schienen gesetzten Kutschen, die vom „Dampfross“ gezogen wurden. Es dauerte Jahrzehnte, bis Autos und Züge zu jener angemesseneren Form fanden, wie wir sie heute kennen.

Was hat das mit unserm Thema zu tun, mit dem Konzil? Nun, das Konzil hat der Kirche einen Impuls, einen neuen Antrieb geben wollen, die sie in die moderne Zeit befördern sollte. Aggiornamento war das Stichwort. Und das sollte – hier ein weiterer Vergleichspunkt – mittels eines Selbstantriebs geschehen, nämlich durch Christen, die realisieren, dass sie nicht nur zur Kirche gehören, sondern Kirche sind, verantwortlich für deren Sendung, und das auch mittels eigener Initiativen.

Bei ihrem Reformwerk ergeht es der Kirche im wie nach dem Konzil ähnlich wie den ersten Autobauern. Wie diese sich für die entsprechende Karosserie erst allmählich vom gewohnten Modell „Kutsche" lösten, so stand auch das Konzil vor der Aufgabe, sich von einem Gestaltmodell, einer Sozialform von Kirche zu lösen, wie sie sich in den Jahrhunderten vorher in Europa ausgebildet hatte. Deren überkommene Sozialform, das Verhältnis Hierarchie-Klerus-Laien, entsprach der ständischen Gesellschaft des Mittelalters. Das Kirchenrecht bildete zudem seit dem I. Vatikanum die frühmoderne Staatsform des Absolutismus ab: alle Bestimmungsmacht in der Kirche beim Papst. Mit der Vision des Konzils von der Kirche als Gemeinschaft von Ortskirchen und Gemeinschaft der Glaubenden war das nicht vereinbar. Um dieser Vision zu entsprechen, war eine Gestalt von Kirche zu finden, die einer tätigen Verantwortung aller ihrer Glieder und der subsidiären Zuständigkeit ihrer Ortskirchen Raum gibt.

Mehr noch als die bisher geltende Rechtsgestalt der Kirche ist es die Mentalität, sei es der Hierarchie oder vieler Gemeindemitglieder, die eine Neugestaltung schwierig macht – jene Mentalität, die von der so lange währenden Sozialform der Kirche geprägt wurde. Ja, auch in den Gemeinden! Richtig ist zwar, dass die Erwartung einer Neuorientierung in den Gemeinden durchaus lebendig ist. Aber das Zutrauen, durch eigene Initiativen zum Leben der Kirche beitragen zu können, ist bei vielen doch eher schwach ausgebildet. In der priesterzentrierten Pfarrei, wo es über eine ehrenamtliche Mitarbeit und Hilfe nicht hinausgeht, wurden eigenständige Initiativen auch selten erwartet. Offensichtlich tun sich die jungen Kirchen in Afrika und Asien damit leichter als wir Europäer, da sie jene jahrhundertelange Prägung nicht erfuhren.

Um den Vergleich mit dem Autobau abzuschließen: Wenn schon dieser Zeit und Geduld erforderte, ständiges Sammeln von Erfahrungen und Nachjustieren, wieviel mehr dann die Reform, die das Konzil im Sinne hatte und die in ganz andere Dimensionen reicht. Zu einem Aufbruch an der Basis kann eine solche Reform nur werden, wenn sie Geist, Herz und Seele der Menschen erfasst und bewegt. Ob uns das immer klar war? Theoretisch ja, in seinem ganzen Ausmaß – wie ich meine – nein!

Nicht genügend ernst genommen haben wir wohl auch, dass vom Konzil nicht nur eine Ermutigung ausging, sondern auch eine Verstörung, eine Verunsicherung. Wer die Kirche nicht anders als in ihrer vorkonziliaren Gestalt erlebt hatte und sie deshalb mit dieser Gestalt identifizierte und wer nicht theologisch versiert war oder entsprechend angeleitet wurde, zwischen der Kirche und ihren im Laufe der Geschichte wechselnden Sozialformen zu unterscheiden, kam angesichts der anlaufenden Reformen ins Grübeln. Gelten auf einmal die festen Vorstellungen und strengen Regeln, die das Leben von Katholiken bisher bestimmten, nicht mehr? Ob dann nicht auch vielleicht anderes, was die Kirche bisher als verbindlich gelehrt hat, veränderbar ist? Eine solche Verunsicherung bis zum Zweifel am Wahrheitsanspruch der Kirche kann sich einstellen, wenn Reformen bloß als Veränderungen wahrgenommen werden, weil ihr Sinn und Anspruch nicht genügend erschlossen und verstanden wurden. Die Konzilsgeneration gab diese skeptische Fragehaltung an die nächste Generation weiter, wo sie sich aufgrund zunehmender Pluralitätserfahrung verstärkte.

Fassen wir zusammen: Die geschichtlich gewordene, lange währende Sozialgestalt der Kirche und die von ihr geprägte Mentalität waren zweifellos eine Hypothek, die den Start der Konzilsreform besonders in Europa belastete. Und noch etwas: Das Konzil hatte Erwartungen geweckt, berechtigte und fehlgehende, die sich so nicht erfüllten. Erschreckt über manche Entwicklungen nach dem Konzil – immerhin verließen innerhalb von zehn Jahren weltweit 80 000 Priester ihr Amt und leerten sich viele Klöster und Seminare – begann Rom zu bremsen und die Zügel anzuziehen, d. h. verstärkte Zentralisierung. Die Enttäuschung darüber ließ die einen resignieren, während andere sich zu Gruppen fanden, die medienwirksam weitergehende Reformen einfordern. Es kam zur Polarisierung zwischen sogenannten „Konservativen" und sogenannten „Progressiven".

Beide Seiten spüren, dass wir den Anliegen des Konzils noch nicht gerecht geworden sind. Dass sie damit Recht haben, soll jetzt zur Sprache kommen. Ob sich aber die einen wie die anderen mit ihren Vorschlägen wirklich am Hauptanliegen des Konzils ausrichten? Mit dieser Frage werden wir uns später beschäftigen.

## Der einseitige Angang der Konzilsreform

Hier meine **zweite These:** Die erste Umsetzung des Konzils erfolgte bei uns noch weitgehend unter volkskirchlichen Bedingungen, bis heute mentalitätsprägend. Was die meisten deshalb besonders interessierte, war der vom Konzil gewollte Abbau klerikaler Bevormundung.

Wer das damals nicht miterlebt hat, kann heute kaum ermessen, welche Begeisterung es auslöste, Kirche anhand des Konzils als eine große, weltumspannende Gemeinschaft zu erfahren, als eine Gemeinschaft im Aufbruch an Stelle einer starren Institution, in der Papst, Bischöfe und Klerus das ganze Sagen haben. Und ganz diesem anschaulichen Erleben entsprechend erklärte das Konzil die Kirche zudem in aller Form als Gemeinschaft, als

Gemeinschaft aller Glaubenden. Kirche als Gemeinschaft zu gestalten, das stand jetzt im Vordergrund: auf gesamtkirchlicher Ebene in Gestalt der kollegialen Leitung durch das Bischofskollegium, auf nationaler Ebene durch die Bischofskonferenz und auf der Ebene vor Ort sollte die Pfarrei sich jetzt als von allen getragene Gemeinde gestalten, in der die klerikale Bevormundung durch Mitsprache abgelöst wird.

Tatsächlich erlebten die meisten Gläubigen die Konzilsreform vor Ort vor allem in Gestalt der Liturgiereform und der Einrichtung von Gremien der Mitsprache. Beide Reformen stärkten die Rolle der Laien. Das eindrucksvolle Signal in dieser Richtung ging bei uns von der Würzburger Synode 1971–1976 aus, auf der Bischöfe, Priester und Laien gemeinsam daran gingen, die Konzilsreform für unser Land umzusetzen.

Die Tendenz an der Basis, die Konzilsreform vor allem als die Eröffnung von Mitsprache zu verstehen, erhielt noch eine bestimmte Färbung. Denn damals griff gerade eine gesellschaftliche Bewegung um sich, welche – antiautoritär gestimmt – die radikale Demokratisierung aller Lebensbereiche forderte. Unter ihrem Einfluss wurden solche Vorstellungen auch auf die Kirche übertragen. Theologisch berief man sich dafür auf die große Bedeutung, die der *consensus fidelium* in der Kirche des 1. Jahrtausends gehabt hatte. Im Unterschied zur Demokratie geschah Konsensfindung in der Kirche aber nie durch die Feststellung des Mehrheitswillens. Sie geschah im Maßnehmen an der apostolischen Überlieferung, am geoffenbarten Willen Gottes. Und stand Neues zur Entscheidung an, schaute man nach Zeichen aus, durch die Gott seinen Willen für das Hier und Heute kundtat. Ein gutes Beispiel dafür ist das sogenannte Apostelkonzil: Wie können wir denen aus den Heiden, obwohl nicht beschnitten, die Taufe verweigern, die bereits den Heiligen Geist empfangen haben! Die ganze Gemeinde war in die Entscheidungsfindung mit ihren Erfahrungen einbezogen. Die Verwechslung kirchlicher Konsensfindung mit Demokratie spielt bis in den vor kurzem bei uns angelaufenen Dialogprozess hinein, wenn manche dessen Gelingen davon abhängig machen wollen, ob sie bestimmte Forderungen durchbringen können bzw. sich der Mehrheitswille durchsetzt.

Im übrigen blieb aber die Verwechslung der Mitsprache in der Kirche mit Demokratie auf wenige Gruppierungen beschränkt, die sich als Vorkämpfer einer „Kirche von unten" verstanden. Allgemein haben sich die Gremien der Mitsprache auf Bistums- und Gemeindeebene bewährt. Es gab und gibt auch zahlreiche Bemühungen, diese Gremien nicht zu einer Art Vereinsvorstand werden zu lassen, sondern ein geistlich begründetes Bewusstsein von der mit Taufe und Firmung gegebenen Berufung und Sendung zu wecken, die in diesen Gremien wahrgenommen werden. Aber solange die Pfarrei noch im üblichen Rahmen blieb, konnte nicht recht bewusst werden, dass der Aufbruch, den das Konzil wollte, doch mehr bedeutete als Mitsprache in einer priesterzentrierten Pfarrei. Papst Johannes erhoffte sich vom Konzil einen Sprung nach vorn. Wir sind zu kurz gesprungen.

Unterdessen entfremden sich bei uns immer mehr Menschen von der Kirche, übrigens nicht nur von der katholischen Kirche. Das lässt darauf schließen, dass dabei nicht nur enttäuschte katholische Reformerwartungen im Spiel sind, sondern allgemeinere Entwicklungen in der Gesellschaft. Auf sie wollen wir jetzt zu sprechen kommen.

## Das Konzil war an der Zeit

Hier meine **dritte These:** Just zu der Zeit, als die Kirche in ihrer bisherigen Sozialgestalt zu schwächeln begann, entdeckte das Konzil die Kirche wieder als Volk Gottes und Gemeinschaft der Glaubenden. Und just zu der Zeit, da sich Selbstbestimmung als Recht und Pflicht aller Bürger als gesellschaftlich-politische Leitidee durchsetzte, betonte das Konzil das gemeinsame Priestertum als Recht und Pflicht aller Gläubigen.

Tatsächlich war es die seit den 60er Jahren rasch fortschreitende Auflösung der bisherigen relativ geschlossenen dörflichen, städtischen und konfessionellen Milieus, die dazu beitrug, dass die Beteiligung am kirchlichen Leben abnahm. Ein Pfarrer am Niederrhein, gefragt, welche Ursachen er dafür in seinem Dorf wahrgenommen habe, nannte bündig drei: Fernsehen, Auto, Pille. In der Unterhaltungs- und Freizeitindustrie und den Annehmlichkeiten der Wohlstandsgesellschaft sind der Kirche mächtige Konkurrenten erwachsen.

Zudem wurde und wird unsere Gesellschaft pluraler, was Meinungen und Werthaltungen betrifft. Hier wirkt sich das Grundmuster der modernen Gesellschaft aus, die fortschreitende funktionale Ausdifferenzierung von Teilsystemen. Politik, Ethik, Ökonomie, Wissenschaft, Religion haben ihre je eigene Weltwahrnehmung und Rationalität. Die früher von der Religion bzw. Kirche beanspruchte Deutungshoheit für die gesamte Wirklichkeit wird seit Beginn der Moderne ständig steigend in Frage gestellt. Will sich der Einzelne nicht in Wahrheitsrelativismus, Indifferentismus oder Fundamentalismus flüchten, stellt die Vielfaltszumutung eine große Herausforderung an den Einzelnen und seine Orientierung dar. Um angesichts der Pluralität von Angeboten und Orientierungen einen Selbstand zu gewinnen, wird der Einzelne zur Auswahl, zur eigenen Entscheidung, zur Selbstbestimmung herausgefordert – Selbstbestimmung nicht nur als politische Forderung und als Rechtsanspruch, sondern nicht weniger als existentieller Anspruch an sich selber, will er zu einem verantwortlichen Personsein reifen und seinem Leben Sinn geben.

Die Kirche hat lange den Anspruch auf Selbstbestimmung abgelehnt, in dessen liberalistischer Ausprägung zu Recht. Seinem Vorsatz entsprechend, der Welt von heute mit größerem Verständnis und, wo möglich, mit Zustimmung zu begegnen, konnte das Konzil nicht anders als sich differenzierter mit dem modernen Anspruch auf freie Selbstbestimmung zu befassen. Nun konnte das Konzil ihn aus einem doppelten Grund bejahen. Er entspricht der gottgewollten Personwürde des Menschen und seine allgemeine Anerkennung als Menschenrecht kann deshalb im Licht des Evangeliums als Zeichen des andrängenden Reiches Gottes gedeutet werden. Dem habe nicht nur die Gesellschaft, sondern auch die Kirche Rechnung zu tragen.

Hier wird deutlich, was Papst Johannes und das Konzil unter Aggiornamento verstanden. Das ist nicht das Programm einer vagen Zeitgemäßheit oder gar einer Anpassung an den Zeitgeist. Vielmehr meint Aggiornamento zu prüfen, ob moderne Errungenschaften einen Zuwachs etwa an Menschlichkeit, Gerechtigkeit und Friedenssicherung bedeuten – Werte, die das Evangelium dem Reich Gottes zuschreibt –, was dann der Kirche erlaubt, diese Errungenschaften anzuerkennen. Ein solches im Konzil zunächst umstrittenes Aggiornamento war die Anerkennung der Religionsfreiheit, für die Pius-Bruderschaft der schlimmste Sündenfall des Konzils.

Wie entsprach das Konzil dem modernen Anspruch auf Selbstbestimmung? Mit der Lehre vom gemeinsamen Priestertum und von der Kirche als Gemeinschaft der Glaubenden. Alle Gläubigen werden dazu eingeladen, ihre Christenrechte als mündige Glieder der Kirche in selbstbestimmter Verantwortung vor Gott wahrzunehmen. Zugleich entdeckte das Konzil darin die originäre Gestalt von Christ- und Kirchesein, wie sie uns in der Bibel und frühen Kirche begegnen. Und es erkannte, dass eine Kirche, vornehmlich als obrigkeitliche Institution mit einer einseitigen Kommunikation von oben nach unten praktiziert, nicht mehr einem mündig gesprochenen Christsein entspricht. Wir sehen, wie eng das Zugehen auf die Welt von heute einerseits und die Kirchenreform anderseits für das Konzil zusammenhängen.

Lesen Sie dazu die Nr. 37 der Kirchenkonstitution des Konzils, die ganz von der Anerkennung des Prinzips freier Selbstbestimmung als Recht und Pflicht der Gläubigen geprägt ist. Hier nur einige Zitate: Die Laien soll den Hirten „ihre Bedürfnisse und Wünsche mit der Freiheit und dem Vertrauen eröffnen, wie es den Kindern Gottes und den Brüdern in Christus entspricht. … (Sie) haben die Möglichkeit, bisweilen auch die Pflicht, ihre Meinung in dem zu erklären, was das Wohl der Kirche angeht. … Die geweihten Hirten aber sollen die Würde und Verantwortung der Laien in der Kirche anerkennen und fördern. Sie sollen gern deren klugen Rat benutzen, ihnen vertrauensvoll Aufgaben im Dienst der Kirche übertragen und ihnen Freiheit und Raum zum Handeln lassen, ihnen auch Mut machen, aus eigener Initiative tätig zu werden." Nie zuvor ist in einem kirchlichen Dokument dieses Ranges in dieser Weise von der Freiheit des Wortes und des eigenständigen Handelns der Laien in der Kirche gesprochen worden und von der Verpflichtung der Hirten, den Laien Mut zu eigenen Initiativen zu machen.

Mit einem Wort: Das Konzil war an der Zeit. Der Zeitpunkt, zu dem es zum Konzil kam, nämlich als sich die Kirche mit ihrer alles Heutige ablehnenden Haltung und der Art ihrer Autoritätsausübung immer mehr den Menschen entfremdete, zusammen mit der Wiederentdeckung des ursprünglichen Kirchenbildes als Ausweg aus der Sackgasse des überholten Kirchenbildes, in diesem Zusammentreffen sehe ich ein Zeichen für die Führung Gottes seiner Kirche.

## Das Konzil war der Zeit voraus

Schon in dem eben gehörten Zitat aus der Kirchenkonstitution wurde deutlich, dass das Konzil mehr als eine bloße Mitsprache und Mithilfe der Laien im Sinn hatte. Dem nachgehend kommen wir dem Hauptanliegen des Konzils näher.

Hier die **vierte These:** Die Erneuerung der Kirche meint in der Absicht des Konzils, dass die Gläubigen sich ihrer Berufung zu eigenen Trägern der Sendung der Kirche, auch in Form eigenständiger Initiativen, bewusst werden. Seele und Antrieb der Kirchenreform sollte deshalb ein geistlicher Aufbruch an der Basis sein, in den Worten von Papst Johannes ein „neues Pfingsten“. Weil dieser zu kurz kam, stockt der Reformprozess.

Tatsächlich ist bei Papst Johannes das Anliegen der Sendung der Ursprung seiner Konzilsidee. Das entnehmen wir einer Bemerkung, die er am Vorabend der Konzilsankündigung gegenüber seinem Sekretär machte. „Ich hatte nie irgendwelche Zweifel gegen den Glauben. Aber eine Sache macht mich bestürzt. Christus ist seit zweitausend Jahren mit ausgebreiteten Armen da am Kreuz gewesen. Und wohin sind wir gelangt bei der Verkündigung der Frohen Botschaft? Wie nur können wir seine authentische Lehre unseren Zeitgenossen darstellen?“ Die tiefe Erschütterung über das vielfache Versagen der Kirche und der Christen, was ihre Sendung angeht, die Menschen von heute für die Botschaft Jesu Christi zu gewinnen – diese Erschütterung scheint mir die Keimzelle seiner Konzilsidee zu sein.

Wie zentral auch für das Konzil das Anliegen der Sendung war, davon zeugt eine Kennzeichnung der Kirche, die im Kirchenkonzept des Konzils eine zentrale Stellung einnimmt und hier zum ersten Mal in einem offiziellen kirchlichen Dokument auftaucht. Sie lautet: Die Kirche ist in Christus gleichsam das Sakrament, d. h. Zeichen und Werkzeug des Reiches Gottes und seines Kommens. Dass es der Kirche ganzer Sinn ist, dazu gesandt zu sein, als Zeichen und Werkzeug dem Kommen des Reiches Gottes zu dienen, diese Sinnbestimmung der Kirche als Sakrament verbindet die Hauptdokumente des Konzils. Das Anliegen, diesen Sendungsauftrag allen Gläubigen bewusst zu machen und sie dazu zu ermutigen, selbst im Dienst dieser Sendung tätig zu werden, dieses Anliegen durchzieht alle Konzilsbeschlüsse.

Die nachfolgenden Päpste haben es wiederholt in ihre wichtigsten Pastoralschreiben unter dem Begriff „Neuevangelisierung“ aufgenommen, womit sie insbesondere die Gläubigen in den bisher als christlich geltenden Ländern ansprechen wollten. Das II. Vatikanum heißt Pastoralkonzil, weil die Sendung in die Welt von heute sein Hauptanliegen war.

Ist dieses Hauptanliegen des Konzils in vergleichbarem Maße wie das Recht auf Mitsprache in unseren Gemeinden angekommen und aufgenommen worden? Wenn wir ehrlich sind, kaum, jedenfalls nicht flächendeckend wie die Einführung der Mitsprache. Diesen Mangel spürend, hat Papst Benedikt vor einiger Zeit den Päpstlichen Rat für Neuevangelisierung eingerichtet und kürzlich die Bischofssynode zu derselben Thematik einberufen, um diesem Herzstück der Konzilsreform zum Durchbruch zu verhelfen.

War das Konzil, was sein Hauptanliegen angeht, deshalb ein Fehlschlag? Nein! Sein Funke zündete in den jungen Kirchen Afrikas und Asiens und ihren Kleinen Christlichen Gemeinschaften, in Lateinamerika und seinen Basisgemeinden und in zahlreichen Neuen Geistlichen Gemeinschaften – alles Initiativen, die von Laien getragen werden oder sogar von ihnen ausgehen.

Warum dann aber nicht auch in unseren Gemeinden? Warum nehmen im Gegenteil bei uns immer mehr Christen Abschied von Kirche und Gemeinde? Was brachte den angelaufenen Reformprozess zum Stocken? Reicht es aus, dafür den gesellschaftlichen Veränderungen und dem Bremsen der Kirchenleitung die Schuld zu geben? Oder war es die falsche Sicherheit, die uns meinen ließ, es könne in den üblichen Bahnen so weiter gehen, wenn wir die Kirche mit äußeren Strukturreformen attraktiver machen? Ich fürchte, Letzteres war der Fall. Denn letztlich hätten weder die gesellschaftlichen Veränderungen noch das Bremsen der Kirchenleitung den Reformprozess aufhalten können, wäre verbreiteter bei uns jener geistliche Aufbruch, jenes „neue Pfingsten“ erfolgt, von dem jede Sendungsbereitschaft lebt und der in der Absicht des Konzils Seele und Antrieb aller anderen Reformen sein sollte.

Einen Beweis dafür, wie sehr diese Seele der Konzilsreform aus unserem Blickfeld geraten ist, sehe ich in der folgenden Beobachtung. Wenn die Päpste nach dem Konzil immer wieder die Notwendigkeit der geistlichen Erneuerung einschärften, wurde ihnen unterstellt, damit nur von den geforderten äußeren Reformen ablenken zu wollen. In Wirklichkeit entsprachen sie damit dem Herzensanliegen des Konzils.

Werfen wir also einen genaueren Blick auf das Hauptanliegen des Konzils, das Bewusstwerden des Sendungsauftrags, wozu es einer geistlichen Erneuerung, nicht zuletzt an der Basis, bedarf. Was versteht das Konzil unter dieser geistlichen Erneuerung? Das lässt sich bündig so zusammenfassen: Die Kirche erneuert sich vor allem anderen dadurch, dass ihre Glieder dank der ihnen geschenkten Gaben des Heiligen Geistes ihr Leben zu einem Zeugnis der befreienden Liebe Jesu Christi werden lassen. Die erste und für alle mögliche Form, ihre Sendung zu leben, ist also ihr Lebenszeugnis als Christen, die gelebte Gottes- und Nächstenliebe, auch Nachfolge Jesu genannt, nicht die Predigt an Hecken und Zäunen.

Ich zitiere aus der Kirchenkonstitution Nr. 7: „Damit wir in Christus unablässig erneuert werden, gab er uns von seinem Geist, der … den ganzen Leib (‚die Kirche‘) lebendig macht, eint und bewegt." Das Lebenszeugnis ihrer Glieder ist es, dass die Kirche anziehend macht, denn Botschaft und Beispiel Jesu und die Gaben des Heiligen Geistes sind der uns gegebene Schatz, der Menschen überzeugen kann. Programmatisch der Einleitungssatz der Kirchenkonstitution: „Christus ist das Licht der Völker. Darum ist es der dringende Wunsch (dieses Konzils), alle Menschen durch seine Herrlichkeit zu erleuchten, die auf dem Antlitz der Kirche widerscheint." – widerscheint eben durch das Lebenszeugnis ihrer Glieder. Ausdrücklich befasst sich das 5. Kapitel der Kirchenkonstitution deshalb mit der „allgemeinen Berufung zur Heiligkeit" – so sein Titel. In ihm wird gesondert für Bischöfe, Priester, Ordensleute und Laien aufgezeigt, was jeweils Lebenszeugnis meint. Alle strukturellen und rechtlichen Reformen, alles Aggiornamento sollen daran gemessen werden, ob sie der geistlichen Erneuerung dienen, die Christen zu Zeugen Jesu Christi macht.

Dass der lebendigen Beziehung zu Gott und zu Jesus Christus Priorität zukommt, geht auch daraus hervor, wie das Konzil die Kirche bestimmt. Die Kirche ist **Volk Gottes.** Es hat als Volk deshalb nur Bestand und Ausstrahlungskraft, wenn und soweit es aus seiner Beziehung zu Gott lebt und handelt. In der Kirchenkonstitution geht dem Kapitel über die Kirche als Volk Gottes zudem das erste Kapitel über das **Mysterium der Kirche** voraus. Die Botschaft dieses Kapitels lautet: Gemeinschaftlichkeit untereinander als Kirche gelingt nur in dem Maße, als die Glieder der Kirche aus der Gemeinschaft mit dem dreifaltigen Gott leben.

Schließlich: Die Kirche ist **Gemeinschaft der Glaubenden**, *communio fidelium.* Es war die Außerordentliche Bischofssynode von 1985, die diese Kennzeichnung der Kirche in den Mittelpunkt stellte. Die Synode wurde einberufen, um eine Bilanz der bisherigen Verwirklichung der Konzilsbeschlüsse zu ziehen. Sie stellte fest, dass bisher zu wenig beachtet worden sei, dass die Kirche nur in dem Maße zu einer Gemeinschaft der Glaubenden reifen könne, als sie aus der Gemeinschaft, aus der *communio* mit dem dreifaltigen Gott lebe. Seit dieser Synode ist „*communio*" zum Stichwort für die doppelte Dimension der Kirche geworden: für ihre vertikale Dimension als Gemeinschaft mit und in Gott und für ihre horizontale Dimension als Gemeinschaft untereinander.

Im Blick auf die Akzente, die das Konzil setzt, ergibt sich so etwas wie eine Architektur im Kirchenbild des Konzils. Der Weg des Gottesvolkes durch die Geschichte ist ausgespannt zwischen zwei Polen: von Jesus Christus her, durch den allein es Licht der Völker ist, hin zum Reich Gottes, zu dessen Vollendung beizutragen es gesandt ist. Dazu die vertikale Dimension von Kirche, ihre ständig zu erneuernde Verankerung in Gott, und ihre horizontale Dimension als Gemeinschaft der Glaubenden untereinander. Die Kirche wird hier in ihren lebendigen Beziehungen, also relational bestimmt – Beziehungen, die ständig der Erneuerung bedürfen, um lebendig zu bleiben –, sie wird nicht mehr als in sich stehende Institution, als „ein Haus von Glorie, aus ewgem Stein erbauet“, vorgestellt.

Halten wir fest: Weil das Hauptanliegen des Konzils nicht in genügender Breite und Tiefe zum Zuge kam, blieb der Reformschwung zu schwach, um die überkommene Betreuungsmentalität zu überwinden und dem Gegenwind seitens der Veränderungen in der Gesellschaft standzuhalten. Mit seinem Hauptanliegen war das Konzil, was uns betrifft, der Zeit voraus.

Ich darf an dieser Stelle an Heribert Mühlen und seinen Vorschlag einer Art Katechumenat erinnern, an dessen Abschluss eine Liturgie der Erneuerung des Tauf- und Firmversprechens stehen sollte, für Bischöfe und Priester zudem die Erneuerung des Weiheversprechens. Ob so etwas nicht in der Tat hilfreich sein könnte, um den Übergang von einem volkskirchlichen zu einem sendungsbewussten Christsein zu markieren?

## Die Chance eines Neuaufbruchs

Heutzutage spricht vieles dafür, dass endlich die Zeit dafür reif ist, der Einladung und dem Anliegen des Konzils gerechter zu werden.

Hier die **fünfte These:** Ohne den vom Konzil angezielten geistlichen Aufbruch an der Basis wird die heute notwendig gewordene neuartige Gemeindebildung nicht gelingen. Die Herausforderung der Gegenwart eröffnet die Chance zu einer ganzheitlicheren Verwirklichung der Konzilsreform.

Die Kirche als Volk Gottes – dazu hat das Konzil auf das wandernde Volk Israel verwiesen, das erst unter den Entbehrungen der Wüste zu einem Volk, zum Volk Gottes wurde. In der Kirchenkonstitution Nr. 9 heißt es: „Auf ihrem Weg durch Prüfungen und Trübsal wird die Kirche durch die … Gnade Gottes gestärkt, damit sie … unter der Wirksamkeit des Heiligen Geistes nicht aufhöre, sich selbst zu erneuern." Dürfen, ja müssen wir unsere Situation heute nicht genau so verstehen: als Bewährungsprobe, durch die hindurch die Kirche, ihrer bisherigen volkskirchlichen Stützen entledigt, zu einer reiferen Gestalt findet – Volk Gottes als Gemeinschaft der Glaubenden, die Kirche und deren Sendung tragen?

Viel spricht dafür, dass wir die Sohle des „Tals der Tränen" noch nicht erreicht haben. Im allgemeinen Bewusstsein bietet die Kirche bei uns immer noch das Bild einer abgehobenen Institution mit einem bürokratischen Verwaltungsapparat, die den Menschen auf elementare Lebensfragen die hilfreiche Antwort schuldig bleibt, so dass es schließlich zu einem Aufstand der Pfarrer gekommen ist, die mit diesen Fragen unmittelbar konfrontiert sind. Mir steht Bischof Untener von Saginaw in Michigan vor Augen, den ich kennenlernte. Er hatte das Bischofshaus verkauft und lebte reihum in den Pfarrhäusern, um seinen Pfarrern und Gemeinden und den Menschen nahe zu bleiben. Sein Beispiel mag so nicht allgemein praktikabel sein, aber die Richtung stimmt.

Denn der Aufbruch zu einer Kirche als Gemeinschaft der Glaubenden, die sich gesandt weiß, kann nur gemeinsam gelingen, weder allein von oben noch allein von unten. Dazu bedarf es statt Polarisierung einer tiefen Übereinstimmung, die die Kirche angesichts so vieler möglicher Differenzpunkte immer schon als ein Geschenk des Heiligen Geistes verstanden hat. Deshalb drängte das Konzil so sehr auf eine geistliche Fundierung des Reformaufbruchs.

Das gilt nicht zuletzt für jene pastorale Aufgabe, die heute überall ansteht, nämlich die Gemeindebildung in der großräumig gewordenen Pfarrei. Zu einer Gemeinschaft kann eine solche Pfarrei nur in Form einer Gemeinschaft von Gemeinschaften werden. Solche Gemeinschaften gab es immer schon in unseren Pfarreien in Gestalt etwa der Verbandsgruppen, die sich allerdings meist nach Alter, Geschlecht und Beruf sortierten. Die neue Art solcher Gemeinschaften wird lebensraumorientiert sein und die geistliche Vertiefung mit einer konkreten Aufgabe verbinden, die über die Kerngemeinde hinausgeht. Nur durch solche Gemeinschaften vor Ort kann die großräumigere Pfarrei den Menschen nahe bleiben.

Aber machen wir uns nichts vor: Dieser Aufbruch **wird** keine Massenveranstaltung sein. Das Gewohntsein an eine kerngemeindeorientierte Pastoral und die Neigung vieler, denen die Kirche nur für bestimmte Dienstleistungen wert und wichtig ist, sind noch allzu mächtig, ganz abgesehen von denen, denen Kirche gleichgültig geworden ist. Und er **kann** auch keine Massenveranstaltung werden. Denn die Einladung des Konzils zu einem erwachsenen und bewussten Christ- und Kirchesein ist eine anspruchsvolle Herausforderung. Schließlich **muss** er auch keine Massenveranstaltung sein. Entscheidend ist nämlich, dass statt einer abgehobenen obrigkeitlichen Institution engagierte Christen und Gruppen der Kirche ein Gesicht geben.

Lassen wir uns aber von all dem nicht entmutigen. Gerade der Niedergang von Gewohntem bietet ja die Chance zum Neuaufbruch. Hat nicht z.B. der Priestermangel außer der negativen auch eine positive Wirkung, weil er eine aktivere und eigenständigere Rolle der sogenannten Laien notwendig, ja unausweichlich macht, eben genau das, was das Konzil wollte?

Lassen wir uns von Papst Johannes ermutigen. Er war davon zutiefst überzeugt und sprach das immer wieder an, dass Gott trotz, ja mittels widriger Entwicklungen sein Ziel, das Kommen seines Reiches, verfolgt. In seinem Apostolischen Schreiben zur Einberufung des Konzils heißt es: „Zaghafte Seelen sehen nichts anderes als Finsternis auf dem Antlitz der Erde. Wir dagegen wollen all unser Vertrauen auf unseren Herrn setzen, der sich nicht von der von ihm erlösten Welt verabschiedet hat. Ja, indem wir uns die Aufforderung Jesu zu eigen machen, die ‚Zeichen der Zeit' zu erkennen (Mt 16,4), können wir inmitten so großer Finsternis nicht wenige offenkundige Anzeichen wahrnehmen, die uns sehr wohl Grund zur Hoffnung für das Geschick der Kirche und der Menschheit geben." Die Rede von den „Zeichen der Zeit", die das andrängende Kommen des Gottesreiches ankündigen und deshalb unsere ganze Aufmerksamkeit verdienen, ist vom Konzil aufgegriffen worden.

Sollten wir also nicht im Vergehen einer bisherigen Gestaltform von Kirche und in der Chance zu einer anderen, die der ursprünglichen Gestalt der Kirche näher kommt, ein solches „Zeichen der Zeit" wahrnehmen? Ich bin sicher, dass Papst Johannes diese Frage bejahen würde. Denn wie reagierte er, als das Konzil einen anderen als den geplanten Verlauf nahm und die Kurie Alarm schlug? Im Vertrauen darauf, dass Gott darin am Werk sei, der seine Kirche führe und sein Reich gerade so kommen lassen wolle, ließ er dem Konzil die Freiheit zur Kursänderung. Und wie recht er damit hatte. Denn gerade dadurch, dass das Konzil vom geplanten Kurs abwich, kam es zu dem Ziel, das er sich erhofft hatte. Zum Abschluss der ersten Sitzungsperiode des Konzils, seinen nahen Tod schon vor Augen, erklärte er: „Das Konzil wird wirklich das neue Pfingsten sein, das die Kirche in ihrem ganzen inneren Reichtum aufblühen lassen wird ...; es wird ein Sprung nach vorn sein auf dem Weg des Reiches Gottes in der Welt." Ja, zu einem Sprung nach vorn sind wir heute herausgefordert. Und wir können ihn wagen in demselben Gottvertrauen, das Papst Johannes beseelte, als er das Konzil wagte.

**Hermann Josef Pottmeyer,** geboren 1934, ist emerierter Fundamentaltheologe, war Mitglied der Internationalen Theologenkommission. Im deutschen Sprachraum ist er einer der großen Spezialisten der Interpretation des Konzils. Herausgeber und Mitautor im Handbuch der Fundamentaltheologie.

Christian Hennecke

# Was meint Lokale Kirchenentwicklung – ein theologischer Werkstattbericht

Es könnte eine Stopfgans sein. Dann wäre die Rede von Lokalen Kirchenentwicklungen einfach ein Containerbegriff, wo man alles mögliche – einschließlich eines perspektivenfreien „Weiter so“, das in einem atemlosen Abarbeiten mündet – einbringen kann. Aber Lokale Kirchenentwicklung ist keine Stopfgans, sondern eine präzise theologische und pastoraltheologische Option.

Es könnte ein Strukturbegriff sein. Die Überwältigung durch die Strukturdiskussion führt in der Praxis dazu, dass jeder Neuansatz pastoralen Denkens eingesogen werden kann in die laufende Strukturdebatte. Dann würde es bei Lokalen Kirchenentwicklungen immer wieder und gerne um die Fragen gehen, wie man mit weniger Priestern jetzt dazu kommen muss, dass auch Laien Beerdigungen halten dürfen und müssen, dass wir jetzt neue lokale Verantwortliche unter Hauptberuflichen und engagierten Getauften suchen.

Kein Zweifel: Solche Fragen stellen sich. Und diese Fragen drängen sich in den Vordergrund. Aber sie sind zutiefst ambivalent. Die schnelle Lösung der Fragen ist möglich auch als „Pflaster“ und pastoralpraktischer Bypass für Mangelsituationen. Dann ginge es also darum, angesichts veränderter Situationen das Gewachsene noch etwas länger zu erhalten, jetzt eben mit der Unterstützung der Getauften Engagierten, die man dazu auch heranbilden könnte. Das ist ein überlastendes Notprogramm. Und genau das ist mit der Rede von Lokaler Kirchenentwicklung nicht gemeint.

Dabei ist eines ganz klar: Ausgangspunkt ist eine Notsituation, die voranschreitet. Es wäre unglaubwürdig und naiv, dies nicht zu sehen. Das Gefüge gemeindekirchlicher Praxis ist an ein Ende gekommen: Je größer Pfarreien und Seelsorgeeinheiten werden, desto deutlicher wird auch, dass die Frage nach dem Vollzug des Christseins, die Formen der Kirchlichkeit, und auch die Frage nach der Gestaltung von Ämtern und Diensten ganz neu gestellt werden müssen. Hier genau setzt Lokale Kirchenentwicklung an.

## Mehr als Strukturen

Strukturentwicklung ist nicht automatisch Kirchenentwicklung. Sie soll einer solchen Entwicklung des Kircheseins dienen, als sakramentale Ermöglichung. Lokale Kirchenentwicklung steht deswegen auch nicht gegen eine Strukturentwicklung. Aber sie sieht die Entwicklung von Strukturen und Verantwortlichkeiten, von neuen Sozialformen und der Konfiguration der Dienste einschließlich des priesterlichen Dienstes, als einen Prozess, der gründet in einem Weg der Bewusstwerdung des Volkes Gottes.

Auch wenn es eine gefühlte Notsituation ist, die das Struktur- und Lebensgefüge bisheriger katholischer Gemeindekirchlichkeit in Frage stellt und in einen Transformations- und Verwandlungsprozess führt, wird doch gerade in dieser Situation deutlich, dass diese Krise auch als Kairòs gelesen werden kann: als Offenbarwerden einer Perspektive der Zukunft, die Gott seinem Volk eröffnet. Dann wäre und ist Lokale Kirchenentwicklung vor allem ein geistvoller Antwortversuch, der damit rechnet, dass es auch heute Gottes Weg und seine Perspektiven sind, die uns auf neue Wege begleiten. Dann können auch Strukturveränderungen und Strukturentwicklungen, neue Dienste und Ämter „mehr als Strukturen" sein, weil sie verweisen auf einen komplexen Erneuerungsprozess der „ecclesia semper reformanda", der getragen ist durch eine aufmerksame Lektüre der Zeichen der Zeit und ihnen entsprechenden Antwortversuchen. Auch Strukturen hätten dann ein spezifisches „Mehr", weil sie im Dienst einer Entwicklung stehen, die Christwerden und Kirchewerden in einer neuen Weise vollziehen.

## „Proximitè"

Wer „lokal" hört, der kann leicht annehmen, dass es hier „nur" um ein neues Wort für „Gemeinde vor Ort" geht. Doch das wäre kurzschlüssig. Es geht hier um eine weiterreichende theologische Ortsbeschreibung. Sie gründet in der Ausrichtung der Botschaft Jesu selbst: „Die Zeit ist erfüllt, das Reich Gottes ist nahe – Kehrt um, und glaubt an das Evangelium" (Mk 1,15). Lokale Kirchenentwicklung legt damit einen Schwerpunkt auf die innere Qualität gelebter Beziehungs- und Sozialräume: Im Hintergrund steht dabei der französische Begriff der „proximitè": er knüpft zum einen an die Botschaft vom Reich Gottes an. Nähe ist eben nicht zuerst ein geographischer Begriff, sondern qualifiziert den Ort als Ort des Ankommens Gottes und seines Reiches. Eine Lokale Kirchenentwicklung setzt hier an. Die Menschen an einen bestimmten Ort, in einem bestimmten Lebenskontext sind gerufen, Gottes ankommende Gegenwart und sein Heil in dieser Welt zu bezeugen.

Damit geht es um mehr als um den Erhalt örtlicher Gemeinden – eigentlich geht es um einen Neugründungsprozess oder sogar um einen Werdeprozess. Er setzt nicht bei Strukturen an, sondern bei den Christen, ihrer Berufung, Gemeinschaft und Sendung. Und dass dies „örtlich" und lokal geschehen will, ergibt sich aus der Botschaft von der „Nähe" des Reiches Gottes. Lokale Kirchenentwicklung meint also zunächst jenen Weg, der die Christen vor Ort entdecken und bewusst werden lässt, dass sie das Reich Gottes und seine Nähe bezeugen und leben können, und so Kirche sind als Zeichen und Werkzeug am gegebenen Ort.

## „Wir“

Lokale Kirchenentwicklung weist damit auf ein Selbstverständnis des Kircheseins hin, das alles andere als selbstverständlich ist. Die aktuelle Diskussion und auch die Tagesrede von der Kirche reduzieren Kirche auf ihre institutionelle und amtliche Dimensionen: die Kirche ist dann „außerhalb“ von den Gläubigen, den Menschen. Lokale Kirchenentwicklung will hingegen einladen und hineinführen in ein umfassendes Verstehen des Kircheseins. Kirche und Kirchenentwicklung sind nicht zuerst Strukturentwicklung, sondern vor allem eine Entfaltung des Bewusstseins, „dass wir alle Kirche sind“ (Benedikt XVI. in Freiburg). Die Strukturen und auch der sakramental-hierarchische Dienst des Priesters stehen im Dienst am Werden und Wachsen des Leibes Christi, der die Kirche ist. Welche Entwicklungsprozesse braucht es also, damit alle Getauften ihre Würde, ihre Gabe und ihre Sendung für den Aufbau des Kircheseins entdecken? Danach fragt Lokale Kirchenentwicklung.

## Wandlung begrüßen

Wer von Entwicklungsprozessen spricht, übersieht zumeist, dass solche Prozesse nicht einfach harmonische Fortschreibungsprozesse beinhalten. Es geht nicht um Weiterentwicklungen im Sinne einer Erhaltungslogik der Institutionen. Schon die genannten Stichwörter verweisen auf einen tiefgreifenden Mentalitätswandel, der ansteht, und der gewiß nicht schnell abläuft.

Entwicklungswege der Kirche verlaufen nicht nach einem revisionären Muster, aber sie folgen auch nicht einer graduellen Entwicklungslogik. Vielmehr gründet Lokale Kirchenentwicklung in einer Einsicht in die Dramatik einer Kirchenentwicklung, die Maß nimmt am österlichen Geheimnis. Ja, Kirchenentwicklung ist ein Prozess, der das Sterben und Tod mit einbezieht, aber dieses Sterben eben zulassen kann, weil es um die Wachstumslogik des Weizenkorns weiß. Kirche ist ja kein Unternehmen, das sich selbst durch Missmanagement abschaffen könnte, sondern ist der Weg, den Gott mit seinem Volk durch die Zeit geht. Dabei gehört die Vorläufigkeit von Sozialformen und Wegen der Glaubensverkündigung nicht zum Mangel, sondern zur eschatologischen Weggestalt.

Lokale Kirchenentwicklung meint also einen Weg, der im Schauen auf Gottes Weg mit seinem Volk einen Entdeckungsprozess ermöglicht: wohin werden wir hier, an dem Ort, an dem wir leben, uns engagieren, als Volk Gottes geführt und wie gestaltet sich unser Leben als Kirche. Es geht deutlich um einen geistlichen Prozess, einen Prozess des Wachsens im eigenen Christwerden und Kirchesein, in dem Christen ihre Sendung entdecken. Erst dann muss es um die Frage gehen, welche Strukturen wie gestaltet werden sollten, um die Entwicklung dieses Prozesses zu fördern.

## 1. Grundwerte Lokaler Kirchenentwicklung: Eine faszinierende weltkirchliche Lernerfahrung

Die Wurzeln einer Kultur des Kircheseins, wie sie im Leitbegriff Lokaler Kirchenentwicklung skizziert sind, liegen in Erfahrungen einer umfassenden weltkirchlichen Lerngemeinschaft. Und es ist nicht unwesentlich, dass diese Erfahrungen eine ungeheure Faszination ausstrahlen. Sie ergreifen von innen, sie bringen neue Bilder und Visionen hervor, und sind doch zugleich „kleine“

Erfahrungen: Erfahrungen im Volk Gottes, die etwas sehr fragiles und verwundbares in sich tragen. Und natürlich sind sie nicht einfach übertragbar: Weltkirchliches Lernen lehrt keine Rezepte und Modelle, sondern „Zugänge“ und „Werte“, die jeweils neu in die Kultur der Gegenwart einzutragen sind – zu inkulturieren sind ... Weil dies kein leichter und schnellgängiger „Umsetzungsprozess“ ist, braucht es eine innere Faszination. Denn sie bringt Leidenschaft hervor, die als Kraftquelle für lange und geduldige Wege des Wachsens notwendig sind.

### Den Auferstandenen erfahren

Diese Faszination nimmt ihren Ausgang von einer interessanten und weltkirchlich konsonanten Erfahrung: die Aufbruchs- und Erneuerungsprozesse haben in der Regel ein echtes spirituelles Markenzeichen. Schon die Erfahrung der lateinamerikanischen kirchlichen Basisgemeinden, dann aber auch die Small Christian Comunities in verschiedenen Teilen des afrikanischen und asiatischen Kontinents leben aus der Erfahrung einer tiefen Spiritualität des gemeinschaftlichen Umgangs mit dem Wort Gottes.

Kennengelernt habe ich diesen Zugang durch das „Gospelsharing“. Und je länger und je mehr – und vor allem durch die Hilfe von Protagonisten wie dem verstorbenen Bischof Oswald Hirmer – ich in diese Mystik des Volkes hineingeführt wurde, desto mehr verstand ich neu die ekklesiogenetische Kraft des Wortes Gottes: „Gospelsharing“ entpuppte sich als die Ermöglichung eines Geschehens, in dem Christus durch das Wort Menschen ansprechen, verwandeln, zusammenführen kann – und die eigentliche Mitte ihrer Gemeinschaft bleibt: Ziel ist es, dass die im Wort Versammelten sich senden lassen in das Leben der Menschen, und die heilende Christusgegenwart und der Anbruch seines Reiches erfahrbar wird. Entscheidend war hier also – in unterschiedlichen Formaten und Methoden –, dass Christen durch eine lebendige Christusbegegnung erneuert und gesandt werden.

### Das gemeinsame Priestertum aller Gläubigen verwirklichen

Wo auch immer, mitten in Südafrika, mitten in Indien oder in den weiten Landschaften des Poitou in Westfrankreich: dieser Umgang mit der Schrift ermöglicht eine Spiritualität des Volkes Gottes, eine neue Weise der Volksfrömmigkeit – eine Mystik des Volkes Gottes, das sich als Kirche weiß. Damit aber wird erfahrbar und erlebbar, was das Konzil im gemeinsamen Priestertum aller Gläubigen neu entdeckte: die Potentialität und Reichweite der gemeinsamen Taufe, die ja in der Antwort auf das Wort Gottes besteht. Sie fügt ein in den Leib Christi, sie führt zur Entdeckung der Gaben und Charismen und Dienste in diesem Leib.

Wer erlebt, wie Menschen in allen Teilen der Welt durch das Wort Gottes in eine gemeinsame Wachstumsdynamik geraten, ihre Würde und ihre Gaben entdecken, der bleibt fasziniert. Ich erinnere mich an den Besuch einer basiskirchlichen Gemeinschaft im Herzen Indiens: einfache Männer und Frauen, mit ihren Kindern. Wir lasen in der Schrift – und am Ende fragte unser Begleiter: „Wie wirkt sich euer Leben hier im Dorf aus?" Und dann erzählten sie: von dem See, den sie gemeinsam mit den Hindus im Dorf neu zum fischbaren Gewässer verwandelt haben, von der Straße, die sie für Lastwagen verbreitert haben – und von den Kranken, die niemand besuchen wollte, weil sie so stanken – und die sie als Christen regelmäßig besuchten.

Was hier so klein und fragil, kaum bemerkenswert erscheint, ist dennoch genau das Zeugnis für eine Theologie des gemeinsamen Priestertums. Es könnte fortgeschrieben werden, wo in einer kleinen Gemeinde in Südafrika fast jeder einen Dienst übernimmt, oder wo – wie in Poitiers – Equipes gebildet werden, in denen sich die gemeinsame Verantwortung der Gemeinschaft spiegelt.

Mit den Worten des ehemaligen Erzbischofs von Poitiers lässt sich knapp ausdrücken, welche Herausforderungen sich mit einer solchen Perspektive ergeben: „Entscheidend ist für mich das Vertrauen in den Geist Gottes. In der Firmung empfangen die Firmanden von mir den Heiligen Geist. Sollte ich dem nicht trauen?" Was bedeutet eine solche Aussage für kirchliche Entwicklungsprozesse? Bischof Norbert Trelle, der im Bistum Hildesheim den Pastoralansatz Lokaler Kirchenentwicklung eingeleitet hat, schreibt in seinem Hirtenbrief: „*Wie geht es weiter? Schnell können unsere Überlegungen wieder dazu verführen, ehrgeizige Pläne, Konzepte und Programme zu entwerfen. Aber nicht wir gestalten die Kirche; der Geist Gottes gestaltet die Kirche – in uns und durch uns. Auf ihn zu hören und ihm zu vertrauen, ist entscheidend für das zukünftige kirchliche Leben. Hinzu kommt: Gott zu vertrauen ist die Grundlage dafür, auch einander vertrauen zu können. Dieses Vertrauen möchte ich Ihnen meinerseits ausdrücklich zusichern, wenn Sie an ihrem Ort die Prozesse Lokaler Kirchenentwicklung beginnen.*

*Zugleich bitte ich Sie um Ihr Vertrauen für mich und für diejenigen, die mit mir zusammen für das Bistum Verantwortung tragen. Wenn ich an bestimmten Stellen Vorgaben für die Prozesse Lokaler Kirchenentwicklung machen werde, dann tue ich dies, um nach dem Maßstab des Evangeliums Orientierung zu geben.*

*Wir werden lernen müssen, das Vertrauen zueinander zu intensivieren. Wo eine einhellige Sichtweise nicht sofort gefunden werden kann, werden wir noch besser als bisher aufeinander hören müssen. Ich bin zuversichtlich, dass dies gelingen kann. Denn gemeinsam leitet uns die Frage: welchen Weg führt uns Gott in die Zukunft?*"

Die Entwicklung einer Kultur des Vertrauens gehört zu den Grundelementen Lokaler Kirchenentwicklung. Denn dort, wo die Kraft der Taufe und des gemeinsamen Priestertums ins Spiel gebracht werden will, und wo die Charismen und Gaben dem Aufbau des Leibes Christi dienen sollen, dort wo Kirche vor Ort in verschiedenen Gestalten wächst, braucht es das Vertrauen in den Geist Gottes. Diese Kultur des Vertrauens zu entwickeln, darauf kommt es an.

### Den sakramentalen Leitungsdienst neu konfigurieren

Lokale Kirchenentwicklung steht nicht im Kontrast zur Theologie und Praxis des priesterlichen Amtes, ganz im Gegenteil. Es gehört zu den wesentlichen Merkmalen einer Lokalen Kirchenentwicklung, dass ein solcher Prozess seinen Anfangsimpuls und seine Kraft erhält durch eine pastorale Option des Bistums, oder doch wenigstens durch den Pfarrer und sein pastorales Team.

Beispielhaft dafür kann die Entwicklung der lateinamerikanischen Basisgemeinschaften gelten, wie auch parallele Prozesse in Asien: Es waren und sind Bischöfe und ihr Presbyterium, die gemeinsam eine Pastoral der örtlichen Gemeinden und der Basisgemeinschaften entwickelt und gefördert haben und fördern. Denn gerade die Begründung neuer Orte des kirchlichen Lebens und die Weiterentwicklung von bestehenden Gemeinden zu selbstverantwortlichen Gemeinden setzt voraus, dass der Dienst der sakramentalen Leitung neu verstanden wird: als Dienst der Ermöglichung, als Dienst an der gemeinsamen Bewusstwerdung und an der gemeinsamen Verantwortung des Kircheseins, als Dienst an der Entdeckung der Charismen und Dienste. Gerade die sakramentale Dimension des Dienstes der Leitung, Verkündigung und Heiligung gewinnt hier eine neue Perspektive: Es geht um die Ermöglichung und Befähigung des Lebens der Getauften, ihre Begleitung und Förderung und vor allem darum, dass die Dimension des Kircheseins leben kann aus der Begegnung mit dem Auferstandenen. Das sakramentale Amt findet so seinen neuen Ort als dienende Ermöglichungsgestalt des Wachstums des Volkes Gottes.

Partizipation ist zweifellos ein Grundwort der Theologie und der Praxis des II. Vatikanums. Diese im Geheimnis der Dreifaltigkeit gründende Theologie der Partizipation kann man praktisch erfahren in den vielfachen Bemühungen des Aufbruchs, den wir erleben konnten in der asiatischen Kirche. Die Pointe der visionären Perspektive einer Kirche als Gemeinschaft von Gemeinschaften formulierte 1990 die asiatische Bischofskonferenz in Bandung so: *„Die Kirche wird eine Gemeinschaft von Gemeinschaften sein, wo Klerus, Laien und Ordensleute einander als Brüder und Schwestern anerkennen. Sie sind gemeinsam versammelt und vereinigt um das Wort Gottes. Dabei teilen sie miteinander die frohe Botschaft und entdecken Gottes Wille für sich in ihrem unmittelbaren Lebensumfeld. Sie unterstützen sich gegenseitig in ihrem täglichen Leben. Es ist eine partizipierende Kirche, wo die Gaben und Charismen erkannt und aktiviert werden, um den Leib Christi aufzubauen, die Kirche in der Nachbarschaft."*

Hier ist Partizipation ein wesentlicher Akzent: Es geht nicht nur darum, dass Verantwortliche der Kirche den Gläubigen eine Möglichkeit der Mitbeteiligung geben – es ist grundlegender: es geht darum, dass von Anfang an ermöglicht wird, dass die Menschen am gegebenen Ort gemeinsam ihre Vision entdecken und entwickeln. Dieses Geschehen zu ordnen und zu ermöglichen, darin besteht der Dienst des pastoralen Teams und besonders des verantwortlichen Pfarrers.

Damit wird sofort klar, dass es bei einer Lokalen Kirchenentwicklung eben nicht um die vorschnelle Gründung und Bildung von örtlichen Gemeinden oder Kleinen Christlichen Gemeinschaften geht. Es geht vielmehr um einen Entwicklungsprozess des Volkes Gottes, der Schritt für Schritt den Weg zu einer selbstverantwortlichen Kirchlichkeit bahnt. Dass am Ende eines solchen Prozesses, über dessen Authentizität zu wachen Aufgabe des Amtes ist, örtliche Gemeinschaften und neue Formen des

Kircheseins stehen werden, das belegen die weltkirchlichen Entwicklungen eindrücklich. Sie belegen allerdings auch, dass dort, wo diese Partizipation nicht so weit wie möglich viele Christen mit einbezog, man doch bei einem pastoralen Positivismus stehen bleibt: Natürlich kann man Formen des Umgangs mit der Schrift einführen und vorschreiben, natürlich kann man Kleine Christlichen Gemeinschaft schnell gründen – aber immer wieder zeigt sich eben dann, dass die innere Kraft dieser Perspektive nicht rezipiert wird.

Lokale Kirchenentwicklung, gerade auch im Blick auf lokale und sendungsorientierte Sozialformen, wird nur gelingen in einem Prozess, der die Verantwortung aller Beteiligten von Anfang an fördert und ins Spiel bringt. Im Hintergrund steht die Erzählung aus der Frühzeit des Christentums: in Apostelgeschichte 6, 1–7 wird deutlich, wie die Apostel die Lösung konkreter Fragen, wie hier der Versorgung hellenistischer Witwen, die Lösung des Problems durch alle Beteiligten ermöglichen. Ein solcher Weg führt zu einer hohen Identifikation und einer hohen Verantwortung für das Ganze der kirchlichen Entwicklung, wie sie in Prozessen Lokaler Kirchenentwicklung angezielt ist.

### Inkulturation und Sozialraumorientierung

Zu den eindrücklichsten Erfahrungen des weltkirchlichen Lernprozesses, in dem wir uns seit etwa 7 Jahren aufgemacht haben, gehört der Besuch bei einer Mangyanen Mission im Urwald der Insel Mindoro (Philippinen). Während wir fasziniert dem deutschen Missionar Ewald Dinter zuhören, wie er in einem langen Prozess die Beziehung zu dem Ureinwohnern fand und ihnen das Evangelium anbieten konnte, wird noch einmal ganz deutlich, warum und wie eine Lokale Kirchenentwicklung in unseren Breitengraden geschehen wird (oder eben auch nicht). Es wird daran hängen, ob das Evangelium wirklich Eingang findet in die Kultur unserer Zeit und ob eine Pastoral des Volkes Gottes wachsen kann, die von der Kultur unserer Zeit lernt, wie schon Klaus Hemmerle grundlegend – mit Blick auf die Jugendpastoral – formulierte: „Lass mich dich lernen, dein Denken und Sprechen, dein Fragen und Dasein, damit ich daran die Botschaft neu lernen kann, die ich dir zu überliefern habe".

Was in Gaudium et Spes im Blick auf die Zeitgenossenschaft des Volkes Gottes mit der Freude und Hoffnung, mit Trauer und Angst besonders der Armen und Bedrängten jedweder Art gesagt wird (GS 1), was im Blick auf die Deutung der Zeichen der Zeit zu einer Aufmerksamkeit für die Menschen und die Deutung ihrer Hoffnungen und Wünsche führt (GS 11), spitzt Gaudium et spes 44 noch weiter zu: Es geht darum, das Evangelium neu zu lernen und so zu verkünden aus der empfangenen und gedeuteten Lebenswirklichkeit der Menschen, mit denen wir leben.

Für eine Theologie Lokaler Kirchenentwicklung bedeutet das: das Kennenlernen und Mitleben mit den Menschen in den jeweiligen Lebensbezügen, das dienende Wahrnehmen der Herausforderungen und Nöte in einem Sozialraum und die Bereitschaft, mit den Menschen zusammen das Evangelium neu zu entdecken – das ist die konkrete pastorale Praxis, die eine innere Erneuerung des Glaubens und des Kircheseins ermöglicht.

## 2. Das Risiko der Schnittblumenpastoral

So faszinierend diese Entdeckungen waren, so kurzschlüssig war häufig die Rezeption. Sie funktionierte nach dem Prinzip einer Schnittblumenpastoral: Die reife Frucht, die schöne Blüte der langdauernden Pastoralprozesse anderer Kontinente sollte einfach übernommen werden – der Prozess des Wachstums wurde nicht reflektiert. So wurden zum Beispiel kirchliche Basisgemeinden, die in Lateinamerika Ergebnis eines bischöflich initiierten Pastoralprozesses waren, in Europa eingebracht in die Dialektik eines Machtkampfes zwischen „oben" und „unten".

In ähnlicher Weise und doch ganz anders kann die Rezeptionsgeschichte der Kleinen Christlichen Gemeinschaften und des Bibelteilens gedeutet werden. Denn diese „pastoralen Südfrüchte“ (Spielberg) aus Asien und Afrika wurden als faszinierende Entdeckungen eingeführt in eine Situation der spirituellen Erschöpfung und einer sich andeutenden Krise der Weitergabe des Glaubens. Entsprechend wurde vor allem ein doppelter Rezeptionsaspekt wahrgenommen: Angesichts fehlender Gemeinschaftserfahrungen schienen kleine Gruppen attraktive Orte christlicher Beheimatung zu sein, und so entstanden schnell „KCG“, die aber eher als eine Art „Selbsthilfegruppen im Glauben“ (Wanke) fungierten. Was hier bei der Rezeption nicht gesehen wurde, war der kirchenbildende und kirchenentwickelnde Ansatz, der hinter der Gestaltung örtlicher Gemeinden stand: Die Verantwortung des gemeinsamen Priestertums, die Verantwortung für das kirchliche Leben im Umkreis der Kleinen Christlichen Gemeinschaften, die Verantwortung für die Dienste – all dies blieb zunächst unbeachtet, und führte dazu, dass Kleine Christliche Gemeinschaften als spirituelle Kleingruppen keine Zukunftsvision für die Kirche von morgen zu sein schienen. Sie bleiben „strukturelle Randsiedler und spirituelle Herzschrittmacher“ (Kehl), und wiesen eine für den deutschen Katholizismus suspekte Nähe zu kirchlichen Bewegungen auf, die sich ja in der Tat als ein Netzwerk vieler kleiner Gruppen darstellen.

Auch das Bibelteilen, das von Missio schon zu Ende der 80er Jahre in die deutsche Pastoral eingebracht wurde, wurde zunächst verkürzt rezipiert: Ob nun als Methode der Bibelarbeit das Bibelteilen lange Zeit als simplizistisch beurteilt wurde, oder ob man die konstitutive Sendungsdimension des Bibelteilens außer Acht ließ, oder ob die konstitutive Beziehungsraumorientierung die Bibelteilengruppen zu Gruppen spirituell Suchender machte – immer wurde übersehen, dass die Bildung örtlicher Gemeinden Ergebnis eines visionären und partizipativen

Prozesses unter der Beteiligung möglichst vieler Menschen vor Ort sein musste.

In der Tat sprach die Rezeption von den Nöten und Herausforderungen einer Kirche vor dem Umbruch: spirituelle Sehnsucht und der Wunsch nach Beheimatung stehen bei diesen Rezeptionsbemühungen Pate, verdecken aber die Potentialität und die Grundwerte eines Ansatzes der Kirchenentwicklung, wie sie in den Ortskirchen Afrikas und Asiens vorangebracht wurde.

Denn in der Tat stehen hinter den Erfahrungen Kleiner Christlicher Gemeinschaften und ihrer spirituellen Verwurzelung in der Schrift pastorale Grundoptionen der jeweiligen Ortskirchen. Und diese pastoralen Grundoptionen führten zu Entwicklungsprozessen, bei denen ein Hauptakzent auf der bewußtseinsbildenden Arbeit mit den Priestern und Hauptberuflichen, und dann auf einer Schulung der Getauften lag.

Exemplarisch dafür, wie Rezeptionsprozesse diese Dimension des pastoralen Prozesses ausblendeten, kann die Weise gelten, wie die Praxis der Verantwortung in örtlichen Gemeinden im Bistum Poitiers, zunächst im deutschen Sprachraum rezipiert wurde. Interessant schien die dortige Lösung der Frage zu sein, wie Teams von Verantwortlichen örtliche Gemeinden leiten und dazu beauftragt werden. Ein schneller Übertrag auf die Situation größerer pastoraler Räume führte dann zu ambivalenten Beobachtungen: Auf der einen Seite werden die eingesetzten Verantwortlichenteams oft als Ersatzpfarrer gesehen – auf der anderen Seite entstand der Verdacht, dass mit der Einrichtung der örtlichen Verantwortlichen der sakramentale Dienst des Priesters und seine Leitungsaufgabe in Frage gestellt wird. Das geschah überall da, wo der Weg des Bistums Poitiers auf der Folie ähnlicher Entwicklungen im Kontext des CIC 517,2 gelesen wurde.

Nun ist gerade die Rede von den Leitungsteams nicht zu trennen von einer intensiven und sehr partizipativen theologischen Vergewisserung auf die eigenen Wurzeln (in der Vätertheologie und besonders bei Hilarius von Poitiers) und einem mehr als 10 Jahre dauernden Prozess der Bewusstseinsbildung und einer zielorientierten pastoralen Entwicklung, die auf die Konstitution einer Kirche der Nähe zielt.

So zeigt sich auch hier: Eine Übernahme der strukturellen Ergebnisse (Verantwortlichenteams, örtliche Gemeinden, die Pfarrei als Ermöglichungsraum) ohne den inneren geistlichen und geistigen Prozess, den die Kirche im Poitou gegangen ist, riskiert eine hohe Missdeutbarkeit. Die Rezeption der Strukturen ohne den geistlichen Erneuerungsweg führt nur zu einer Fortschreibung bisheriger Strukturen; man unterschreitet das theologische Niveau zugunsten eines pragmatischen Rettungsversuchs.

## 3. Kritische Anfragen an die Pastoral im deutschsprachigen Raum

Dort aber, wo die weltkirchliche Lernerfahrung zu einer Einsicht in das sich abzeichnende Paradigma einer partizipativen Kultur des Kircheseins führt, stellt die Vision einer Kirche als Gemeinschaft von Gemeinschaften, wie es die asiatische Bischofskonferenz formulierte, auch selbstverständlich gewordene und soziologisch geprägte Kategorien der postmodernen Kirchenpraxis in Frage. Insofern ergehen gerade durch das Paradigma einer Lokalen Kirchenentwicklung kritische Fragen.

### Was ist Gemeinschaft?

Eine erste Frage stellt sich im Horizont des Communioverständnisses. Gerade die Erfahrung örtlicher Gemeinden wie auch der kirchlichen Basisgemeinschaften in Asien, Afrika und Lateinamerika lässt erkennen, dass die europäische Kirchenerfahrung zwischen programmatischen kirchlichen Individualismus einerseits und intensiven Gruppenerlebnissen andererseits changiert.

Wir haben uns in unserer hiesigen Kirche an Denkmuster gewöhnt, die tendenziell von einem gemeinschaftsfreien Individualismus ausgeht. Die Rede von „Kasualienfrommen", treuen Kirchenfernen und entsprechenden kirchlichen Dienstleistern beschreibt zwar soziologisch richtig Zugangswege zur kirchlichen Institution, übersieht aber die zugrunde liegende Taufwürde und die Zugehörigkeit zum Leib Christi. Das innere Bedürfnis nach Zugehörigkeit, das der theologischen Rede vom Leib Christi ekklesiopraktisch entspricht, wird entweder beantwortet durch Verweis auf zentrale Pfarrstrukturen oder auf die Notwendigkeit enger vertrauter Gruppen. Auch der Verweis auf die einheitsstiftende Mitte der Eucharistie ist zwar richtig, aber will ja auch existenziell erfahren werden.

Mit anderen Worten: die weltkirchliche Erfahrung der örtlichen Gemeinden und kirchlichen Basisgemeinden stellt die Frage nach Beheimatung und Zugehörigkeit in neuer Weise jenseits abgrenzender Individualisierung und vereinnahmender Enge.

### Vision und Prozess?

Das Paradigma einer Lokalen Kirchenentwicklung stellt auch eine Frage an die Art und Weise, wie Pastorale Entwicklungen entfaltet und begleitet werden. Weltkirchlich ist beeindruckend, mit welcher Leidenschaft und Geduld Ortskirchen pastorale Prozesse über mehr als ein Jahrzehnt begleiten. Die entdeckte Vision führt zu einer strategischen Prozessplanung, zu Bewusstseins- und Schulungsprozessen, die sehr zielgerichtet und mit hohem Einsatz der wenigen Ressourcen durchgeführt werden.

Das unterscheidet sich von einer gewissen Zögerlichkeit deutschsprachiger Pastoral im Blick auf das Ziel pastoraler Bemühung: Es fehlen offensichtlich häufig teilbare Erfahrungen möglicher Zukunft, es fehlen Visionen, die mit anderen geteilt werden können – und damit fehlt eine echte Schwerpunktsetzung. Das wird sichtbar in der Vielfalt der Fortbildungsmöglichkeiten, die nicht den Eindruck erwecken, als zielten sie auf ein gemeinsam zu erreichendes Ziel. Es wirkt eher wie ein bunter Laden postkonziliarer Pastoralpraxis – der rote Faden fehlt.

Auf diesem Hintergrund wird auch deutlich, warum die pastoralen Grundlagenpapiere deutscher Diözesen oft merkwürdig kurzatmig wirken. Es scheint so, als sei die Erstellung von Zukunftsoptionen zwar ein Prozess, aber sobald dann diese Optionen veröffentlicht werden, macht sich das Fehlen einer prozesshaften Strategie der Aneignung negativ bemerkbar: So hat sich eine pastorale Kultur entwickelt, die nicht mehr mit der Kontinuität einer Idee rechnet. Wenn dann die Umsetzung einer pastoralen Option ins Belieben gestellt ist, weil es Prozesse der Relecture und der pastoralen Evaluation nicht gibt, dann bedeutet das doch, dass sich diese Optionen selbst nicht ernst genug nehmen. Es braucht aber die Geduld und Beharrlichkeit, gerade im Blick auf den anstehenden Kulturwandel des Christwerden und Kircheseins, über einen längeren Zeitraum pastorale Begleitung im Blick auf eine Visionsentwicklung zu gewähren.

Was im Blick auf pastorale Strukturen ja genau so geschieht, ist im Blick auf die pastorale Erneuerung bisher nicht gelungen.

### Geteilte Vision?

In den Prozessen Lokaler Kirchenentwicklung, die man weltkirchlich beobachten kann, zielt genau diese Bemühung um eine Prozessarchitektur über einen längeren Zeitraum auf eine möglichst breit geteilte Visionsentwicklung. Die Achtsamkeit darauf, dass Christen selbst entdecken und sich zu eigen machen können, was und wie sie in Zukunft Kirchesein können, das ist in unserem Kontext nicht sehr weit entwickelt. Solche Prozesse wecken in unserem Kulturkreis auf dem Hintergrund einer erfahrenen Struktur- und Machtfixierung eher Ängste.

Sind sie begründet? Ich habe den Eindruck, dass gerade dann, wenn es nicht um Strukturentwicklungen, sondern um einen geistlich-geistigen Erneuerungsprozess geht, viele Christen auf das Signal einer größeren Beteiligung warten. Dort, wo wir solche Prozesse gemeinsamer Visionsentwicklung ermöglichen, wächst die Freude des Volkes Gottes an einem gemeinsamen Weg. Denn es gilt ja auch in unserer Kultur: „A vision cannot be taught, it has to be caught“: Visionen müssen innerlich ergriffen werden – was zweifellos längere Wachstumsprozesse beinhaltet –, aber dann auch einen gemeinsamen Weg ermöglichen und wahr wird, „dass wir alle Kirche sind“ (Benedikt XVI).

#### Jenseits der gewohnten Rollenbeschreibungen

Lokale Kirchenentwicklung beschreibt einen Prozess im Volk Gottes, der das gewohnte Rollengefüge neu konfiguriert. Es stellt zunächst die Rede von der Ehrenamtlichkeit in Frage. Dort nämlich, wo Kirche nicht von ihrer Amtlichkeit und ihrer Institutionalität her konstruiert wird, sondern von der lebendigen Wirklichkeit des Leibes Christi, in der alle Glieder ihre Gaben einbringen, und in dessen Dienst sakramentales Amt und Struktur stehen, löst sich die Kategorie der Ehrenamtlichkeit auf. Ausgangspunkt ist dann eben das gemeinsame Kirchesein aller Getauften und die Frage, wie jeder und jede seine Berufung und Verantwortlichkeit für Gemeinschaft und Sendung einbringen kann. Dass hier Menschen in ganz unterschiedlicher Weise ihren Beitrag einbringen, führt dann nicht zu einer Einordnung in Quasihierarchien von Dienstamt, Hauptberuflichkeit und Ehrenamtlichkeit sowie den Konsumenten kirchlicher Dienstleistungen, sondern zur Frage, wie und auf welche Weise jede und jeder seinen Dienst im Gefüge des Leibes Christi geben kann und darin wächst.

So wird in Prozessen Lokaler Kirchenentwicklung natürlich auch der Dienst des Priesters und der Hauptberuflichen in ein neues Licht geraten. Denn wie dieser Dienst ausgeübt wird, hängt dann ganz entscheidend davon ab, welches innere Bild des Kircheseins und der kirchlichen Entwicklung in ihnen ist. Das gemeinsame Bewusstwerden möglicher Entwicklungsschritte des Kircheseins und der eigenen Reflexion über den konkreten Dienst in diesem Horizont – das gehört zu den wichtigen Anfragen, die die weltkirchlichen Prozesse einer partizipativen Pastoralentwicklung stellen.

Denn in der Tat gelingen und scheitern Prozesse Lokaler Kirchenentwicklung weltweit mit der Frage, ob und in welcher Weise der Bischof und sein Presbyterium gemeinsam mit den anderen pastoralen Mitarbeiterinnen und Mitarbeitern sich auf ein Kirchenbild und eine Kirchenerfahrung einlassen können, die von den Werten und Grundhaltungen, die hier benannt worden sind, geprägt sind.

Die kritische Anfrage besteht dann darin, ob Bischöfe und Verantwortliche in den Diözesen diesen gemeinsamen Vergewisserungen mit ihren Priestern und den anderen pastoralen Berufsgruppen genügend Aufmerksamkeit und Energie schenken.

## 4. Die Umkehr zu einer Lokalen Kirchenentwicklung – Schritte auf einem langen Weg

Im Bistum Hildesheim haben wir uns in den vergangenen Jahren auf diesen Weg gemacht. Zweifellos, es ist ein Weg, der sich Schritt für Schritt weiter öffnet. Er begann mit einem ersten Schritt der Umkehr.

### Sehen lernen, was wächst

Die Grundannahme, dass kirchliche Entwicklung nicht ein administrativ gestaltbarer Prozess ist, sondern vor allem ein Weg ist, den Gott mit seinem Volk geht, ein Weg, auf dem Er neues wachsen lässt, führte uns dazu, alle Dechanten und ihre Teams zu besuchen. Die Ankündigung des Besuches löste Fragen aus, und als wir ankamen, war in der Regel die Überraschung groß, als deutlich wurde, dass wir lernen und verstehen wollten, wie die Kirche sich in den verschiedenen Regionen entwickelt: was in ihr stirbt und was in ihr wächst. Ja, wir begannen einen Weg, auf dem wir hören wollten, was „der Geist den Gemeinden sagt".

Zugleich kündigten wir einen nächsten Besuch an, um die Prozesshaftigkeit unseres Vorgehens deutlich zu machen: Gemeinsam mit den Dekanatsteams konnten wir intensiver die Entdeckungen und Erfahrungen teilen, die sich auf dem Horizont dieser Besuche für das ganze Bistum zeigen, und sie einzuordnen in die Gesamtentwicklung unserer Kirche.

Diese Besuche brachten eine ungewohnte Sichtweise ans Licht, die dann die konkreten Schritte hin auf ein Paradigma Lokaler Kirchenentwicklung vorbereiteten. Überraschende Perspektiven wurden erkennbar und vermittelbar: dass nämlich unsere Kirche nicht in einem linearen Abbruchsprozess steht, sondern in einem Wandlungsprozess, der sich in der Entwicklung vieler Neuaufbrüche zeigt. Klar wurde allerdings auch, dass diese Entwicklungen sehr ungleichzeitig stattfinden, abhängig von Zeit, Ort, Herausforderungen und Personen. Damit entwickelt sich unsere Kirche aber sehr lokal – und es wurde deutlich, dass auf der einen Seite gemeinsame Orientierungen notwendig und hilfreich sind, und dass es zugleich der Ermutigung bedarf, vor Ort „sehen zu lernen", dass Gott die Zukunft schon lange vorbereitet hat, um so zu einem mutigen Aufbruch und zu pastoraler Experimentierlust einzuladen.

### Bischöfliche Orientierung

Diese unerwartete Perspektive eines neuen Sehens machte sich der Bischof zu eigen, und seine Orientierungen im Hirtenbrief im Jahr 2011 waren ein wichtiger Auftakt für das, was wir seither Lokale

Kirchenentwicklung nennen. Die Orientierungen des Bischofs folgten der Logik eines geistlichen Prozesses und dem Glauben, dass es Gott ist, der seine Kirche erneuert. Im Zentrum steht deswegen das Wort des Jesaja: „Seht, ich schaffe Neues, schon sprosst es auf. Merkt ihr es nicht?“ (Jes 43, 18). Konkret gewendet heißt das dann, dass jeder Ort, jede kirchliche Lebenswirklichkeit ein Ort seiner Gegenwart ist, und in einem partizipativen Prozess das jeweilige „Charisma des Ortes“ entdeckt werden will. Der Bischof gab dazu Grundorientierungen, die Haltungen und Werte einer Lokalen Kirchenentwicklung beschreiben wollen: die Wahrnehmung einer größeren Vielfalt kirchlicher Orte und ihre Sendungsorientierung machen den Weg frei, für eine vielfältige und expeditive Entwicklung, die mit unterschiedlichsten und je anders orientierten Sozialformen rechnet. Damit werden klassische Gemeindekonfigurationen aus ihrer monopolhaften Vorrangstellung herausgenommen und integriert in ein plurales Netzwerk kirchlicher Sozialformen. Zugleich geht es entscheidend darum, dass jeder in den kirchlichen Lebenswirklichkeiten seine Sendung und sein Worumwillen neu entdeckt.

Dem Bischof ist darüber wichtig, dass es um einen geistlich geprägten Erneuerungsprozess geht. Lokale Kirchenentwicklung versteht Kirche als verwurzelt in der Christusbegegnung in Gebet und Gottesdienst, vor allem aber auch in einem alltäglich eingeübten Weg der Christusbegegnung: wie kann das Wort Gottes und der Austausch der eigenen Glaubenserfahrungen zur Grundform kirchlichen und geistlichen Lebens werden.

Diese Verwurzelung in der Christusmitte korrespondiert mit der Orientierung am gemeinsamen Priestertum, an der Taufwürde aller Christen: Kirche ist sakramental gegründet in der Taufe, und lebt aus dem Vollzug des Getauftseins in den Diensten und Charismen, die aus der Kraft der Taufe wachsen und dem das sakramentale Priestertum dienen soll.

Eine solche Kirchenentwicklung, die sich nicht an der Vergangenheit festhält, sondern sich auf Gottes Zukunft mit seinem Volk hin öffnet, verlangt – wir haben es schon zitiert – eine Kultur des Vertrauens, die mit Herausforderung und Konflikt rechnet, und doch zugleich die geistliche Kraft besitzt, sich auf umfassende Prozesse gegenseitigen Hinhörens einzulassen.

Es ist erstaunlich, welche hohe Rezeption dieser Hirtenbrief hat. Das liegt nun aber auch daran, dass dieser Brief schon in der Logik eines angefangenen Weges liegt und auch nachdrücklich weiter eingespielt wurde in die verschiedenen Prozesse und Institutionen des Bistums. Der Brief eröffnete einen Aufbruchsprozess, der mit viel Kraft und Intensität kommuniziert und weiterentwickelt wird.

### Erste Versuche der Prozessgestaltung

Denn von Anfang war klar: Wenn wir wirklich einen Prozess initiieren wollen, verlangt dieser Prozess einen sehr langen Atem. Und er verlangt gemeinsame Aneignungsprozesse auf allen Ebenen: angefangen von einer inhaltlichen Kommuniktion zwischen allen Verantwortlichen im Bistum über die kontinuierliche Arbeit mit allen Priestern, von der Auflösung gewohnter Versäulungen zwischen verschiedenen Arbeitsbereichen bis hin zur Frage nach einer Neuausrichtung der Schulung und Bildung des Bistums. Es wird deutlich, dass die Richtungsnahme für eine Lokale Kirchenentwicklung einen echten Paradigmenwechsel bedeutet, der uns über Jahre beschäftigen wird.

Doch zugleich ging es darum, erste Schritte zu ermöglichen, wie auch in Dekanaten und Pfarreien Prozesse einer Lokalen Kirchenentwicklung eingeleitet werden können. Denn es geht ja um ganz praktische Wege der Entwicklung, die über die bewährten Prozesse der Gemeindeberatung und Organisationsentwicklung hinausgehen. Sie tendieren auf visionsorientierte Entwicklungsprozesse, die auf ein Miteinander klassischer Beratung und pastoraler Orientierung zielen.

Einige Instrumente haben sich in den vergangenen Jahren entwickelt. Sie wurden entwickelt und an vielen Orten zeigen sich Früchte, die bestätigen, dass diese Werkzeuge für unseren Kontext sehr hilfreich sind:

- An vielen Orten haben inzwischen „Dekanatstage" stattgefunden, zu denen Interessierte und Veranwortungsträger eingeladen wurden, über den Wandel der Kirche miteinander nachzudenken und die eigene Situation unter der Perspektive des Wandels zu lesen. Der neue Blick auf die Situation, aber auch der Austausch von Aufbruchserfahrungen hat sich als sehr hilfreich herausgestellt.
- In einer Reihe von Pfarreien entwickelte sich der „Kleine Kirchenkurs", ein Weg der Schulung von Christen, die gemeinsam die Zukunft gestalten wollen. Der „Kleine Kirchenkurs" vergewissert die eigene Taufberufung, arbeitet an den Kirchenbildern und entwickelt zukünftige Szenarien einer sozialraumorientierten Kirchengestalt. Dabei ist dieser Kurs mehr ein spiritueller Weg, weil auf dem Grund des Nachdenkens ein neuer Zugang zum Wort Gottes und zur Gegenwart des Auferstandenen in der Mitte seines Volkes steht. Im Mittelpunkt steht ein Nachdenken über die Kirchenentwicklung und das Erwachen der eigenen Bilder zukünftigen Kirchenseins. Dieser „Kurs" mündet in „Zukunftswerkstätten" oder „Zukunftskonferenzen", die auf dem Hintergrund des Bildes einer partizipativen Kirche möglichst viele Akteure mit auf den Weg nehmen wollen.
- Besonders begeistert werden auch Kursprogramme aufgenommen, die die Charismen der Gläubigen vor Ort entdecken lassen. An vielen Stellen zeigt sich hier ganz praktisch, wie das Taufbewußtsein gelebt werden kann.
- Schnell wurde deutlich, dass solche Prozesse nur dann gelingen können, wenn die Priester und Hauptberuflichen selbst diesen Weg gehen wollen. Entsprechend liegt ein Hauptgewicht der Fortbildung für Priester und Hauptberufliche in der

gemeinsamen Arbeit am zukünftigen Kirchenverständnis, an der theologisch wichtigen Frage nach dem gemeinsamen Priestertum der Gläubigen und dem Priestertum des Dienstes. Es kommt wesentlich darauf an, dass Priester entdecken können, dass ein Weg Lokaler Kirchenentwicklung nicht zu einer Verflachung und Nivellierung des sakramentalen Priestertums führt, sondern zu einer neuen Profilierung, jenseits jeder Konkurrenz zum gemeinsamen Priestertum. Für alle Akteure ist es wichtig, neu zu buchstabieren, was ermöglichender Dienst bedeutet. Auch hier kann die begeisternde Kraft von Exposurereisen nicht hoch genug veranschlagt werden, helfen gezielte Erfahrungen doch, den Horizont des Paradigmenwechsels zu bebildern, der vor uns liegt.
- In den vergangenen Jahren hat sich – mit Hilfe weltkirchlicher Mentoren – eine Schulungsform entwickelt, die wir „Summerschool" nennen: Teams aus Pfarreien kommen für einige Tage zusammen, um die Vision einer partizipativen Kirche zu entdecken und zu ergreifen – und Werkzeuge und Methoden zu erlernen, mit denen Prozesse eingeleitet werden können. Die Erfahrung gemeinsam erlebter Tage, die geistliche Durchprägung dieser Schulungszeit und das Ineinander von Theologie, Spiritualität und pastoraler Methoden schafft einen fruchtbaren Raum des Lernens und des Umgehens mit einem Prozess Lokaler Kirchenentwicklung.

Auch wenn die hier nur exemplarisch beschriebenen ersten Versuche einer Gestaltung der Prozesse anfanghaft und in Entwicklung sind, zeigen sie doch eine ungeheure Resonanz im gesamten deutschen Sprachraum. Es gibt im Volk Gottes auf allen Ebenen einen großen Bedarf an konkret werdenden Visionen gelungener Zukunft.

## 5. Der Kairòs Lokaler Kirchenentwicklung

Wenn inzwischen immer deutlicher wird, dass die Zukunft sicherlich eine veränderte Kultur des Kircheseins mit sich bringt, die die Sozialformen der Kirche lokalisiert, vervielfältigt in ein Netzwerk unterschiedlicher Orte des Kircheseins, wenn klarer wird, dass eine europäische Inkulturation der „small christian comunities" unterschiedliche und doch ähnliche Formen des Kircheseins hervorbringt, in denen die Getauften aus der Fülle des gemeinsamen Priestertums Kirche gestalten und sich als Kirche verstehen, dann ist jetzt der Moment, nach den Werkzeugen und Methoden zu fragen, wie solche Prozesse initiiert und gestaltet werden können.

Diesem Bedarf entgegenzugehen, dazu bedarf es auch der Lernorte, der Schulungsorte, der „Institute", die dies ermöglichen, vor allem aber vieler Akteure, die aus ihren Erfahrungen heraus solche Prozesse gestalten können.

Die Sehnsucht nach solchen Prozessen, die geistlich geprägt sind, ist auch im Volk Gottes deutlich zu spüren: Es ist eine der beglückenden Grunderfahrungen in allen diesen Prozessen, auf so viele begeisterte, offene und spirituell anspruchsvolle Christen zu treffen, die sich mit Energie auf solche Prozesse einlassen wollen. Sie sehnen sich nach echter Partizipation und Verantwortung, und danach, ihre Charismen und Gaben wirklich einbringen zu können.

Es kann keine Frage sein, dass die Prozesse aus einem Kairòs der Krise erwachsen. Vermutlich wären ohne die geringere Zahl an Priestern und dem Ende eines versorgungsorientierten kirchlichen Gefüges diese Entwicklung nicht möglich: Es ist der empfundene Mangel, der den Aufbruch nötig macht. Doch zugleich legte diese Krise eine Praxis frei, die das II. Vatikanische Konzil prophetisch formuliert und entworfen hat: einer Kirche, die lebt inmitten der Menschen, inmitten dieser Welt und ihr dient als Zeichen und Werkzeug des anbrechenden Reich Gottes.

# Weggeschichten

Martin Piller, Marianne Reiser und Priska Blattmann

# Wie hat sich die Kirche in Maria Lourdes, Zürich-Seebach, in den letzten 10 Jahren entwickelt?

## Situation 2001

Mit dem Jahr 2001 begann für die Pfarrei eine neue Ära, da im September die Pfarrstelle neu besetzt wurde. Ganz unbekannt war diese Pfarrei für den neuen Pfarrer Martin Piller nicht, da er vor sieben Jahren bereits als Vikar hier arbeitete. Die Kirche Maria Lourdes befindet sich am Stadtrand von Zürich. Das Gebiet hat ca. 30000 Einwohner. Davon sind etwa 7000 Katholiken; 6500 Reformierte; die restlichen Bewohner haben andere Bekenntnisse oder sind in den letzten Jahren aus der Landeskirche ausgetreten.

Einiges hatte sich in den vergangenen sieben Jahren, in denen Martin Piller in Regensdorf tätig war, verändert: Die Pfarreiratsgruppe war müde geworden, dies auch auf Grund der Überalterung; die großen Vereine bekamen kaum Nachwuchs; die Beteiligung an der Familienmesse war massiv geschrumpft. Diese wenig erfreulichen Anzeichen änderten nichts daran, dass die Pastoral mit den immer gleichen Methoden arbeitete . Neu war vielleicht ein raffinierterer Vorbereitungskurs für unsere Firmanden. Trotz Anstrengungen der vielen Mitarbeiter erreichten sie die Menschen, die nicht mehr selbstverständlich zur Kirche kamen, kaum. Albert Einstein bringt es auf den Punkt, wenn er sagt: „Es ist verrückt, die Dinge immer gleich zu machen und dabei auf andere Ergebnisse zu hoffen." Aber ist es nicht auch verrückt, einen schlafenden Riesen zu wecken? Noch funktionierte das System ja recht gut bei uns. Wir hatten genügend Priester, genügend Geld und somit viele Angestellte. Ja, in dieser Situation war es vielleicht schon verrückt, dass Ausschau gehalten wurde nach neuen Wegen.

Entscheidend war, dass Martin Piller im ersten Jahr seines Amtes äußerlich nichts veränderte, sondern aufmerksam wahrnehmen wollte, wie diese Pfarrei lebt. In dieser Phase wollte er hauptsächlich die Menschen der Pfarrei kennen lernen. Dafür nahm er sich Zeit. Geprägt von der Spiritualität der Fokolarbewegung stand die Aussage von Matthäus 18,20 von Anfang an im Mittelpunkt seines Tuns: „Wo zwei oder drei in meinem Namen versammelt sind, da bin ich mitten unter ihnen." Um diese Erfahrung ging es ihm. Auch die persönliche Begegnung mit dem Auferstandenen durch das Wort Gottes war für ihn zentral und floss in all sein Arbeiten ein.

## Startphase zu einem Prozess in eine unbekannte Zukunft

### Gemeinschaftlicher Weg der Erstkommunion

Gemeinsam mit Priesterkollegen erarbeitete Martin Piller einen Vorbereitungsweg für die Erstkommunionkinder und deren Eltern. Nicht das Inhaltliche war speziell daran, sondern die Tatsache, dass er für die Eltern Raum schaffte für Begegnungen mit anderen Familien und natürlich auch mit ihm als Pfarrer. An vier Sonntagen lud er die Familien mit den Kindern ein, nach der Familienmesse im Pfarrsaal zusammenzukommen. Während die Kinder betreut wurden, erzählte er, was er mit den Kindern im Unterricht behandelte. Viele Eltern spürten, dass hier mit anderen Worten und mit neuem Geist vom Glauben gesprochen wurde, als sie selbst dies noch in ihrer Kindheit erlebten.

Könnte Glaube doch mehr sein als Vorschriften und Druck? Die Freude an den Impulsen war spürbar und es entstanden erste Beziehungen. Nach diesem erfreulichen Start war der erste Schritt getan, dass Martin Piller die Vorbereitung auf die Erstkommunion im nächsten Jahr nicht mehr alleine halten musste, sondern sich bereits eine Mutter fand, die Freude bekam, sich mit ihrer Erfahrung zu beteiligen.

### Alphalivekurs – Menschen finden neu in die Weggemeinschaft Maria Lourdes

In diese Zeit kam auch der Wunsch des Pfarrers, den überkonfessionellen Glaubenskurs Alphalive durchzuführen. Dies ist ein Kurs, der suchenden Menschen auf verständliche Art die grundlegenden Themen des christlichen Glaubens vermittelt. Ein Kurs auch, der stark auf Beziehung und Begegnung setzt, da jeder Abend mit einem Abendessen beginnt und viel Zeit in den Gruppen verbracht wird, wo sich jeder einbringen kann mit all seinen Fragen, Gedanken und Zweifeln.

Bei einem Gespräch mit dem Pfarrkollegen der reformierten Kirche stellte sich bald heraus, dass diese den Alphalivekurs bereits mehrmals durchgeführt hatten. Die Idee, den Kurs gemeinsam durchzuführen, begeisterte die Pfarrer und sie vereinbarten: „Wenn wir innert kurzer Zeit ein Team von 20 Leuten finden, die in diesem Kurs für die verschiedenen Aufgaben Verantwortung übernehmen, führen wir ihn durch. Sollte sich kein Team zeigen, nehmen wir das als Zeichen, dass es jetzt nicht an der Zeit ist."

Die Zeit war reif und bald standen über 20 motivierte Frauen und Männer aus den beiden Kirchen bereit, diesen Kurs in Seebach durchzuführen. Während 10 Abenden und einem Wochenende erlebten etwa 80 Menschen die Kraft der Botschaft von Jesus und die Kraft der Gemeinschaft. Eigentlich war es dann nicht verwunderlich, dass mit dem Ende des Kurses kein Ende mehr in Sicht war. Die Menschen wollten weiter, sie wollten mehr.

Für uns Katholiken stellte sich die Frage, welche Gefäße wir haben, in denen sich diese Menschen wohl fühlten. Bald schon merkten wir: diese Gefäße gab es bei uns nicht. Die bestehenden Gruppen und Vereine hatten nicht die Kultur, über den Glauben und die damit gemachten Erfahrungen zu sprechen. Zudem waren sie oft überaltert. So entschlossen wir uns kurzerhand, die Gruppen des Alphalivekurses weiter zusammenzulassen und sie als Hauskreise zu führen.

Drei Gruppen mit etwa 8 Personen trafen sich von da an regelmässig. Dies nicht in der Pfarrei, sondern bei jemandem zu Hause. Alle zwei Wochen kamen sie zusammen. An diesen Abenden lasen sie im Wort Gottes, erzählten einander Erfahrungen, beteten und sangen. Mit dem „Wort des Lebens" von der Fokolarbewegung hatten wir einen roten Faden, der uns die Richtung wies an diesen Treffen. Die Entdeckung des persönlich gelebten Glaubens und die frohe Gemeinschaft mit anderen Menschen machte Freude und war ansteckend.

*Team von Hauptamtlichen und Freitätigen, das hinter allem steht*

In diesen Anfangsjahren entstand auch ein Team aus Hauptamtlichen und Freitätigen. Doch, was sind Freitätige? Sprache füllt sich immer wieder neu und was gestern ein Wort war, das Menschen mit Ehre, Achtung und anderen positiven Assoziationen erfüllte, muss heute längst nicht mehr sein. So waren für uns die Begriffe, die man für Menschen braucht, die ihre Sendung, die sie von Jesus bekommen, sehr unbefriedigend. Sind das Menschen, die wir Laien nennen wollen? Arbeiteten diese denn „laienhaft"? Oder sind das Freiwillige? Immer willig, alles zu tun, was man ihnen sagt? Oder Ehrenamtliche? Nichts erfüllte uns mit Freude und nichts brachte etwas von der Taufwürde jedes Menschen zum Ausdruck. Bis wir dann auf das

Wort „Freitätige“ stießen. Menschen, gerufene Menschen, die in aller Freiheit in Tat umsetzen, was ihnen der Geist eingibt.

Freitätige, bei denen wir spüren, dass sie eine Leidenschaft für die gesamte Pastoral haben, berufen wir ins Seelsorgeteam. Revolutionär. Fruchtbar. So verschieden die Erfahrungen und Hintergründe der Einzelnen sind, so elementar gehören sie zum Kirche sein. Wir brauchen einander. Das wird uns immer wieder deutlich und die Freude über diese mutige Entscheidung bereuten wir bis heute nie.

Das Leben in unserer Pfarrei ist intensiv und die Gefahr groß, vor lauter Dringlichkeiten keine Zeit für unser Wesentliches zu finden. Und unser Wesentliches als Team haben wir für uns verstanden, ist das Hören auf Gott. So entschieden wir uns, alle zwei Wochen einen halben Tag zu reservieren. Mit Bibelteilen eröffnen wir diese gemeinsamen Stunden. Das gibt uns das Fundament für unser Arbeiten und macht uns zu Hörenden. Thema in diesem Kreis sind grundlegende Fragen. Wir setzen Schwerpunkte, nach denen sich unsere Pastoral ausrichtet. So kam es zum Beispiel vor etwa sechs Jahren zu der Entscheidung, dass wir unsere Firmvorbereitung für den Moment auf ein Minimum reduzieren. Wir spürten, dass Gott uns stark in andere Gebiete ruft: Erwachsenen- und Familienarbeit, Aufbau einer Arbeit mit Menschen, die in unserer Gesellschaft überfordert sind und die intensive Auseinandersetzung mit unserer Situation als Kirche und wie das in Zukunft gehen kann. Dass dies aber kräftemäßig möglich wurde, mussten wir an anderer Stelle Zeit einsparen. Dies fiel uns nicht leicht. Wir vertrauen aber darauf, dass Gott uns zur rechten Zeit ruft, wenn sich mit der Jugend neue Wege eröffnen. Dafür wollen wir wachsam sein.

Unsere Wachsamkeit führte uns zuerst einmal zu Menschen, die in ihrem Leben auf die Schattenseite geraten sind. Davon gibt es in unserem Stadtteil viele. Seit Jahren bekamen sie von unserer Pfarreisekretärin jede Woche 5 Schweizerfranken. Damit zogen sie dann von dannen. Zufrieden waren wir mit dieser Art nicht, aber was sonst?

Und dahinein spielte sich uns ein Text von Chiara Lubich zu, der uns mitten ins Herz traf und uns in Bewegung brachte:

*„Wenn du eine Stadt für die Liebe Christi erobern und einen Ort in Reich Gottes wandeln willst, bedenke dein Vorhaben. Nimm dir gleichgesinnte Freunde, vereine dich mit ihnen im Namen Christi, und bitte sie, alles hinter Gott zurückzustellen. (...) Dann nimm dich der Elendsten an, der Bettler, der Verlassenen, der Waisen, der Gefangenen.*

*Ohne dir Rast zu gönnen, eile mit den Deinen, um Christus in ihnen zu besuchen, sie zu trösten und ihnen zu zeigen, daß die Liebe Gottes ihnen immer nahe ist. Wenn einer Hunger leidet, bring ihm zu essen, und wenn er nackt ist, etwas zum Anziehen. (...)*

*Wenn du die getröstet, unterstützt, erleuchtet und glücklich gemacht hast, die am Rand der Gesellschaft lebten, dann hast du das Fundament für den Aufbau der neuen Stadt gelegt.“ Chiara Lubich*

Wir verstanden in unserem Team, dass es an der Zeit war, etwas im Umgang mit unseren Armen zu ändern. Zum einen wollten wir auf ihre Nöte antworten und gleichzeitig wegkommen davon, dass sie die Bettler und wir die großzügigen Gönner sind. Wenn wir in jedem menschlichen Antlitz Christus erkennen, dann ruft das nach gleichwertigen, gegenseitigen Beziehungen. Die Idee entstand, dass wir mit einigen Freitätigen an zwei Morgen pro Woche mit den Menschen arbeiten, die bei uns Hilfe suchen. Doch hatten wir überhaupt Arbeit? Uns fielen unsere vielen Gartenbänke und -tische ein, die längst eine Renovation nötig hatten. Gedacht, getan. Eine Freitätige, unser Pastoralassistent und zwei Hilfesuchende begannen mit einfachsten Mitteln, die Bänke zu schleifen. Zwei Stunden zusammen arbeiten, eine ausgiebige Pause mit geschenktem Gebäck vom nahen Konditor und zum Schluss erhalten sie 30 Schweizerfranken. An diesem Konzept hat sich nichts geändert. Geändert hat sich aber die Zahl der Freitätigen und Hilfesuchenden. Heute arbeiten jede Woche etwa 50 Hilfesuchende und das Team der Freitätigen ist auf 20 Personen angewachsen. Herausforderungen gibt es viele, doch die Freude überwiegt.

Diese Ausrichtung nimmt viel Zeit und Kraft in Anspruch. Wenn Zweifel auftauchen, erinnern wir uns an den Text von Chiara Lubich und wissen: „Wenn wir uns um die Menschen am Rande kümmern, dann legen wir gleichzeitig das Fundament für eine neue Stadt." Was äußerlich ohne Zusammenhang erscheint, ist im tiefsten Innern untrennbar. Voraussetzung?

## Ein neuer Blick auf Kirche und Gesellschaft – Aufbruch mit den Kleinen Christlichen Gemeinschaften 2007

### Hauskreise und was uns unzufrieden machte

Äußerlich gab es wenig Grund, unzufrieden zu werden mit unseren Hauskreisen. Sie trafen sich regelmäßig, die Zahl der Menschen blieb stabil. Mit was also waren wir nicht mehr glücklich? Ich selbst war Leiterin eines Hauskreises und spürte, dass wir an einem Punkt angelangt waren, wo wir nicht mehr tiefer wuchsen in unserer Gottesbeziehung. Glaubenserfahrungen blieben aus. Einmal mehr auf unserem Weg entstand eine heilige Unruhe, die uns ins Suchen nach neuen Möglichkeiten drängte.

### Erstes Hören über das Leben der Kleinen Christlichen Gemeinschaften

Das Buch „Kirche, die über den Jordan geht" von Christian Hennecke mit seinen Entdeckungen kam uns da wie gerufen. Zu verstehen, dass die Zeit des katholischen Milieus der Vergangenheit angehörte und dass das nach Veränderung rief, fiel bei uns auf fruchtbaren Boden. Bei einer Tagung in Deutschland begegneten wir zufällig Christian Hennecke, ergriffen schnellentschlossen die Gelegenheit und luden ihn für ein Referat nach Zürich in unsere Pfarrei ein.

Im Dezember 2006 fand unsere erste Tagung, die sich mit dem Leben der Kleinen Christlichen Gemeinschaften beschäftigte, statt. Eingeladen waren alle aus den Hauskreisen und mit dabei war auch eine Pfarrei aus Basel, die sich mit uns auf das Neue einließ. Widerstand gegen diese neuen Ideen gab es keinen, denn alle spürten, dass hier von einem Leben berichtet wurde, das auch für uns fruchtbar werden könnte.

### Doch für diesen Weg waren wir zu wenige

Uns war wichtig, dass möglichst viele Pfarreiangehörigen die Chance bekamen, von diesen neuen Ideen zu hören. Da uns das Buch „Kirche, die über den Jordan geht" eine so große Inspiration war, erstellten wir eine 7-teilige Impulsreihe mit dessen Inhalt. Was uns zudem sehr zu Hilfe kam, war die Tatsache, dass die Kirchenleitung im Kanton Zürich anlässlich eines Jubiläums zu einer „Zukunftswerkstatt" aufrief. So war die Idee, über unser Kirche sein nachzudenken, nicht in erster Linie von uns, sondern kam von offizieller Stelle. Das machten wir uns zu Nutze.

Die Phase des Einladens für diese Impulsreihe, die im Frühling 2007 stattfand, nahmen wir sehr ernst. Unser Wunsch war es, dass wir aus allen Vereinen und Arbeitsgruppen und aus allen Altersschichten Vertreter mit dabei hatten. Ziel war dabei nie, dass sich nach diesem Kurs alle in Kleinen Christlichen Gemeinschaften versammelten. Unsere Hoffnung war, dass wir Verständnis wecken dafür, dass in unserer Pfarrei neue Gefäße entstanden und ganz grundsätzlich immer wieder Neues versucht wird.

Dies gelang. Vor allem deshalb, weil wir dem, was in den letzten 50 Jahren gewachsen war, unsere ganze Wertschätzung ausdrückten. Dank diesem treuen Leben stehen wir heute da und haben Kraft und Mut, weiterzuziehen. Volk Gottes, das immer wieder aufbricht. Am letzten Abend sammelten wir mit Hilfe einer Umfrage Eindrücke und Gedanken aller Beteiligten. Daraus entstand eine Abschlusserklärung mit den folgenden Punkten:

Abschlusserklärung zur Impulsreihe

- Die Kirche ist in Gottes Hand. Über ihr Fortbestehen müssen wir uns keine Sorgen machen. Er führt sie. Wir wollen wachsam sein, um wahrzunehmen, wie er es tut und den Weg mitgehen.
- Kirche ist die Gegenwart des auferstandenen Christus in unserer Mitte. Wir fördern Orte, wo das sichtbar und erfahrbar wird. Jesus in der Mitte soll in all unserem Handeln Vorfahrt haben.
- Wir fördern die Entstehung von Kleinen Christlichen Gemeinschaften, in denen das Bibelteilen gepflegt wird.
- Wir nehmen zur Kenntnis, dass es das christlich katholisch geprägte Milieu nicht mehr gibt. Stattdessen gibt es immer mehr Suchende. Das wird Konsequenzen haben für alle Bereiche unseres kirchlichen Handelns und für die Sozialgestalt der Kirche. Wir fördern Orte, wo Suchende Gott finden und einen Glaubensweg gehen können (Bsp. Alphalive, Gemeinschaftstage, Pfarreiferien, Taufvorbereitung, Müttertreff etc.)
- Wir fördern das Teilen der Dienste mit möglichst vielen Freitätigen, die ihre Talente und Gaben einbringen können.

Mit den Interessierten für die Kleinen Christlichen Gemeinschaften vereinbarten wir eine Versuchsphase von 6 Monaten. Drei Gemeinschaften, mit etwa 10–20 Personen, trafen sich alle zwei Wochen. Wir fügten die Gemeinschaften so zusammen, dass es Menschen aus dem gleichen Stadtteil waren. An ihren Treffen übten sie sich im Bibelteilen und nahmen sich viel Zeit im Schritt sechs über ihre Sendung nachzudenken, die Gott ihnen für ihren Nahraum aufzeigte.

Die Versuchsphase wurde erfolgreich abgeschlossen und so gehörten von nun an drei KCG zum Leben unserer Pfarrei. Regelmäßige Weiterbildungen halfen, dass das Verständnis der Teilnehmer wuchs, was Sinn und Aufgabe von diesen Gemeinschaften ist, die für uns Kirche im Nahraum der Menschen verkörpert.

Heute, nach fünf Jahren Erfahrung mit dieser Art Kirche sein, entdecken wir, dass diese Gemeinschaften wie kleine Labors auf uns wirken. An und mit ihnen verstehen wir Prinzipien, die wir in der gesamten Pastoral umzusetzen versuchen. Diese Prinzipien zeigen sich in den vier Merkmalen, die den KCG zu Grunde liegen:

### Erstes Merkmal – Christuszentriert

Durch den ersten Schritt im Bibelteilen, bei dem wir Christus im Gebet einladen, unsere Mitte zu sein und unser Zwischen zu erfüllen, legen wir bei den Treffen der Gemeinschaften von Anfang an Priorität auf die Christusmitte. Er ruft uns zusammen, er eint uns durch das Wort zum Leib Christi und sendet uns. So unscheinbar die einfachen Einladungsgebete der Menschen auch klingen, die Offenheit, die sie dadurch bezeugen, verändert unsere innere Haltung und macht uns zu Hörenden, bereit, sich auf die Stimme Gottes einzulassen.

Was im Kleinen entscheidend ist, wird es auch im Großen. Alles pastorale Handeln ist für uns geistliches Handeln mit Jesus unter uns. Unsere Sitzungen werden meist mit einem Bibelteilen eröffnet. Tatsache ist, dass was uns Zeit kostet, uns am Ende Zeit schenkt, weil wir in der Einheit viel leichter planen und Gespräche führen.

Die Erfahrung, wie befreiend und lebendig es ist, wenn der Auferstandene eine Gemeinschaft erfüllt, wollen wir allen Menschen schenken. So stellen wir uns für all unsere Anlässe, ja auch für unsere Messfeiern, immer wieder die Frage, wie es gelingt, dass Menschen die Gegenwart Jesu erleben. Unsere Sehnsucht ist, dass die Menschen in unseren Versammlung von der Erkenntnis ergriffen werden: „Wahrhaftig, Gott ist unter euch!“ (1 Kor 14,25).

### Zweites Merkmal – Verortung

Unsere Kleinen Christlichen Gemeinschaften verstehen sich als Kirche am Ort. Und wie die Kirche die Menschen versammelt, die auf einem bestimmten Territorium leben, so versammeln sich auch in den Gemeinschaften die Menschen des gleichen Lebensraumes. Das bedeutet, dass wir uns die Menschen nicht aussuchen, mit denen wir Kirche am Ort bilden. Es sind unsere Nachbarn, die dazu gehören – die sympathischen und unsympathischen. Kann so etwas gut gehen? Ja, dank der einenden Kraft des Auferstandenen geschieht das menschlich Unmögliche: Leib Christi trotz großer Unterschiedlichkeit. Bedingung ist, dass sich jeder Teilnehmer darauf einlässt, dass Jesus die Mitte ist und wir uns um ihn versammeln und nicht Menschen oder Ideologien diesen Platz einnehmen.

Das Prinzip der Verortung beschert uns die grundsätzliche Frage, ob all die Veranstaltungen und Dienste, die in oder durch die Zentrale geboten werden, nicht auch dezentral in den Stadtteilen stattfinden können. So überlegen wir uns immer öfter, was wirkungsvoller von Pfarreiangehörigen direkt vor Ort getan werden könnte: Neuzuzüger willkommen heißen, Krankenbesuche, Gratulationen bei Geburtstagen, Geburten oder Begleitung bei Trauerfällen bieten Möglichkeiten. Die Erfahrungen, die wir dabei machen, ermutigen uns sehr, in dieser Richtung weiter zu experimentieren.

Das Prinzip, dass die KCG nicht für sich da sind, sondern für die Menschen in ihrem Stadtteil, ist entscheidend. So nimmt die Frage der Sendung im Schritt sechs des Bibelteilens immer einen großen Zeitraum von 30 bis 45 Minuten ein. Für unsere Menschen bedeutet diese Auseinandersetzung ein Einüben ins Wahrnehmen ihres Lebensraumes. Wissen wir, wer in unserer Nachbarschaft lebt? Gibt es einsame Menschen? Ist Arbeitslosigkeit ein Thema in meinem Stadtteil? Kennen wir ihre Sorgen und Ängste?

Anfänglich dachten wir, dass wir doch bestimmt wissen, wie sich das Leben gestaltet, da wo wir wohnen. Doch je tiefer wir schauen, umso mehr merken wir, dass wir vielleicht das eine oder andere noch nie im Blick hatten. So ist diese Auseinandersetzung mit unserer Sendung als Kirche am Ort immer wieder neu wichtig. Es sind die konkreten Erfahrungen, die uns auf diesem Weg mit Freude und Mut erfüllen:

- Eine Frau lag im Sterben und wir als Nachbarn begleiteten die Tochter auf dem Weg, von ihrer Mutter Abschied zu nehmen.
- Ein Mädchen war Abend für Abend alleine zu Hause. Diese Not wurde im Schritt sechs besprochen und es fand sich eine Familie, wo das Mädchen regelmäßig betreut wurde.
- Die KCG erfuhr von einem Kind in der Nachbarschaft, das am Sonntag getauft wurde. Sie entschlossen sich, nach Absprache mit dem Pfarrer, dieses Kind in der Messe willkommen zu heißen mit Blumen und Karte. Auch versicherten sie dieser Familie, für sie da zu sein.
- Eine Frau verlor durch schwere Krankheit ihren Mann. Es war keine Frage, dass wir als Gemeinschaft beistanden und u. a. halfen, die Beerdigungsfeier zu gestalten.
- Was tun mit Katechumenen? Dank der KCG ist eine Katechese möglich, die nicht allein Wissen vermittelt, sondern

dem Katechumenen auch die Möglichkeit gibt, die Gemeinschaft zu erfahren, in die er aufgenommen wird.

Ein zuerst unscheinbarer Nebeneffekt im Leben dieser Gemeinschaften ist, dass die Teilnehmer ihre Talente und Gaben entdecken, weil sie sich herausfordern lassen. So entdeckte einer die Freude an Begegnungen mit neuen Menschen, weil er sich senden ließ zu einem Neuzuzüger. Ein anderer entdeckte sein Talent an der Musik und wagte es in der kleinen Runde, mit seinem Musizieren die Lieder zu begleiten. Wieder andere übten sich im Sprechen vor Menschen und was im Kleinen möglich wurde, war Schritt für Schritt auch bei größeren Anlässen möglich. Die Angst vor Menschen zu sprechen verlor sich. Wieder andere realisierten, dass sie gesegnet sind mit einem organisatorischen Talent und waren bereit, Anlässe durchzuführen. Unsere Suche nach Leitern wurde ebenfalls erleichtert, weil sich diese im Leben der Gemeinschaften zeigten. Und so konnten wir eigentlich nur noch „pflücken", wo sich Menschen mit dieser Begabung zeigten.

Menschen, die in einer Gemeinschaft erkennen, wer sie sind und in welche Sendung sie gerufen sind, bekommen eine neue Selbstsicherheit und eine anziehende Ausstrahlung in ihrem Auftreten. Unser Vertrauen und unsere Wertschätzung für ihre Sendung ermutigt sie. Zu erleben, wie Menschen aufblühen, ist etwas vom Eindrücklichsten auf unserem Weg.

### Viertes Merkmal – Zusammenhalt mit der Kirche im Großen

Eine Kleine Christliche Gemeinschaft ist Verwirklichung von Kirche in einem überschaubaren Lebensraum. Sie ist Teil der Ortskirche und als solches Teil der Weltkirche. Sichtbar wird dies durch die Eucharistiefeier am Sonntag, wo sich die verschiedenen Gemeinschaften versammeln oder bei den Weiterbildungen, die zentral stattfinden.

Da es in der Schweiz wenig Kirchorte gibt, die diesen Weg der Kleinen Christlichen Gemeinschaften eingeschlagen haben, führte unser Lernweg häufig ins Ausland. Wir besuchten Länder, in denen die Kirche durch die Situation, dass es kaum Geld gab und/oder die Menschen so weit auseinander lebten, es gar nicht möglich war, eine Versorgerkirche aufzubauen. Durch äußere Bedingungen waren sie von Anfang an gezwungen, nach anderen Wegen Ausschau zu halten. Was für ein Segen die Not doch manchmal sein kann.

Unsere Reisen führten uns nach Südafrika, Indien, Philippinen und nach Frankreich. Dabei war uns klar, dass wir nie zur Kopie werden von dem Leben, das wir in der Ferne antreffen. Frucht dieser Reisen war, dass wir innere Bilder nach Hause trugen. Hier gilt es von Gottes Geist her zu verstehen, wie das in unserer Kultur gelebt werden kann. Es geht um die Essenz und nicht um äußere Formen. Wir Schweizer werden nie die faszinierenden Gesänge der Südafrikaner übernehmen können. Wortverehrung mit Räucherstäbchen und Blumen fanden wir in Indien toll und stimmig, hier in Zürich ist dies eher befremdend. Wie kommen also wir in der Schweiz, oder noch konkreter wir in der Pfarrei Maria Lourdes zu einer Wortverehrung, die uns entspricht? Oder wie entdecken wir den Wert der Nachbarschaft in einer modernen und reichen Gesellschaft, wo Mobilität so hochgeschrieben ist? Die Antworten finden wir einzig in unserem Kontext. Für die Inspiration sind wir aber angewiesen auf die Erfahrungen der Weltkirche.

### Neue Menschen brauchen neue Leiter

In den Begegnungen mit Bischof Oswald Hirmer, der vor mehr als 50 Jahren in Südafrika das Bibelteilen entwickelte, staunten wir sehr, dass er beim Führen durch das Bibelteilen immer den vorgeschriebenen Ablauf zu Hilfe nahm und diesen einfach ablas. Er, der diese sieben Schritte auswendig kannte, las sie von der Vorlage ab. Wozu? Der Grund ist einfach und einleuchtend: Keiner soll sich durch seine Redegewandtheit hervorheben, denn dies schüchtert Menschen mit weniger Selbstbewusstsein ein. Mit dem Gebrauch der Vorlage werden wir zu Gleichwertigen und das ist entscheidend.

Die Leitung eines Abends in der KCG ist nicht die Sache von zwei, drei Auserkorenen, sondern kann von jedem übernommen werden. Braucht es also gar keine Leiter? Es braucht, aber sie bleiben mehrheitlich im Verborgenen. Ihre Aufgabe besteht darin, die Treffen der Gemeinschaften zu ermöglichen, nicht diese auch zu leiten. Sie nehmen mit wachem Geiste an den Treffen teil und sind zur Stelle, wenn es von Nöten ist. Ansonsten sind sie Teilnehmer wie jeder andere auch. Eine weitere Aufgabe von den zwei Leitern ist, dass sie den Kontakt mit der Ortspfarrei pflegen. Dies bedeutet, dass sie sich einmal im Monat mit all den anderen Leitern der Gemeinschaften und dem Pfarrer treffen. Hier werden die Erfahrungen ausgetauscht und anstehende Fragen geklärt.

Bischof Oswald Hirmer beschreibt diese Leiter folgendermaßen: „Die Leiter der Gemeinschaften sind Menschen, die bei den Treffen auf dem Bauch liegen und in die Glut blasen, damit das Feuer hell und warm brennt in ihrer Mitte." Eine wunderbare Beschreibung dessen, dass wir Diener der Menschen sind.

Wir spüren in dieser Art Leiterschaft auch den Ruf, dies in der ganzen Pastoral anzustreben. Wir verabschieden uns vom eigenen Machertum und wollen zu fleißigen „Glutenbläsern" werden, egal in welchem Gremium oder Team wir uns bewegen. Dieses neue Verständnis hat Einfluss auf die Art und Weise, wie unser Pfarrer seinen Dienst ausführt. Es hat Einfluss auf den Diakon, auf den Pastoralassistenten, ja auf jeden von uns.

Wir wollen Leiter sein, die Leben ermöglichen, ohne alles selbst zu tun. Immer öfter stellen wir uns deshalb die Frage, wo es Menschen gibt, mit denen wir zusammen planen und arbeiten können. Wenn das Volk Kirche ist, dann muss das auch sichtbar sein. Und für uns genügt es nicht, dass sie Empfangende sind. Erkannt, getan? Das ist unser Wunsch, doch so einfach ging und geht es nicht. Schwierigkeiten sind:

- Ist unser Vertrauen groß genug in die Menschen, dass sie fähig sind, diese neue Verantwortung zu übernehmen? Oder steckt in uns der Gedanke, dass wir halt doch diejenigen sind, die das besser können? Wagen wir den Schritt ins Vertrauen?
- Nicht alle Menschen freuen sich darüber, dass sie plötzlich gerufen sind, in eine Sendung hineinzutreten. Schließlich bezahlt man Kirchensteuer und dafür will man auch Dienstleistung bekommen.
- Doch auch wir, die Vertrauen schenken und die, die das Vertrauen annehmen, sind oft nicht genügend ausgerüstet für diese veränderte Art von Wanderschaft. Das ruft nach Weiterbildung, nach Bewusstseinsbildung.

*Das Stabilste im Leben ist die Kultur*

Kultur verändert sich nicht von heute auf morgen. Kultur sitzt tief. Die Kultur, dass die bezahlten Mitarbeiter vollumfänglich für das Leben der Kirche verantwortlich sind, ist auch nach fast 10 Jahren nicht vollständig begraben.

- Die Kultur, dass Katecheten für die Glaubenserziehung von Kindern zuständig sind, weil diese dafür ausgebildet sind, blieb so normal, dass wir vergessen hatten, dass dies eigentlich Aufgabe der Familien ist.
- Die Kultur, dass religiöse Erfahrungen mehrheitlich in der Pfarrei gemacht werden, sitzt tief. Wie gelangen wir von dieser Kultur dahin, dass der Auferstandene auch – als Erstes? – da wirkt und gegenwärtig ist, wo Menschen leben? Nämlich in ihrer Nachbarschaft, in ihrem Zuhause?

Eine neue Kultur kann nicht verordnet werden. Dies realisierten wir spätestens auf unserer Reise nach Indien. Da lernten wir durch Thomas Vijay, dass Menschen nur das wirklich umsetzen können, was sie selbst von innen her ergriffen haben. Es braucht also mein „Aha-Erlebnis". Es genügt nicht, dass das Seelsorgeteam ein „Aha-Erlebnis" hat. Wir brauchen Werkzeuge, damit allen Menschen, die sich auf den Weg machen, diese Entdeckungen ermöglicht werden. Dafür waren die Workshops, die über Jahre in Asien sorgfältig erarbeitet wurden, sehr hilfreich. Obwohl in indischem Kontext entstanden, führten wir diese schon häufig bei uns in Zürich durch und erlebten, wie engagiert und begeistert die Menschen sich darauf einliessen. Auch in den KCG werden Workshops selbständig durchgeführt und helfen, die Vision zu vertiefen und weiter zu entwickeln.

## Unsere Krise mit den KCG und was die Not eröffnet

Nach fünf Jahren Erfahrung mit den Gemeinschaften vor Ort zeigt sich uns eine Situation, die gemischte Gefühle hervorruft. Die Freude am Bibelteilen ist immer noch sehr groß und die Teilnehmer machen tiefe Erfahrungen. Dieses persönliche Hören auf das Wort ist und bleibt eine starke Bereicherung und für viele unverzichtbar. Auch der Schritt sechs der Sendung wird mit viel Treue geübt.

Fragend macht uns die Tatsache, dass die Gemeinschaften kaum wachsen, sondern eher schrumpfen. Dies aus verschiedenen Gründen:

- Für Familien mit Kindern ist der Abend ungünstig. Tagsüber ist es aber oft nicht besser, da man durch die Arbeit verhindert ist.
- Für Männer ist es scheinbar kein attraktives Setting, denn sie bleiben oft weg.

- Aktive Teilnehmer ziehen aus dem Stadtteil weg und hinterlassen Lücken.
- Die Gefahr, dass die Gemeinschaften zu vertrauten Kreisen werden oder zumindest als solche angesehen werden, ist allgegenwärtig.

Läuft also etwas falsch? Was haben wir nicht bedacht? Oder ist einfach die Zeit nicht reif? In diese Fragen hinein kam unsere Teilnahme am Symposion in Hildesheim im Jahr 2010. Hier begegneten wir zwei Erfahrungswelten, die uns aufhorchen ließen:

- *Mark Lesage und Estela Padilla aus den Philippinen*
  Maximale Partizipation war ihr Schlagwort. Wir spürten schnell, dass wir davon noch weit entfernt waren. Die darauffolgende Reise in die Philippinen ließ die Erschütterung zu, dass es mit der Gründung von Kleinen Christlichen Gemeinschaften längst nicht getan ist. Gottes Vision von seiner Kirche fordert einen tief greifenden Prozess von uns. Noch näher an die Menschen. Eintauchen in das Leben der Gesellschaft.
- *Klaus Dörner aus Deutschland*
  Er berichtete von seinen Beobachtungen in der Gesellschaft. Er reiste in ganz Deutschland herum und besuchte unzählige soziale Initiativen, die in der Nachbarschaft stattfinden. Seine Schlagwörter für die Zukunft der Gesellschaft: Dezentralisierung und Deprofessionalisierung.

Wir waren fasziniert, denn das Merkmal Nachbarschaft, das den KCG zu Grunde liegt, finden wir im Anliegen der Dezentralisierung. Die zentrale Rolle unserer Freitätigen kommt der Deprofessionalisierung entgegen. Die Gesellschaft bewegt sich also in die gleiche Richtung. Sind das Zeichen der Zeit für uns als Kirche? Wir nehmen es an, denn die Gedanken lassen uns nicht mehr los.

## Partizipation, Dezentralisierung und Deprofessionalisierung in Bereichen unserer Pastoral

- Religionsunterricht im Stadtteil

  In der Schweiz findet der Religionsunterricht nicht in der Schule statt. Das bedeutet, dass die Pfarreien selbst Katecheten stellen, um die Kinder zu unterrichten. Über viele Jahre wurde dies bei uns von bezahlten Katecheten getan. Vor fünf Jahren lernten wir eine Frau kennen, die eine Ausbildung in der Methode des Heimgruppenunterrichtes hat. Selbst Mutter von vier Kindern ist es ihr ein großes Anliegen, die Kinder liebevoll in die ersten Glaubenserfahrungen einzuführen. Speziell an diesem Heimgruppenunterricht ist, dass sie als Katechetin Eltern begleitet und befähigt, damit diese den Unterricht selbst geben können. Wir spürten rasch, dass diese Art Unterricht unserer Vision entspricht. Diese Vorgehensweise fördert die Partizipation, indem die Eltern stark einbezogen werden. Und sie ist dezentral, da der Unterricht in den Stadtteilen und in den Häusern der Familien stattfindet. Wir wagten es. Aller Anfang ist schwer. Es brauchte einige Überzeugungsarbeit. Die Angst, dass die Kinder zu wenig lernen, war bei einigen Eltern groß. Durch gutes Zuhören und mit Gesprächen konnten wir dann aber in die erste Phase starten. Das hieß, dass sich drei Familien bereit erklärten, den Unterricht mit den Nachbarskindern in ihrer Wohnung durchzuführen. Einige übernahmen auch gleich das Unterrichten, andere waren froh, wenn das durch eine weitere Mutter oder einen Vater übernommen wurde.

  Nach diesem ersten Probejahr kam es zur Evaluation mit den Familien und das Echo war überwältigend. Gerade die Eltern, die anfangs große Zweifel hegten, ergriffen das Wort und berichteten von den Glaubenserfahrungen, die sie für sich oder mit dem Kind machen durften. Ja, ihre Überzeugung für diese Art Unterricht war so gewachsen, dass sie auch im zweiten

Schuljahr bei diesem Modell bleiben wollten. Und wir waren gerne bereit dazu.

Anfangs dachten wir, dass wir damit einfach die Katechese neu aufrollen, was uns seit langem ein großes Anliegen ist, da wir spüren, dass die herkömmlichen Wege oft nicht wirklich nachhaltig sind. Für diese Not schien sich hier eine Lösung eröffnet zu haben. Doch es ist noch mehr.

Unsere Katechetin erzählt immer wieder Erfahrungen, wie sich die Eltern einer Unterrichtsklasse vor Ort vernetzen, wie sie sich gemeinsam um die Kinder kümmern und auch besorgt sind um Kinder, die noch nicht zum Unterricht kommen. Aus eigener Initiative gehen sie auf diese Familien zu und laden die Kinder ein. Und wenn diese Familien noch Bedenken hat, überzeugen sie mit ihrer Begeisterung gleich selbst und zerstreuen so jegliche Bedenken. Wir staunen, denn hier entsteht eine Eigendynamik, von der wir bisher nur träumten.

Ist das ein Zeichen, dass wir mit einer konkreten Aufgabe, in die wir Menschen rufen, der Gemeinschaftsbildung dienen? Eine Aufgabe natürlich, die im Wunsch und Bedürfnis der Menschen liegt. Bildet sich da nicht vor unseren Augen eine Kleine Christliche Gemeinschaft; Kirche am Ort?

– Besuche bei Neuzuzügern

Lange Jahre führte unsere Pfarrei eine Gruppe, die für die Besuche der Neuzuzüger zuständig war. Da unser Stadtteil stetig wuchs, wurden die Wege immer weiter, um diese Besuche zu tätigen. So besuchte man Menschen, die man überhaupt nicht kannte, da sie in einem Stadtteil wohnten, der einem selbst fremd war. Die Folge war, dass man sich nach dem Besuch kaum wiedersah.

Mit der Vision der Partizipation und Dezentralisierung entschieden wir uns, Menschen von der Pfarrei gezielt anzufragen, wenn in ihrem Stadtteil ein Neuzuzüger gemeldet wurde.

Und die Erfahrungen bestätigen unsere neue Vorgehensweise: als Nachbar eines Neuzuzügers ist es möglich, für seine Alltagssorgen und -fragen da zu sein und durch die Regelmäßigkeit der natürlichen Begegnungen entsteht wirklich eine Vernetzung; ein weiteres ist, dass die Freitätigen, die wir für die Besuche anfragen, selbst Freude haben an dem, was sie erleben.

– Pfarreiferien in Italien 2012
  Schon öfters fuhren wir in die Pfarreiferien, doch noch nie gelang es uns, dass sich so viele Menschen daran beteiligten und nicht nur konsumierten. Warum war das nicht schon früher möglich?
  Das Team musste als erstes die Entscheidung treffen, loszulassen und zu vertrauen.
  Konnte das wirklich gelingen, wenn wir z.B. die Abendimpulse in die Hände der Teilnehmer legten? War das nicht eine Überforderung? Und hatten wir nicht eine Verantwortung, dass diese Impulse spannend sind bei über 80 Leuten? – Für unsere Pfarreiangehörigen war es wesentlich, über zwei, drei Jahre zu hören und zu erfahren, dass uns ihre Partizipation am Herzen lag. Und: Nicht wie wir wollten, sondern ihre Ideen und Umsetzungen interessierten uns. Diese Haltung spürten sie und das setzte so manches Talent frei.

Es war ein Feuerwerk von Überraschungen an diesen Abendimpulsen und unsere Einsicht war: Wir hätten es nicht besser gekonnt. Eine ermutigende Erfahrung machten wir auch mit dem Jasstournier. Ein älterer Herr schlug dem Team vor, wir könnten doch einen Jassnachmittag organisieren. Dank unseres wachsamen Pfarrers, der die Falle erkannte, dass die Partizipation gerade sehr in Gefahr war, kam es, dass der ältere Mann dies selbst organisierte und die Erfahrung machte: Ich kann das.

### Vernetzung mit Initiativen unserer Stadt

Fast wie von selbst führt dieses Denken der Partizipation, Dezentralisierung und Deprofessionalisierung uns mit den verschiedensten Initiativen unserer Stadt zusammen. Wir signalisierten, dass wir uns mit ihnen zusammen für das Wohl unserer Stadt einsetzen wollen. Dies stößt auf offene Ohren und wir spüren, dass es hier noch viel Entwicklungspotenzial gibt.

### Vom WAS zum WIE zum nächsten SCHRITT

Unser Entwicklungspotenzial ist riesig. Nicht weil in uns so viel Potenzial stecken würde. Nein, weil wir entdecken, dass das größte Potenzial außerhalb von uns liegt. Das bedeutet für uns, nicht auf dem Erreichten sitzen zu bleiben, sondern wie die Entdecker von früher, immer wieder ins Ungewisse aufzubrechen, weil man eine Ahnung hat. Oder eine Sehnsucht?

Die Frage, WAS wollen wir eigentlich, ist und bleibt für uns entscheidend, damit wir im vorschnellen WIE nicht ertrinken. Erst wenn uns das WAS klar vor Augen ist, kümmern wir uns um das WIE und finden so unseren nächsten Schritt.

Matthias Eggers, Christiane Kreiss, Cathrin Kuffner

# Wolfenbüttel – Von Wegen lokaler Kirchenentwicklung

Bevor wir Ihnen die anfänglichen Erfahrungen auf unserem Weg lokaler Kirchenentwicklung vorstellen, möchten wir Ihnen kurz die Pfarrei vorstellen. Dann wollen wir einen kurzen Blick in die jüngste Geschichte der Pfarrei werfen: wie es kam, dass wir uns auf einen visionären Entwicklungsweg gemacht haben. Dieser Weg, so wird dann deutlich werden, hat auch strukturelle Konsequenzen gehabt: Wir möchten erzählen, wie unsere Pfarrei sich zeigt als Netzwerk lokaler Gemeinden, die auch von engagierten Teams Getaufter mitverantwortet werden. Schließlich wollen wir noch einmal auf einen der Orte besonders schauen: In einer der Gemeinden entwickeln wir gerade ein Stadtteilnetzwerk. Aber natürlich geht der Prozess immer weiter; es gibt immer wieder neue Ideen. Über die letzte berichten wir am Ende: Wir sind im Moment bei uns in der Gemeinde daran, ein pastorales Leitbild gemeinsam mit allen zu entwickeln.

## Ein scharfer Blick auf Wolfenbüttel (Matthias Eggers)

Vor dreißig Jahren war unsere Pfarrei noch ein Dekanat, mit neun Pfarreien, und entsprechend vielen Priestern. Das hat sich im Laufe der Zeit geändert. Einige der Kirchen sind profaniert worden. Heute haben wir noch fünf Kirchen in unserer Pfarrei.

Die größte „Fusionswelle“ war vor zehn Jahren. Da sind drei selbständige Pfarreien zusammengeschlossen worden. Zwei haben sich standhaft gewehrt. Das war ein langer Kampf, bei dem dann aber im Laufe der Zeit der Widerstand gebrochen worden ist. Inzwischen gehören auch die beiden Kirchengemeinden zu unserer Pfarrei. Zwei Kirchen und ihre Gemeinden, St. Ansgar und St. Petrus, liegen in der Stadt Wolfenbüttel selbst. Wolfenbüttel ist eine nette, freundliche, kleine Stadt, fast eine Vorstadt von Braunschweig. Die meisten Menschen arbeiten in Braunschweig oder in Salzgitter. Dann gibt es eine kleine Gemeinde samt Kirche in Schöppenstedt, einem kleinen Ort etwa 20 km von Wolfenbüttel. Und schließlich sind da noch zwei sehr kleine Dörfer im Umland, Dorstadt und Heinigen, mit kleinen katholischen Gemeinden, die aber eine je eigene Kirche haben.

Alle Kirchen sind verschieden, alle haben eine verschiedene Geschichte, alle haben verschiedene Pfarrer erlebt, aber inzwischen sind wir also eine Pfarrei geworden. Die Pfarrei ist etwa 30 mal 40 km groß. Und zwischen Schöppenstedt und Heinigen liegt die Asse, ein Höhenzug, der inzwischen zu trauriger Berühmtheit gelangt ist.

### Mein Hintergrund

Vor ziemlich genau sechs Jahren bin ich als Pfarrer in diese Pfarrei gekommen. Was kann ich in aller Kürze von mir sagen, damit Sie vielleicht auch entdecken können, mit welchen Vorstellungen oder Visionen ich gekommen bin. Ich bin jetzt 42 Jahre alt und es ist 25 Jahre her, da haben wir mit unserem Kaplan das Bibelteilen kennen gelernt. Ich kann mich heute immer noch erinnern an diese Treffen in der Sakristei bei uns. Damals hat sich so etwas wie eine Tür in meinem Herzen geöffnet. Durch dieses gemeinsame Hören auf das Wort geschah in mir so was wie ein Anruf, und diese Erfahrung hat mich wesentlich mit auf den Weg gebracht. Und schon Ende der 80er Jahre habe ich im Pfarrheim irgendwo auf einmal Bilder von Missio in der Hand, die aus dem Lumko-Institut. Das waren Bilder der Kirche als Gemeinschaft von Gemeinschaften, und die Heilige Schrift war in der Mitte. Das bewegte mich damals. Und das bewegt mich auch heute innerlich. Dafür brenne ich. Das ist eigentlich mein inneres Bild von Kirche. So stelle ich mir das eigentlich auch vor. Ich selber gehöre zur Priestergemeinschaft Jesus Caritas, die sich an Charles de Foucauld orientiert. Wenn wir uns treffen, dann gehört das Bibelteilen dazu. Die Schrift ist meine innere Quelle, aus der ich lebe. Und so kam ich 2006 in die Pfarrei Wolfenbüttel. Ich fand eine ganze Reihe von engagierten Mitarbeiterinnen und Mitarbeitern vor. Das war eine schöne Überraschung. Wir haben mit Unterstützung der Diözese dann als erstes einen Prozess der Teamentwicklung begonnen. Wir haben eine Wanderung auf den Brocken gemacht, die höchste Erhebung in Norddeutschland. Dort haben wir uns im Hotel für zwei Tage zurückgezogen. Und wir haben überlegt, welche Perspektive uns als Team leiten soll. Dort haben wir verabredet, dass wir auch miteinander Bibelteilen machen wollen. Alle fünf Wochen haben wir dann einen spirituellen Brunnentag. Auf diese Weise haben wir als Team eine gemeinsame Quelle, aus der wir leben und die uns allen sehr wichtig ist.

#### Anfangen mit Vision

Uns war klar, dass wir eine gemeinsame Perspektive nicht nur unter uns haben können. Und so wollten wir unsere Räte, in denen so viele Engagierte mitwirken, zusammenbringen, um gemeinsam so etwas wie einen Visionstag zu gestalten. Das geschah dann auch. Anfang 2007 fand dieser Tag schließlich statt: Zusammen mit ca. 70 Gemeindemitgliedern haben wir einen Tag lang an möglichen Schwerpunkten gearbeitet. Acht Punkte sind herausgekommen: Uns war zunächst ganz klar, dass wir eine Pfarrei sein wollen, in denen es spirituelle Erfahrungsräume gibt, in denen man auftanken kann, die einen innerlich nähren, und die einem Kraft geben auf seinem Glaubensweg.

Ein zweiter Punkt: Ganz oben auf der Agenda stand – wir wollen klare Strukturen. Wir wollen nicht, dass die Dinge im Nebel sind, dass Verantwortlichkeiten ungeklärt sind, und wir wollen auch, dass wir vernetzt sind. Das war vielen damals auch wichtig, und ist es auch heute noch.

Gesellschaftspolitische Erkennbarkeit ist uns wichtig: Wir wollen als Kirchengemeinde nicht immer nur binnenkirchlich orientiert sein, sondern auch für die anderen erkennbar sein, Sauerteig in Wolfenbüttel. Wichtig ist uns auch, dass die Generationen nicht alle für sich sind, sondern wir verbunden sind. Wir wollen eine einladende, offene und tolerante Pfarrei sein mit verschiedenen Gemeinden. Die Ökumene liegt uns am Herzen, die Einheit der Christen. Und natürlich wollten wir eine caritative Gemeinde sein. Und schließlich wollten wir uns einsetzen für die Bewahrung der Schöpfung.

Das war also unser Programm, wie wir es 2007 auf unserem Visionstag verabredet haben. Dann kam etwas dazwischen: ein Jubiläum. 300 Jahre katholische Kirche in Wolfenbüttel haben wir dann 2008 gefeiert, ausgiebig gefeiert. Das war ganz wichtig für die Identität unserer Pfarrei, wir haben an allen Kirchorten gefeiert, und dieses Feiern hat uns zusammengebracht. Für mich als Pfarrer war es ganz wichtig, auch die Geschichte der Katholiken hier kennen zu lernen. Ich habe diese Geschichte unter einer besonderen Perspektive gelesen: Gott hat an jedem Ort mit seinen Kirchorten, seinen Gemeinden eine besondere Geschichte.

### Eine eigene Spiritualität entdecken

Ungefähr ein Jahr später haben wir im Pfarrgemeinderat zum ersten Mal an einem Abend nur zum Thema Spiritualität gearbeitet. Wir haben uns gefragt: Was sind eigentlich unsere spirituellen Erfahrungsräume? Und was hat uns in unseren Biographien eigentlich im Glauben weiter gebracht? Vier Punkte sind herausgekommen: Die Messe ist uns wichtig, die Heilige Schrift, die konkrete Erfahrung von Gemeinschaft, von Austausch. Und schließlich die Stille, die auch wichtig ist für unser geistliches Leben.

Am Ende dieses Abends habe ich den Vorschlag gemacht, dass wir uns zu einem Klausurtag verabreden, um das Thema Gemeinschaft und Heilige Schrift zu vertiefen. Ein Jahr später, im Jahr 2009, haben wir uns dann in Hildesheim für ein Wochenende getroffen.

Inzwischen hatte sich unsere Situation aber verändert. Wir haben nämlich an einem Bistumsprojekt teilgenommen, bei dem es um die Frage geht, wie gemeinsame Verantwortung vor Ort von Engagierten Christen zu gestalten ist. Ein Strukturthema – aber auch mehr. Natürlich sind in den Pfarreien unseres Bistums Kirchenvorstand und Pfarrgemeinderat. Aber wir wollten mitmachen bei diesem Projekt, bei dem es darum geht, dass Verantwortung vor Ort delegiert wird. Das ist natürlich ein experimentelles Projekt. „Probiert mal was aus“, das war der explizite Wunsch des Bistums.

#### Struktur und Spiritualität

Da hat sich bei unserem verabredeten Klausurtag also einiges überlagert: Auf der einen Seite wollten wir unsere Strukturen klären, aber zugleich wollten wir schauen, aus welchen Quellen wir leben. Aber vielleicht, so haben wir gemerkt, gehört ja beides auch zusammen: Die Frage, wie Verantwortung vor Ort gestaltet wird, ist ja auch eine Frage des Miteinanders, und wie wir dies aus der Kraft des Geistes gestalten.

Wir haben den Klausurtag gemacht und damals hörten wir zum ersten Mal auch das Wort von der Lokalen Kirchenentwicklung: Wir haben uns also in dieses weltkirchliche Lernen eingeklinkt, wir haben die Grundprinzipien kennen gelernt, die hinter den Kleinen Christlichen Gemeinschaften stehen. Und wir haben dort auch gemeinsam die Schrift geteilt. Dort ist dann eine klare Option gewachsen: Wir wollen, dass die Kirchorte stark bleiben, dass wir nicht nur einen Kirchenvorstand und einen Pfarrgemeinderat haben. Natürlich entstanden hier auch Spannungen. Man könnte von der Spannung zwischen Hierarchie und Synodalität reden. Ich hätte ja eigentlich sehr schnell angefangen mit dem Bibelteilen. Aber es gibt große Vorbehalte, es gibt viele Anfragen und mir ist ganz klar, dass ich nicht anfangen kann und eben einfach vorweg gehen. Dann habe ich zwar eine Gruppe, die dem Pfarrer in dieser Frage wohlgesonnen sind, aber das ist zuwenig: Wir wollen einen gemeinsamen Weg gehen und aus dieser Spannung heraus, die ich ganz positiv empfinde, auch wenn sie oft anstrengend ist, entsteht aber eine ganze Menge …

Wir haben an diesem Wochenende beschlossen, uns wirklich Zeit zu nehmen, um eine klare Struktur zu entwickeln. Und am selben Wochenende haben wir dann das erste Mal auch eine Option dafür getroffen, dass wir ein übergreifendes Familienzentrum aufbauen wollen.

## Gliederungen und Niederungen der Gremienarbeit (Margareta Kreissler)

Ich möchte Sie in die Gliederungen (oder Niederungen?) unserer Gremienarbeit führen. Ich möchte Ihnen erzählen von den Entwicklungen der etwas leicht veränderten Strukturen in unserer Pfarrei. Für uns ist aber klar: Strukturelle und inhaltliche Arbeit gehören zusammen. Wir haben sehr gerungen um unsere Strukturen und haben in diesem Prozess ganz viel gelernt: Was wollen wir eigentlich? Wo wollen wir eigentlich hin? Das hat uns dieser Prozess gebracht und deswegen war es eine sehr wertvolle Arbeit. Wir sind vielleicht anders als französische und südafrikanische Gemeinden, aber wir mögen eben gerne Strukturen und wir brauchen das eigentlich letztlich auch. Wir brauchen im Grunde klare Verhältnisse. Die Leute lassen sich auch lieber auf die Arbeit ein, wenn sie klare Verhältnisse haben. So sind wir halt gestrickt.

### Ein Entwicklungsweg

Wir haben, wie in jeder Pfarrei, einen Kirchenvorstand und einen Pfarrgemeinderat. Das war ein bisschen unbefriediegend. Beide Gremien waren kontingentiert – aus jeder Gemeinde war eine Repräsentanz dabei. Und wir hatten unendliche Tagesordnungen. Wir haben eben ein großes Pfarreigebiet und wenn wir über was gesprochen haben, dann hatte jeder ein anderes Bild davon im Kopf. Wenn die Erstkommunion auf der Tagesordnung stand, dann hat der Schöppenstätter an etwas anderes gedacht als der Wolfenbüttler. Das war immer ein Problem. Es gab schnelle Arbeitskreise vor Ort. Diese Arbeitskreise waren aber nicht dort vor Ort entstanden, sondern sie waren einfach Ausschüsse des Pfarrgemeinderats. So kam uns also gerade recht, an dem Projekt „Gemeinsame Verantwortung vor Ort " teilzunehmen. Und wir haben begonnen, darüber nachzudenken: Brauchen wir veränderte Strukturen? Wir haben drei Modelle entwickelt, hatten eine Gemeinde-Vollversammlung (dazu sind ungefähr 100 Leute erschienen), und alle haben gemeinsam über diese Modelle abgestimmt. Dann haben wir diesen Wahl-Modus ausgearbeitet: Neue Satzungen sind entstanden – das war eine sehr intensive Arbeit – und schließlich ist aufgrund dieser neuen Satzung gewählt worden. Wie sieht das nun aus?

Die Pfarrei St. Petrus mit ihren vier Kirchorten ist kirchenrechtlich eine Körperschaft öffentlichen Rechts. Und deshalb wählt die gesamte Pfarrei – wie immer – den Kirchenvorstand, der für das Vermögen der Pfarrei verantwortlich ist. Neu ist jetzt, dass in den einzelnen Kirchorten jetzt „Kirchortsräte" gewählt wurden. Jeder Kirchort hat seinen Kirchortsrat gewählt. Und die Kirchortsräte delegieren dann Abgeordnete in einen Pfarrgemeinderat, so dass es nach wie vor also ein Gremium gibt, was die gesamte Pfarrei im Blick hat.

Ich möchte Ihnen diese Kirchortsräte gerne etwas vorstellen. Der Name ist bedeutsam: Wir wollten uns nicht Ortsgemeinderat nennen, denn das klingt so ein bisschen wie politische Gemeinde. Wir wollten zum Ausdruck bringen, dass Kirche vor Ort lebt, dass wir gemeinsam Kirche vor Ort sind. Natürlich gab es am Anfang Bedenken, ob der Name irgendwie zu holperig ist: aber wir haben uns inzwischen eigentlich alle sehr gut an diesen Namen gewöhnt.

Wie sind diese Kirchortsräte zusammengesetzt? In den Kirchortsräten gibt es nur gewählte und berufene Mitglieder. Es gibt also nicht geborene Mitglieder: Niemand aus dem Pastoralen Team ist Mitglied des Kirchortrates. Manchmal sind sie Gäste, aber stimmberechtige Mitglieder sind der Pfarrer, der Pastor oder der Gemeindereferent eben nicht. Über diesen Punkt haben wir lange gerungen. Die Mitglieder aus dem pastoralen Team wollten nicht in die Kirchortsräte. Aber wir Ehrenamtlichen konnten uns eigentlich nicht vorstellen, wie das funktionieren soll – ein Gremium ohne Pfarrer. Aber dann am Ende haben wir uns bewusst entschieden: Wir müssen in Zukunft damit leben, dass wir keinen Pfarrer vor Ort haben und wir wollen, dass die Menschen vor Ort Verantwortung übernehmen. Dann müssen sie auch diejenigen sein, die in dem Kirchortsrat sitzen und die Dinge beraten.

Die Aufgaben sind in etwa die des Pfarrgemeinderates. Aber sie sind jetzt bezogen auf den jeweiligen Kirchort. Hier vor Ort liegt die originäre Zuständigkeit. Der Kirchortrat ist der erste Ansprechpartner für die Belange vor Ort. Und der Pfarrgemeinderat ist subsidiär – er würde dann eben eintreten, wenn die Kräfte eines Kirchortes nicht reichen, was natürlich auch vorkommt. Bei uns gibt es die Besonderheit, das die Kirchortsräte über Geld verfügen. Wir halten in der Pfarrei eine zweite Kollekte, die bei den Kirchorten bleibt. Das schien uns wichtig, um dieses Gremium aufzuwerten. Denn wer entscheidet, muss auch den Spielraum dazu haben – und eben auch finanziellen Spielraum.

Ich möchte einfach mal einige Beispiele benennen, womit sich die Kirchortsräte beschäftigen: Bei uns hat sich z. B. eine Initiative entwickelt, Neuzugezogene zu einem Kaffeetrinken regelmäßig jedes Halbjahr einzuladen. Da kommen etwa 8 Leute von den 150 Angeschriebenen und dann trinkt man einfach nett Kaffee zusammen und auch da ist es häufig so, dass der Pfarrer nicht dabei sein kann. Das tut ihm leid, aber wir haben das akzeptiert: Und es ist ja vielleicht viel wichtiger, dass die Menschen uns kennenlernen. Kirche ist eben nicht nur der Pfarrer. Der Kirchort wird eben geprägt durch die Menschen, die da sind, und wir möchten einfach einladen, mit uns ins Gespräch zu kommen.

Wir hatten eine Begegnung mit einer muslimischen Bildungsstätte. Das war auf Kirchortsratsebene viel leichter zu übernehmen. Die Muslime haben uns eingeladen zum Fastenbrechen, und in St. Petrus haben wir die Einladung gerne angenommen. Und wir haben die Muslime zu unserem Fastenbrechen an einem Sonntag in der Fastenzeit zu Kaffee und Kuchen eingeladen.

Ein anderes Beispiel: Neben unserer Kirche ist ein Haus, in dem ältere Menschen leben, die alleine nicht mehr zurecht kommen. Da hat der Kirchortsrat gesagt: Das ist unsere Nachbarschaft. Wir wollen uns um sie kümmern. Wir können keine Pflegedienste übernehmen, aber seitdem wird in diesem Haus immer wieder gemeinsames Kaffeetrinken angeboten und wir trinken, glaube ich, viel Kaffee. Wir kaufen auch ein für die älteren Menschen, die in dem Haus sind.

In den Kirchortsräten werden liturgische Fragen besprochen. Denn an jedem Ort wird doch ein wenig anders Liturgie gestaltet. Es hängt auch oft von dem konkreten Ort ab, an dem wir uns befinden: Wie dunkel darf die Kirche sein, damit die Leute nicht fallen? Wie dunkel muss sie sein, damit die Leute merken, dass beim Gloria das Licht angeht? Solche kleinen Dinge sind es. Oder etwa die Frage, wie die Kommunion ausgeteilt wird – das muss alles am Ort von den Leuten, die davon betroffen sind und die den Ort kennen, besprochen werden.

An einem Ort brauchten wir eine neue Küche, wir brauchten neue Tische und Stühle. Da können eben am Ort auch ganz andere Kräfte entwickelt werden, da kann Phantasie entwickelt werden, wie wir an Geld kommen können. Wir hätten bis heute keine neuen Tische und Stühle, wenn wir auf den Kirchenvorstand gewartet hätten.

Was bedeutet das für den Pfarrgemeinderat? Der Pfarrgemeinderat hat jetzt die Möglichkeit, sich auf die pfarreiübergreifenden Fragen zu konzentrieren. Die vielen Kleinigkeiten werden von Kirchortsräten geklärt – und auf einmal ist jetzt Freiraum da für die inhaltliche Arbeit. Und der Pfarrgemeinderat ist natürlich das Forum, wo sich die Delegierten der Kirchorte austauschen, inspirieren und gegenseitig unterstützen. Wir haben jetzt ganz viele Gruppen in unserer Pfarrei, die Verantwortung übernehmen. Auch das pastorale Team ist eine Gruppe für sich: sie treffen sich regelmäßig und treffen Entscheidungen. KV, PGR, vier Kirchortsräte , wir haben Gemeindegruppen, es gibt noch die Verwaltung mit Rendantur, die auch eine ganz eigene Dynamik entwickelt. Da bedarf es natürlich gegenseitiger Rücksichtnahme, und natürlich ist da immer auch ein bisschen Konkurrenz – Ressourcen sind eben knapp.

Ganz wichtig bei all dem ist natürlich das gegenseitige Vertrauen: denn wenn ich jemandem Verantwortung übergebe, dann muss ich auch zulassen, dass er es dann so macht, wie er es kann und will – und eben ganz anders als ich. Manchmal denke ich dann auch, ich hätte es vielleicht besser gekonnt. Ich muss allerdings sagen, Rücksichtnahme und Vertrauen – das funktioniert bei uns sehr gut.

Was bei uns nicht so gut funktioniert ist die Kommunikation. Da gibt es oftmals kleine „Vergesslichkeiten". Ich möchte aber nicht mit den Schwierigkeiten enden, sondern eben mit den Chancen, die wir in diesen Kirchortsräten sehen. Wir haben einfach einen besseren Blick auf die jeweiligen Anliegen des Kirchortes. Die Menschen sind auch eher bereit, für einen kleinen Bereich Verantwortung zu übernehmen, als eben auf einer viel höheren Ebene: im Pfarrgemeinderat etwa oder in der Pfarrei als Ganzer. An jedem Ort gibt es Ansprechpartner, die sich auch für den Ort verantwortlich fühlen und für die Pfarrei insgesamt werden dadurch notwendig viele Menschen angesprochen und es entsteht ein großer Pool an Menschen, die sich gerne ansprechen lassen, die sich engagieren.

### Gemeinsame Verantwortung gestalten

Gremien wählen – das ist in unserem Bistum schwierig. Wir finden immer weniger Kandidaten. Bei uns war es anders. Wir haben bei uns in der Pfarrei über 70 Kandidaten gefunden und nachher wurden ja auch noch welche berufen. Nach der Wahl war auch wichtig, dass natürlich auch deutlich wird, das unser Modell nicht nur eine Erfindung hier in der Pfarrei St. Petrus ist. Wir hatten gehört, dass es in unserem Bistum, in Buxtehude, einen Beauftragungsgottesdienst gegeben hat, der von den Erfahrungen im Bistum Poitiers inspiriert ist. Eigentlich fand ich es eine gute Idee, dass jemand aus dem Bistum die Beauftragung für unsere Kirchortsräte gibt. Aber dann entstand eine Kontroverse: Wieso soll es eine Beauftragung geben? Wir sind doch gewählt. Warum brauchen wir denn jetzt noch eine Beauftragung vom Bischof? Wir haben diskutiert und ich fand diese Anfrage berechtigt.

Die Engagierten in unseren Räten argumentierten: „Wir sprechen doch jetzt immer von Taufe. Wir sind doch getauft. Unser Engagement – das tun wir doch aus unserer Taufwürde heraus."

So und dann haben wir auch mit den Verantwortlichen in Hildesheim gesprochen. Wie hielten diese Beauftragung nicht für das richtige Zeichen. Wir wollten aber einen Segen im doppelten Sinne vom Bischof bekommen: dass die Wege, die wir gehen, auch erwünscht sind …

In dem Segnungsgottesdienst haben dann die einzelnen Gremien jeweils ein Gebet gesprochen für ihre Aufgabe. Eins lese ich ihnen vor: *„Herr Jesus, du hast uns gesagt, liebe deinen Nächsten wie dich selbst. Wir Kirchortsräte wollen deinen Auftrag annehmen und Verantwortung dafür übernehmen, dass die Menschen an unserem Kirchort und da wo wir leben, untereinander und mit dir Gemeinschaft erfahren. In deiner Nachfolge möchten wir offen sein für persönliche Nöte und Anliegen. Wir wollen für eine lebendige und aufmerksame Gesellschaft Sorge tragen. Wir sind ein Teil der Pfarrei St. Petrus und wollen uns sowohl an den einzelnen Kirchorten, als auch in der Pfarrei gegenseitig stärken, ermutigen und unterstützen. Herr, wir bitten dich um deinen Segen für unser Wirken und Tun. Lass uns auf dein Wort hören und uns immer mehr glaubwürdige Zeugen deiner frohen Botschaft sein."*

## Ein Netzwerk namens St. Ansgar: Das Charisma des Ortes (Kufner)

Ein weiterer wichtiger Schritt bestand und besteht darin, das Charisma des Ortes entdecken. Diese Frage beschäftigt uns natürlich auch sehr bei der Entwicklung unserer Kirchorte. Was ist das Besondere des Ortes? Wir haben uns das vor allem an einem Kirchort, in St. Ansgar, gefragt. Hier hatte das Bistum sogar vor 4 Jahren gefragt, ob wir diesen Kirchort eigentlich noch brauchen. Aber gerade diese Kirche schließen wir nicht. Da ist Leben. Da waren dieses Jahr am Karfreitag 31 Meßdiener im Altarraum und wir merken, dass dieser Ort und sein soziales Umfeld wichtig ist: Da ist die Hochschule, da ist eine Baugenossenschaft, die uns schon vor Jahren mit Hilfe gebeten hat. Und die Stadt möchte hier ein Familienzentren entwickeln. Auf einmal haben wir gemerkt, dass unser Gemeindezentrum sich in diese Richtung entwickeln könnte. Wir haben ja dort eine Krippe, eine Kita, die zu diesem Kirchort gehört. Und nach intensiven Beratungen haben wir beschlossen: Ja, wir wollen an diesem Ort ein Familienzentrum, nicht nur für junge Familien, sondern generationsübergreifend, und wir wollen es auch als ökumenisches Projekt.

Das Bistum hat angeboten, dieses Projekt im Rahmen „Lokaler Kirchenentwicklung" mit einer Projektstelle zu fördern. Und so bin ich zu dieser Stelle gekommen. Ich soll die Koordinierung des Familienzentrums und des Stadtteilnetzwerks übernehmen. Dabei geht es vor allem auch darum, ehrenamtliche Arbeit zu fördern.

So bin ich im März 2012 in die Pfarrei St. Petrus gekommen mit dem Auftrag, ein generationsübergreifendes Familienzentrum in St. Ansgar zu initiieren. Das war der Stand der Überlegungen vom 1. September 2011. Als ich meinen ersten Arbeitstag hatte, ist das Familienzentrum schon gewachsen zu einem ökumenischen Stadtteilnetzwerk.

Ich möchte Ihnen ganz kurz die typischen Aspekte für ein Familienzentrum erklären. In einem Familienzentrum stehen an erster Stelle die wertschätzende Pädagogik, natürlich die Mitarbeiter in der Kita und in der Krippe und schließlich die Elternarbeit. Ein ganz großes Thema ist die Vernetzung mit anderen Akteuren. So verwundert es nicht, dass das Familienzentrum sich zu einem Stadtteilnetzwerk auswuchs. Eine Säule des Stadtteilnetzwerkes ist das Familienzentrum. Und das Stadtteilnetzwerk kann nur leben von ganz vielen anderen Partnern. Dabei sind die katholische Gemeinde St. Ansgar und die evangelische Gemeinde St. Thomas besonders wichtig. Wir bekommen Unterstützung von der Stadt, aus Politik und Verwaltung. Hinzu kommt die Wohnbaugesellschaft, die ca. 1000 Wohneinheiten in dem Stadtteil hat. Insgesamt leben im Stadtteil ca. 10 000 Bewohner. Wir haben das große Glück, eine Fachhochschule in diesem Stadtteil zu haben, die unter anderem einen Schwerpunkt in sozialer Arbeit hat. Dort wird es ab März nächsten Jahres auch noch einen Studienschwerpunkt geben, der Familienzentren und Stadtteilnetzwerke heißt. Weiterhin bekommen wir Unterstützung vom Landkreis, von den Trägern der sozialen Arbeit, von der Geißen-Schule, die dort vor Ort ist. Und natürlich: ein Stadtteilnetzwerk kann nur funktionieren mit ehrenamtlichen Engagierten!

Was ist unser Ziel? Es geht darum, Räume zu schaffen und Raum zu bieten. Wir möchten Menschen verschiedener Generationen, Kulturen und sozialer Schichten zusammenbringen und Begegnungsinitiativen fördern. Wir stehen ja vor gesellschaftlichen Herausforderungen, wie z. B. dem Wegbrechen familiärer und sozialer Netze, dem Älterwerden, der Einsamkeit und den hohen Individualisierungstendenzen.

Wir haben uns zunächst überlegt, eine Zukunftskonferenz zu organisieren. Da hatten wir natürlich im Vorfeld Begleitung und Unterstützung von Gemeindeberatern und anderen Experten. Die Zukunftskonferenz sollte dazu dienen, möglichst viele verschiedene Akteure und Einrichtungen zusammenzubringen und so eine Wahrnehmung für den Stadtteil zu entwickeln und einen gemeinsamen Blick auf den Stadtteil zu werfen. Unser Ziel war es auch, das Wir-Gefühl des Stadtteils zu verstärken. Bei der Zukunftskonferenz hatten wir elf unterschiedliche Gruppen eingeladen aus den verschiedenen Bereichen, wie wir gerade eben gesehen haben. 88 Personen waren ursprünglich geladen. Von denen kam 70. Während der Konferenz haben wir versucht, gemeinsam die Situation wahrzunehmen, und es kristallierten sich drei Schwerpunkte heraus: Zum einen leben in unserem Stadtteil immer mehr Alleinerziehende und Einsame ohne soziale

Unterstützungssysteme. Zudem gibt es einen Zuzug von Studierenden. Schließlich: Es gibt keine generationsübergreifenden Treffpunkte. Am Ende der Zukunftskonferenz hatten wir 7 Projekte organisiert:

- Wir möchten gemeinsam ein Stadtteilfest im Jahr 2014 organisieren.
- Wir sorgen für einen Internetauftritt.
- Eine Gruppe möchte lebenswerte Orte der Begegnung schaffen: Angebote für Kinder und Jugendliche sollen initiiert werden.
- Eine Tauschbörse soll entstehen. Dabei geht es nicht nur darum, Gegenstände zu tauschen, sondern sich auch selbst anzubieten für verschiedene Dienste: Ich kann bei dir Rasen mähen, könntest du dann bei mir irgendetwas anderes übernehmen.
- Schließlich haben wir Optionen für alle Generationen in den Blick genommen.

Diese Projektgruppen haben alle ihre Arbeit aufgenommen und festigen sich gerade. Eine Steuerungsgruppe ist entstanden: Wir tagen zusammen und schauen, wie wir gemeinsam vorangehen können. Wir haben ganz viele Interessierte, die sich noch gemeldet haben. Viele fragen an, wie sie sich einbringen können. Wir sind offen, wir sind dankbar für jeden, der uns unterstützen möchte, der uns hilft: So kann Kirche auch gehen ...

## Auf dem Weg zu pastoralen Leitlinien (Matthias Eggers)

Diese Zukunftskonferenz war für mich ein sehr spannendes Unternehmen: Wir konnten wirklich Kirche neu erleben. Die Ideen, die wir mit der evangelischen Kirche zusammen entwickelt haben, wurden sehr gut aufgenommen. Es schien fast so, als hätte man auf uns gewartet. Die Idee, allumfassend zu denken, also die guten Kräfte zusammenzubringen und daraus etwas zu entwickeln, das ist auf fruchtbaren Boden gefallen. Wir haben uns sehr gefreut, dass Herr Professor Hamsen, der aus dem Münsterland kommt und diesen Studienlehrgang Familienzentrum entwickelt, gesagt hat, dass er so einen Prozess noch nie erlebt hatte. Das hat uns sehr bestärkt. Im Hintergrund all dieser Entwicklungen stehen ja die Grundwerte einer Lokalen Kirchenentwicklung, die wir versuchen, für uns zu übersetzen. Ohne diese Perspektive würde es diese Entwicklungen nicht geben. Ich merke, wir können in diesem Stadtteil Sauerteig sein.

Im Jahr 2012 hat das Pastoralteam zusammengesessen bei einem Klausurtag. Wir haben uns gefragt, welches unsere Perspektiven für eine lokale Kirchenentwicklung sind, und haben dann als Pastoralteam unsere Position bestimmt: Wir haben Leitlinien unseres Handelns formuliert. Und wir wollten zum Ausdruck bringen, dass das Fundament allen Tuns und Handelns das Wort Gottes ist.

Eine zweite Leitlinie: Wir wollen aus einer Kultur des Aufeinander Hörens und der Wertschätzung des Einzelnen handeln. Daraus erwächst ein von Einmütigkeit und Verbundenheit erfülltes Wir-Gefühl. Das ist etwas, was uns ganz wichtig geworden ist. Dann haben wir weiter gesagt, dass die Priester Sorge tragen für die Einheit durch die Feier der Eucharistie. Sie sorgen sich um die Spendung der Sakramente. Die Hauptamtlichen begleiten und unterstützen die Prozesse der Neuorientierung und der Suche nach neuen Sozialformen des Kircheseins. Es geht immer auch um die Rollenfrage: Was ist die Aufgabe des Priesters, die der Hauptamtlichen? Als zentrale Aufgabe haben wir dann die Bewusstseinsbildung der Getauften. So kann die Kirche vor Ort die Verantwortung für die Seelsorge an den Menschen in ihrem Umfeld tragen. Sie lebt durch dieses vertiefte Kirchenverständnis, das gemeinsame Priestertum aller Gläubigen. Kirche ist Volk Gottes auf dem Weg. In unserem bewussten Voranschreiten suchen wir nach neuen Wegen, lassen uns ein auf Visionen und Erfahrungen anderer. So haben wir unsere Leitlinien formuliert, die wir im pastoralen Team entwickelt haben. Aber noch war der Pfarrgemeinderat nicht einbezogen. Und deshalb war mir sehr wichtig, dass diese Leitlinien auch im Pfarrgemeinderat beraten werden. Anfang dieses Jahres haben wir bei einem Klausurtag dies getan. Viele Fragen sind dabei entstanden.

### Ohne Partizipation keine Leitlinien (Margareta Kreissler)

Vielleicht können Sie sich ein wenig in die Situation hineinversetzen: Wir haben im Pfarrgemeinderat diese Texte bekommen und sollten ein bisschen am Text arbeiten. Und so sollten dann die Leitlinien der Gemeinde entstehen. Wir haben sofort reagiert: Nein, es tut uns leid, da steht sicherlich viel Richtiges drin, das ist ja kein Zweifel an dem Inhalt dieser Texte, aber wir verstehen das nicht. Und wenn wir ein gemeinsames Leitbild haben wollen, dann müssen wir auch eine Sprache verwenden, die alle verstehen, die eindeutig ist, und deswegen müssen wir diesen Prozess ganz neu beginnen.

Wir können nicht einfach aufbauen auf das, was das pastorale Team uns vorlegt. So ist die Idee entstanden, ein Leitbild der Pfarrei zu entwickeln. Uns kam eine Idee: Wenn wir schon ein Leitbild nehmen wollen, warum nicht ein richtiges Bild? Und wir sind darauf gekommen, dass im Roncalli-Haus, unserem Gemeindehaus, ein Relief hängt, das viele aus der Pfarrei kennen, aber vielleicht auch nicht so genau angeschaut haben. Wir sind eine St. Petrus Pfarrei – und es geht auf diesem Bild um die Geschichte von Petrus: Es ist ein schönes Bild, an dem wir vielleicht unser Kirchesein auch spiegeln können.

Drei Elemente hat es: Jesus wird verraten, die Kirche verrät Jesus; Jesus rettet uns, und schließlich: Jesus gibt uns Verantwortung für seine Kirche.

Wir sind weiter auf dem Weg. Es ist wirklich erstaunlich, dass wir durch all diese Strukturfragen hindurch auf einmal bei der wesentlichen Frage gelandet sind. Das macht wirklich froh.

# Marktplatz – Weg-Geschichten lokaler Kirchenentwicklung

## Maria Königin, Bodenwerder

### Historische Vergewisserung

Dass 400 Jahre nach der Reformation überhaupt katholisches Leben im Weserbergland wieder erstand, dürften wir in erster Linie Menschen wie Baronin Mathilde von Hake verdanken, die etwa ab 1920 holländische Zwangsarbeiter zu Gottesdienst und Unterricht auf ihrem Gut versammelte und alsbald als Beraterin von Kardinal Bertram den Bau einer kleinen, dem hl. Stephanus geweihten Kapelle vorantrieb.

Flucht und Vertreibung insbesondere schlesischer Katholiken sorgten nach dem 2. Weltkrieg für die Gründung der kath. Kirchengemeinden Hl. Familie, Eschershausen, Hl. Herz Jesu, Stadtoldendorf sowie Maria Königin, Bodenwerder. In Stadtoldendorf musste die bereits 1911 errichtete Herz Jesu Kirche erweitert werden. Jede dieser drei Kirchengemeinden erreichte „in den Glanzzeiten" bis zu 4000 Gemeindemitglieder. Dies führte zum Bau von vier neuen Kirchen und Pfarrheimen in den 1960er Jahren, die jeweils von einem Pfarrer und einer Pfarrhelferin bzw. Gemeindereferentin betreut wurden und ein selbstständiges Eigenleben entwickelten.

Nach der Fusion zur kath. Pfarrgemeinde Maria Königin, Bodenwerder im Jahre 2008 leben heute in den über 50 Ortschaften auf 330 Quadratkilometern (das ist die doppelte Größe des Fürstentums Liechtenstein) im Norden des Landkreises Holzminden, bedingt insbesondere durch den sich massiv auswirkenden demographischen Wandel (da sind wir der übrigen Bundesrepublik etwa 6 Jahre voraus) insgesamt 2620 Katholiken.

### Unsere Ausgangssituation

Insbesondere die älteren Gemeindemitglieder, die noch die „Glanzzeiten" erlebt haben und auch heute die deutliche Mehrheit darstellen, nehmen die jetzige Situation als „Absturz" wahr. Mit ihnen stirbt ehrenamtliche Beteiligung, Gemeinschaftsgefühl und Gemeindeleben zusehends. Vielfach resignieren nicht nur sie, sondern auch die – sehr wenigen – jungen Familien. Viel Kraft und Nerven kostete allen Engagierten der Fusionsprozess, den letztlich der Bischof entscheiden musste, weil der eigene Kirchturm eine Weitung des eigenen Horizontes nicht zuließ und einem Zusammenwachsen im Wege stand.

### Unser Start

Da unser Pfarrer uns nicht untergehen lassen will, sucht er Rat bei Dr. Hennecke.

Dessen Bedingung: „Wenn Du aus jedem der drei Kirchorte jeweils fünf Personen findest, die bereit sind, sich auf einen gemeinsamen Weg einzulassen, komme ich." Das Suchen – und Finden – dieser Personen mittels persönlicher Ansprache, Predigten, Listen in der Kirche (warum können wir eigentlich nicht so geduldig sein wie solches Papier?) erstreckt sich über ein halbes Jahr und erst ein ultimativer Aufruf im Osterpfarrbrief führt zum gewünschten Ergebnis: Christian Hennecke kommt nach Bodenwerder und wir, etwa zwanzig Personen, stellen uns gegenseitig vor, indem wir unsere Glaubenserfahrungen, unsere persönliche Glaubensgeschichte erzählen.

Die etwa alle sechs Wochen stattfindende „Zukunftswerkstatt“ – wie wir unsere Treffen nennen – beginnt mit einem Gottesdienst, oft mit einer Eucharistiefeier und anschließendem Abendbuffet, zu dem jede(r) etwas beisteuert. Es schließt sich ein Bibelteilen an und der Versuch, das Wort Gottes in die Praxis umzusetzen. Die Zukunftswerkstatt wird im ersten Jahr von Dr. Christian Hennecke geleitet, im 2. Jahr kommt Gaby Viecens dazu, seit September 2012 sind wir „selbstständig“, stehen aber nach wie vor in engem Kontakt mit den Beiden und reflektieren mit ihnen unseren gemeinsamen Weg. So haben eine ganze Reihe von uns, einige auch schon im letzten Jahr, die Anregungen aus der „Summerschool“ in unsere Gemeinde eingebracht und im Pfarrgemeinderat vorgestellt.

Dieser wird zu Beginn des kommenden Jahres – in Kooperation mit dem Kirchenvorstand, interessierten Gemeindemitgliedern und der Zukunftswerkstatt – Projekte auf einem „Zukunftstag“ bedenken und damit unsere Vision einer dem Menschen zugewandten Kirche konkretisieren. Denn nur so können wir unsere Berufung, die wir auch durch eine Tauferinnerungsfeier bekräftigt haben, glaub-würdig leben.

Um wahrzunehmen, was schon da ist, haben wir auf einer Landkarte unserer Gemeinde einmal alle Orte gekennzeichnet, wo wir schon einmal das Wirken des Geistes erfahren haben. Und das sind nicht wenige: Natürlich unsere Kirchen und Pfarrheime einschließlich Alphakurs, Tabea Boutique (Gutes aus zweiter Hand), aber auch die acht Seniorenheime, Kindergärten, Schulen, das Dreifaltigkeitskloster in Buchhagen, der „heilige Berg“ bei Heyen, das Lenner Lager, ein Ort „gefährlicher Erinnerung“, wo die Juden zu Gott geschrieen haben, bevor sie von den Nationalsozialisten ermordet wurden, der Pilgerweg Loccum-Volkenroda, das Kloster Amelungsborn …

Das alles funktioniert nur in vertrauensvoller Gemeinschaft, die im Bibelteilen Jesus Christus in der Mitte glaubt und er-lebt. Die klare Gliederung der Abende mit Gottesdienst, Abendessen, Bibelteilen, Konkretion, Abschlußgebet erleichtert das Selbstständigwerden. Aber wie mühsam ist es, erst einmal eine solche Gruppe zu bilden und das Anliegen transparent zu machen und Menschen zu gewinnen, eine gemeinsame Vision zu suchen und zu leben. Dazu braucht es im wahrsten Sinne des Wortes eine Engelsgeduld. Aber für diese Mühe wurden wir mit einer bewussteren Feier unserer Gottesdienste und einer entspannteren Atmosphäre in der Gemeinde belohnt.

Uns hat geholfen:
das Wort Gottes in der Mitte
regelmäßiger Austausch
Kontinuität, auch in der Reflexion
(Dank und Bitte an Gaby Viecens und Christian Hennecke)
Mut zur Verantwortung
Geduld und Gelassenheit
Mut zu kleinen Schritten
den eigenen Weg suchen und finden

## Gemeinde St. Nikomedes in Steinfurt-Borghorst

Seit 2005 ist die Gemeinde St. Nikomedes in Steinfurt-Borghorst eine fusionierte Gemeinde von nun 13 500 Gemeindegliedern. Die nächste Fusion mit der Gemeinde St. Johannes Nepomuk im Stadtteil Burgsteinfurt steht an.

Wir spüren, dass Verbände, Gruppen etc. nicht mehr die Basis für unseren Glauben sind und dies auch nicht mehr sein können.

So treibt uns die Frage um: Wie kann Leben aus dem Glauben im Hier und Heute geschehen?

Zwei Frauen aus unserer Gemeinde haben sich im September 2008 darauf eingelassen, ein Einführungsseminar in Osnabrück für KCG mitzumachen. Im „Reisegepäck" haben diese beiden Pionierinnen viele Fragen – zumal ihnen wenig bekannt ist, welche neue Idee sich hinter der Abkürzung KCG verborgen hält.

Dieses Seminar begeistert die beiden Teilnehmerinnen so sehr, dass sie das Konzept in ihrem Leben irgendwie umsetzen wollen. Aber wie nur? Der Kursleiter gibt ihnen drei Worte mit auf den Weg: *„Fangt einfach an!"*

Nach diesem Wochenende können weitere Menschen in der Gemeinde für verschiedene Kurse in Hildesheim, Schwerte und Solingen gewonnen werden. „Fangt einfach an!" – aus der Aufforderung wird eine Anforderung.

In den Seminaren erleben die Teilnehmenden, wie wichtig das Wort Gottes ist, das im Bibelteilen gefeiert wird und letztendlich der tragende Grund einer jeden KCG ist.

Die Seminarteilnehmer sind sowohl Hauptamtliche, wie auch engagierte Frauen und Männer aus der Gemeinde unterschiedlichen Alters.

Der Weg, den wir begonnen haben, scheint zunächst spannend und anregend zu sein; aber die Zeit zeigt auch, dass nicht alle diesen Weg mitgehen können.

*So haben wir einfach angefangen!*

### 1. Beispiel

Wir sind in der Situation, die Krankenkommunion in unserem Krankenhaus, dem Marienhospital, neu zu ordnen.

Auf Wunsch vieler Patienten feiern wir einmal wöchentlich in den Krankenzimmern einen kleinen Wortgottesdienst mit der Möglichkeit, die Heilige Kommunion zu empfangen.

Inzwischen haben sich 25 Frauen und Männer bereit erklärt, hier mitzuhelfen und den Dienst am Samstagnachmittag an den Kranken zu tun.

Uns bewegt jedoch die Frage: Wie können wir uns einstimmen für diesen Dienst? Wo ist die geistige, spirituelle Basis des einzelnen?

Durch erste Erfahrungen mit dem Wort Gottes haben wir in dieser Gruppe angefangen, jedes Treffen mit dem Bibel-Feiern zu beginnen.

So dienen unsere regelmäßigen Treffen neben der Koordination dieses Dienstes auch der Stärkung unserer persönlichen Mitte.

Und somit beginnen wir jeden Dienst am Nächsten mit einem Dienst an uns selbst. Um Jesus zu uns sprechen zu lassen, lesen wir gemeinsam das Sonntagsevangelium nach der Sieben-Schritte-Methode.

Wir nehmen uns bei den Treffen viel Zeit und wenden uns im „sechsten Schritt" dann den praktischen Dingen zu. (Dienstplan, Reflexion unseres Dienstes etc.)

Aus Gottes Wort heraus fühlen wir uns erst dann beauftragt und gesendet, uns den Menschen zuzuwenden, die momentan nicht in der Lage sind, an der Feier der Eucharistie in der Gemeinde teilzunehmen.

### 2. Beispiel

Seit langem gibt es in unserer Gemeinde eine kleine Gruppe, die mit zwei Hauptamtlichen die Vorbereitung der Kinder auf die Erstbeichte und die Erstkommunion begleitet.

Diese Gruppe beschäftigt die Frage: „Wie können wir die große Katechetenrunde, die Eltern und die Gemeinde so vorbereiten, dass am Ende die Herzen der Beteiligten erreicht werden?"

Auf der Suche nach Antworten wird auf einmal deutlich, dass wir als Vorbereitungsteam innerlich vorbereitet sein müssen, innerlich eingestimmt sein müssen, deutlich vom Wort getragen sein müssen.

Gottes lebendiges Wort in uns gibt Kraft und Halt, löst nicht sofort alle Fragen, aber es öffnet uns neue Perspektiven. Erst dann können wir unsere Aufgabe in den Blick nehmen.

Deshalb beginnen wir jede kleine Teamsitzung mit dem Bibel-Feiern. Wir dürfen dabei erleben, dass uns die Worte aus dem Evangelium so anrühren, dass sie uns die ganze Vorbereitungszeit begleiten und wir uns diese Worte auch immer wieder zusprechen: „Hab Mut!" „Hab Vertrauen!" „Wirf den Mantel weg!"

### 3. Beispiel

Nach dem Besuch der Summerschool in Hildesheim findet sich eine größere Gruppe, die nun regelmäßig einmal im Monat das Bibelteilen feiert. Für die Teilnehmenden sind das bereichernde Abende!

Am Anfang ist es mit dem „sechsten Schritt" etwas mühsam. Wir haben noch nicht den Blick für die Nöte und Sorgen der Menschen. Wir sehen noch keine Aufgaben, die sich uns stellen.

Irgendwann einmal zeigt sich dann so eine Aufgabe, nach der wir suchen. Jemand macht uns nämlich auf die Grabstelle für totgeborene und zu früh geborene Kinder aufmerksam.

Diese Grabstelle hat die Pfarrgemeinde vor zehn Jahren errichtet. Sie ist nur unzureichend gepflegt worden. Keiner hat sich dafür so recht verantwortlich gefühlt.

Nun hat dieser Kreis die Pflege dieser Grabstelle übernommen und sie auch neu gestaltet.

*Ein großer Schritt auf dem Weg* sind die vier Wochenenden in unserer Pfarrgemeinde mit Dr. Christian Hennecke und Gabriele Viecens zum Thema einer Lokalen Kirchenentwicklung.

Folgende Themen geben den Inhalten der Wochenenden Struktur:

- die eigene Berufung zur Taufe und das Verstehen des gemeinsamen Priestertums
- die Wahrnehmung der kirchlichen Entwicklung, die Aussagen des Zweiten Vatikanischen Konzils und die Entwicklung einer gemeinsamen Vision
- die Entwicklung eines gemeinsamen Verständnisses der Kirchlichkeit
- die Frage nach den nächsten konkreten Schritten

Im Zentrum dieser vier Wochenenden stehen dabei das Wort Gottes und das gemeinsame Einüben in die Praxis des Bibelteilens.

Der Auferstandene in unserer Mitte, so haben wir erfahren, schafft eine neue Atmosphäre der Gemeinschaft, eine Freude am WORT und eine große Dankbarkeit; denn ER ist es ja, der *„uns den Sinn der Schrift erschließt"*, so formuliert es Dr. Hennecke.

Am Ende der Wochenendseminare steht das Ergebnis, dass sich die Teilnehmer an der Gestaltung der „Kirche vor Ort" beteiligen wollen.

So entschließen sich die Beteiligten, durch die „Brille" der erlebten Erfahrungen in ihrem jeweiligen Umfeld (Vereine, Verbände, Gruppen etc.) so zu leben und tätig zu werden, dass sie die Freude am Wort Gottes einbringen und die Verantwortung als getaufter Christ ernst nehmen wollen. Dabei wird das Bibel-Feiern sicherlich eine zentrale Rolle spielen.

Bei unseren weiteren Treffen dürfen wir dann feststellen, dass sich die Beziehungen untereinander ändern, dass wir mit „anderen Augen" auf die Menschen und die Umgebung schauen und das „Hören" auf Gottes Wort bewusster geschieht und auch unter der Woche immer wieder reflektiert wird.

Wenn am Anfang der Kursleiter die beiden Frauen mit den drei Worten ermuntert hat: *„Fangt einfach an!"*, so möchten wir nach all unseren Erfahrungen ergänzen: *„… mit Vertrauen und Geduld!"*

## Dekanat Celle

Seit ca. fünf Jahren versuchen wir in Celle Impulse für eine lokale Kirchenentwicklung von der Dekanatsebene aus zu geben.

### Ausgangslage

Das Dekanat Celle liegt nördlich von Hannover in der Lüneburger Heide. Dort leben ca. 21000 Katholiken. Das entspricht etwa 8 % der Bevölkerung.

Das Dekanat besteht aus sechs Pfarreien mit insgesamt siebzehn teilweise weit auseinander liegenden Kirchorten. Außerhalb der Städte sind die einzelnen Gemeinden territorial sehr ausgedehnt, aber zahlenmäßig klein.

Vor 2008 hatte es eine ganze Reihe von Ereignissen und Widrigkeiten gegeben, die uns im Dekanat bewegten:

Der Fusionsprozess war nach langen Diskussionen abgeschlossen und die zusammengelegten Pfarreien mussten sich neu finden.

Der Dekanatspastoralrat (DPR) traf sich nach den Wahlen in einer neuen Zusammensetzung (1).

Infolge eines Missbrauchsvorwurfs wechselte der Dechant. Gleichzeitig bekamen wir eine neue Pastoralreferentin für das Dekanat.

Schließlich hatte die „Kategorisierung“, in der sämtliche Kirchengebäude nach ihrer Zukunftsfähigkeit klassifiziert worden waren, zusätzliche Unruhe gebracht.

Es war also in unserem Gremium wie auch im Dekanat in vielerlei Hinsicht ein Moment des Neuanfangs entstanden und das Bedürfnis, endlich wieder inhaltlich arbeiten zu können.

## Start

Zwei Dinge gaben den Anstoß für eine neue Entwicklung:

Zum einen hatte unsere neue Pastoralreferentin den Auftrag bekommen, ein Konzept für das Dekanat zu entwickeln.

Zum anderen herrschte eine große Unzufriedenheit darüber, wie die Kirche sich besonders nach dem Missbrauchsskandal präsentierte und viele wünschten sich eine Möglichkeit, daran etwas zu ändern.

Treibende Kraft für den Prozess ist der Vorstand des Dekanatspastoralrates (DPRV). Hier haben sich Menschen getroffen, denen die Zukunft der Kirche vor Ort ein großes Anliegen ist und die bereit sind, hierein viel Zeit zu investieren. Einige Mitglieder hatten auch schon Erfahrungen mit Kleinen Christlichen Gemeinschaften und anderen Neuaufbrüchen sowie an den Angeboten des Bistums zum Thema Lokale Kirchenentwicklung teilgenommen.

In diesem Gremium sind alle Pfarrer Mitglied, dazu Vertreter der anderen Hauptamtlichen, der Gemeinden, Verbände und Einrichtungen.

Wir begannen die neue Entwicklung auf Vorschlag der Pastoralreferentin mit der Planung eines Dekanatstags.

## Weg

Unser erster Dekanatstag 2009 sollte zuerst die augenblickliche Situation der Kirche reflektieren, sodann mögliche Wege in die Zukunft skizzieren und bei dieser Gelegenheit eine Verbindung zum Fachbereich missionarische Seelsorge als Impulsgeber herstellen.

Wir, der DPRV als Veranstalter, wollten möglichst viele Menschen ansprechen und hatten daher ganz offen eingeladen, gemeinsam über die Zukunft unserer Kirche nachzudenken. Über hundert Teilnehmer waren gekommen. Vormittags hielt Dr.

Christian Hennecke einen Vortrag, der den Wandel in der Kirche vor dem Hintergrund der gesellschaftlichen Veränderungen der letzten fünfzig Jahre reflektierte und eine erste Skizze zukünftiger möglicher Entwicklungen entwarf.

Nachmittags konnte man unter Anleitung auswärtiger Fachleute in kleinen Workshops einzelne Zukunftsmodelle näher kennenlernen (z. B. neue Wege der Kommunionvorbereitung, Firmvorbereitung nach St. Egidio, Glaubenskurse, KCG, Offene Gemeinde u. a.).

Im Ergebnis hatten die Teilnehmer sich mit der Vergangenheit ein Stück weit versöhnt und es waren erste Anzeichen einer Aufbruchstimmung sichtbar.

In den folgenden Monaten besuchten wir vom Vorstand des DPR alle Gemeinden, um dort mit PGR und Interessierten den Tag zu reflektieren und das Interesse an einer engeren Zusammenarbeit zu dokumentieren.

Der Vorstand erhielt im Folgejahr eine kurze Gemeindeberatung, in welcher wir unsere dringendsten Themen benannten und uns über unsere unterschiedlichen Kirchenbilder austauschten.

Zu unserem zweiten Dekanatstag luden wir im Frühjahr 2011 ein. Dieser Tag fand gleichzeitig als Zwischenvisitation des Weihbischofs statt. Das Interesse war noch größer als beim ersten Mal. Jetzt standen schon eigene Aufbruchsversuche im Mittelpunkt, die in der Zwischenzeit gestartet waren (Emmauskurs, „Leben-im-Geist"-Seminar, Kommunionvorbereitung mit Eltern, Kooperation von Gemeinde und Caritas, Gruppe 55 plus).

Eine Tauferneuerungsfeier und ein Vortrag am Nachmittag ermutigten die Teilnehmer, sich selbst als Berufene neu wahrzunehmen.

2012 begann der Dies Communis(2) für sich eine Gemeindeberatung durch das Bistum, die die Lokale Kirchenentwicklung zum Inhalt hat. Dabei ergab sich als dringendste Frage: „Wie erfahren wir von den Sorgen und Nöten der 90 % Katholiken, zu denen wir keinen Kontakt haben?“ Der jeweilige Sachstand der Beratung wird in den DPR berichtet.

Auch den Dialogprozess in unserem Bistum im selben Jahr haben wir als Teil unseres Entwicklungsprozesses genutzt. Sehr ausführlich wurde in allen PGR, teilweise auch in Gemeindeversammlungen, diskutiert, wobei der DPRV wiederum die Gemeinden besuchte. Am Ende traf sich der DPR mit den PGR-Vorsitzenden und dem Weihbischof. Es wurde auf allen Ebenen ein breites Gespräch über Kirche, Stellung der Laien, Spiritualität und Diakonie.

Zurzeit diskutieren wir im DPR darüber, ob der „Kleine Grundkurs Kirche sein“, den das Bistum anbietet, in unserem Dekanat stattfinden soll.

Allerdings ist das Ziel, wohin unsere Entwicklung steuern soll, immer noch nicht ausreichend definiert. Dieser Frage soll sich ein neuer Dekanatstag, der im Februar 2013 stattfinden wird, widmen.

Wir haben keine besondere Steuerungsgruppe, die den Prozess lenkt. Diese Funktion nimmt bisher der DPRV ein, teilweise in einer gewissen Konkurrenz zum Dies. Wir suchen nach Lösungen, hier zu einem einheitlichen Weg zu kommen.

#### Reflexion

Wir sind gefragt worden, ob und wo wir Gottes Wirken auf unserem Weg erkennen können. Das ist schwer zu beantworten. Die Freude an der Gemeinschaft, das gegenseitige Mutmachen und die Tauferneuerung auf dem Dekanatstag II waren sicher etwas Besonderes. Es ist auch bemerkenswert, wie gut die Mitglieder des DPRV, die aus ganz verschiedenen Kreisen kommen und sehr verschiedene kirchliche Sozialisationen erlebt haben, miteinander arbeiten können. Dabei und bei der gleichzeitigen Aufbruchstimmung kann man schon an Führung denken. Schließlich fällt auch auf, wie verschiedene Entwicklungslinien sich bei uns zusammenfügen: unsere Dekanatstage, das Bistumskonzept, persönliche KCG-Erfahrungen, Initiativen einzelner und das Interesse der Menschen.

Wir bemerken auch, dass uns Kraft zuwächst.

Die Entdeckung, dass es nicht nur Niedergang gibt, sondern auch Aufbruch, macht uns Mut. Es ist reizvoller zu gestalten als nur zu verwalten. Wir freuen uns, dass Menschen interessiert und bereit sind, Verantwortung zu übernehmen. Und es tut gut, zu wissen, dass wir vom Bistum Unterstützung bekommen.

Natürlich läuft nicht alles von alleine. Es gibt auch Schwierigkeiten. Die Menschen im Dekanat, die Gemeinden, aber auch die DPRV-Mitglieder haben sehr verschiedene Prägungen und daher unterschiedliche Vorstellungen davon, wie Kirche sein soll. Und einen großen Respekt vor dem Unbekannten. Deshalb ist die Beteiligung der Gemeinden an dem Prozess auch recht unterschiedlich. Manchmal bedrückt uns die große Verantwortung und die hohe Arbeitsbelastung, die mit der Entwicklung verbunden sind. Es ist auch schade, dass Dies und DPR trotz aller Transparenz (noch) getrennt gehen.

Das Bistum bietet ein umfangreiches Fortbildungsprogramm an. Leider haben wir es noch nicht geschafft, uns intensiver hieran zu beteiligen, beispielsweise durch Teilnahme an der Summerschool.

An einigen Veränderungen können wir uns aber schon freuen.

So hat eine Art Versöhnung mit der Vergangenheit stattgefunden. Die Veränderungen der letzten Jahrzehnte werden jetzt als Teil einer gesamtgesellschaftlichen Entwicklung verstanden und nicht mehr so sehr mit eigenen Fehlern oder dem Fehlverhalten anderer begründet. Es ist die Erkenntnis gewachsen, dass es Wege für die Zukunft gibt und dass dabei Laien eine wichtige Rolle spielen. Und einige versuchen, diese neue Rolle auszufüllen. Daraus hat sich insgesamt eine Aufbruchstimmung entwickelt.

Anderen, die sich auf den Weg machen wollen, raten wir zuallererst zu Mut und Gottvertrauen. Offen zu sein für Anderes, Neues, aber auch alles, was schon vorhanden ist, wertzuschätzen.

Wir möchten sie ermutigen, sich genug Zeit für die Entwicklung der Vision zu nehmen und den Veränderungsprozess in der Hierarchie der Aufgaben ganz nach oben zu setzen.

Sie sollten sich von Anfang an Begleitung von außen suchen und Fortbildungsangebote in Teams nutzen.

## Weggemeinschaft Gangelt

### 1. Ausgangssituation

Die Weggemeinschaft Gangelt besteht aus den Orten der Zivilgemeinde Gangelt, einem dörflichen Gebiet nördlich von Aachen. 9 Kirchen in 8 Dörfern zwischen 300 und 3000 Einwohnern sind zu einer Gemeinschaft der Gemeinden zusammengeschlossen. D. h. jede Pfarrei bleibt eigenständig, aber es gibt viele Kooperationspunkte und ein Pastoralteam, das für die Seelsorge in allen Orten zuständig ist. Die ständig aktuelle Frage ist die nach der Subsidiarität: Wie viel Gemeinschaft ist gut und sinnvoll? Wie viel Eigenständigkeit brauchen die Gemeinden aber auch, damit die Menschen die Identifikation mit „ihrer Kirche" nicht verlieren?

### 2. Der Start

Dezember 2008 – „Teamtag" stand im Kalender des Pastoralteams der Weggemeinschaft aus 8 Landgemeinden im Bistum Aachen. Die Pfarrer hatten jemanden eingeladen, den sonst noch keiner kannte. Die Motivation des Teams war an diesem Samstagmorgen zäh wie der Nebel auf den Rübenfeldern: Wer mag das sein? Wird das wieder ein Tag mit viel Gerede und wenig Effekt?

Die Ausgangssituation dieses Tages war bezeichnend für die pastorale Lage in der Weggemeinschaft. Das Team aus 2 Priestern, 2 Subsidiaren, 2 Gemeindereferentinnen, einem Pastoralreferenten und 3 Diakonen mühte sich redlich mit der Pastoral in den 8 Dörfern und dem psychiatrischen Krankenhaus. Vieles war geregelt und gut organisiert, z.B. die Gottesdienstordnung und das Büro, es gab viele Konzepte und Pläne. Aber – ja, aber! Am besten beschreiben wohl die folgenden Verse aus der Offenbarung des Johannes das, was uns „damals" fehlte:

Ich kenne deine Werke und deine Mühe und dein Ausharren; Du hast ausgeharrt und um meines Namens willen Schweres ertragen und bist nicht müde geworden. Ich werfe dir aber vor, dass du deine erste Liebe verlassen hast. (Offb 2,2a.3–4)

Unsere Begeisterung brannte nur noch auf ganz kleiner Flamme; die Freude an der Frohen Botschaft, die wir verkündigen wollten, war nicht immer zu spüren. Doch dieser Teamtag entzündete in uns diesen Funken der Begeisterung neu. Am Ende dieses Tages hatten wir alle den Eindruck: Ja, so hat Kirche eine Zukunft – mit uns und unseren Gemeinden. Man kann es wohl ahnen: Der Eingeladene war Christian Hennecke. Er hat uns vom Projekt der „Kleinen Christlichen Gemeinschaften" erzählt und uns mitgenommen auf einen neuen Weg des Kircheseins vor Ort.

### 3. Der Weg Ist der Herr in unserer Mitte oder nicht? (Ex 17,7)

Nachdem wir uns fast ein Jahr lang im Team mit dem Thema weiter beschäftigt hatten, fuhren wir im Februar 2010 mit etwa 40 Interessierten zu einem Workshop nach Hildesheim. Zum ersten Mal setzten sich auch die ehrenamtlich Engagierten mit Kirchenbildern auseinander und erlebten die Kraft des Bibelteilens. Bereits nach diesem Wochenende entstanden die ersten Initiativen, die sich zum Bibelteilen trafen. Da Christian Hennecke und Gaby Viecens uns die weitere Begleitung unseres Prozesses zugesichert hatten, konnten wir in den Jahren 2010–2012 jährlich 3 Studientage für alle Interessierten anbieten. Diese Studientage mit ca. 40–50 Teilnehmer/innnen, sowie weitere Studientage mit dem Pastoralteam bilden bis heute das Rückgrat der Entwicklung in Gangelt. Die Teilnehmer/innen kommen aus allen Altersgruppen und Gemeinden unserer Weggemeinschaft. Schritt für Schritt entdecken Menschen an diesen Tagen den Reichtum des Wortes. Immer wieder zeigt sich, wie die Gedanken, die aus biblischen Geschichten entwickelt wurden, Menschen auf dem Weg ihrer Berufung stärken und ermutigen. Besonders die Erkenntnis, dass Berufung nicht etwas für Geistliche und Ordensleute ist, sondern dass jeder an seinem Lebensort berufen ist und sich dieser Berufung bewusst werden kann (gemäß 1 Sam 3, 1–21), war für viele eine überwältigende Erfahrung. Im nächsten Schritt erkannten wir durch das Lesen von Gen 28 (Jakob und die Himmelsleiter): *„Wirklich, der Herr ist an diesem Ort und ich wusste es nicht.“* Unser Leben als Christen kann für die Orte, an denen wir leben, fruchtbar werden. Das ist unser Auftrag, unsere Sendung. „Wie wird das Leben hier bei uns, das Leben in unseren Dorfgemeinschaften, aber auch das Leben der Kirche in 5 oder 10 Jahren aussehen?“ Diese Frage bewegt viele und bereitet Sorgen, aber besorgniserregend ist auch, dass viele die Frage nach der Zukunft der Kirche gerade nicht bewegt bzw. interessiert. Hier liegt die wesentlichste Herausforderung an uns als Christen: Wie können wir den Glauben in die Zukunft tragen? Dazu bietet der Prozess Lokaler Kirchenentwicklung die für uns einzig tragfähige Perspektive: Die Menschen müssen entdecken, dass Kirche nicht dort ist, wo ein Priester lebt und wirkt, sondern dort, wo Menschen miteinander aus dem Wort und Geist Jesu leben. Wichtig ist aber auch, dass die, die dies vermitteln wollen, nicht in wildem Aktionismus eine Veranstaltung nach der nächsten planen, sondern selbst aus Gottes Wort leben und Jesus Christus zutrauen, dass letztlich er derjenige ist, der seine Kirche baut – auch hier bei uns.

*Seht her, nun mache ich etwas Neues. Schon kommt es zum Vorschein – merkt ihr es nicht? (Jes 43, 19)*

Immer wieder taucht bei den Studientagen die Frage auf: Wie kommen wir weiter? Immer wieder haben wir den Eindruck: Wir treten auf der Stelle, es bewegt sich nichts. Menschen kommen zu den Studientagen, manche treffen sich zum Bibelteilen, aber die „Außenwirkung" bleibt aus. Es gibt nicht den großen Zustrom beim Bibelteilen, ja nicht einmal bei den Studientagen. Es gibt keine sozialen Projekte und Initiativen vor Ort. Einmal haben wir vom Pastoralteam etwas in dieser Richtung geäußert und waren sehr überrascht über die Reaktion der Ehrenamtlichen. „Aber es hat sich doch schon so viel getan!" bekamen wir zu hören. Die Wahrnehmung des Teams war also eine andere als die der Menschen in den Gemeinden. Sicher fehlt uns oft einfach die Geduld. Ein anderes Mal befielen uns, besonders die hauptamtlichen Laien in der Seelsorge, Selbstzweifel über unsere Rolle: Sind wir nicht letztlich überflüssig, wenn alle Kirche sind? Ist es dann nicht sogar unser Ziel, uns selbst entbehrlich zu machen? Wieder haben uns die Ehrenamtlichen in unseren Gemeinden ermutigt mit ihrer völlig anderen Sicht der Dinge: „Wir brauchen Euch. Ihr müsst die Vision einbringen und lebendig halten."

Das haben wir im Pastoralteam als Aufgabe begriffen, an der wir zur Zeit arbeiten: Die Vision. Dahinter stecken viele Fragen nach unseren eigenen Kirchenbildern und Kirchenträumen. Es ist nicht leicht, eine gemeinsame Vision zu entwickeln und zu formulieren. Und wenn wir sie denn einmal formuliert haben werden, wird sie bestimmt bald wieder überholungsbedürftig sein!

Die Erkenntnis, dass es nicht darum geht, neue „kleine christliche Gemeinschaften", sprich Gruppen in der Gemeinde zu gründen, ist auch bei uns relevant. Dennoch sind und waren diese Gruppen, die sich in der ersten Begeisterung gebildet hatten, notwendig, um das Bibelteilen wieder neu ins Bewusstsein der Menschen zu holen. Der Weg, den wir begonnen haben, bedeutet aber einen grundlegenden Perspektivenwechsel in der gesamten Pastoral. Neue Projekte und seelsorgliche Maßnahmen werden am Prozess der Kirchenentwicklung gemessen und an ihm ausgerichtet. Hierzu einige Beispiele:

#### Erstkommunionvorbereitung

Das Konzept der Erstkommunionvorbereitung steht immer wieder auf dem Prüfstand. Wir haben den Gottesdiensten einen größeren Stellenwert eingeräumt, um den Familien religiöse Erfahrung und Erfahrung von Gemeinschaft zu ermöglichen und gleichzeitig mit den Kindern das Tun im Gottesdienst einzuüben. Die Eltern erhalten vom ersten Informationsschreiben an Möglichkeiten, sich ihren persönlichen Fähigkeiten gemäß in die Vorbereitung einzubringen. Dabei reicht die Spannbreite vom Kuchenbacken bis zur katechetischen Begleitung einer Kindergruppe. Wir möchten den Eltern das Gefühl geben, dass wir ihnen die religiöse Erziehung ihrer Kinder, die sie bei der Taufe versprochen haben, nicht aus der Hand nehmen, sondern sie dabei begleiten.

#### Familienmesskreis

Ein Kreis von Frauen, der sich vor einigen Jahren gefunden hat, um Familienmessen vorzubereiten, entwickelt sich weiter. Die Treffen der Gruppe werden nicht von Anfang an auf die Frage ausgerichtet: Wie organisieren wir an diesem bestimmten Sonntag einen möglichst attraktiven Familiengottesdienst? Jedes Treffen beginnt mit dem Bibelteilen zum Evangelium des betreffenden Sonntags. Auch wenn das Evangelium schwierig war, fanden wir darin bisher jedes Mal die Botschaft Gottes an uns und über diese Beschäftigung mit dem Text dann auch einen Gedanken, den wir in die Messe einbringen bzw. aus dem wir die Messe gestalten konnten. Schließlich ist die Gruppe mittlerweile so offen für neue Mitglieder, dass sie nach der Erstkommunion alle Katechetinnen des Jahrgangs zur Mitarbeit einlädt, ohne einzelne Personen auszusuchen. Die Aufgabe, die sich dieser Kreis stellt, erweitert sich zusätzlich weg von der Gestaltung der Sonntagsmesse hin zu kreativen Angeboten, die den Glauben in ihrem eigenen Ort lebendig halten, wie z. B. einem Lagerfeuergottesdienst.

#### Abendgebet

Eine Gruppe, die sich zum Bibelteilen trifft, lädt alle 2 Wochen zum Abendgebet ein. Diese Initiative entstand aus dem 6. Schritt des Bibelteilens. „Wir sind gesandt, um mit den Menschen unseres Dorfes oder unserer Weggemeinschaft in den Anliegen der Welt zu beten."

#### Geistlicher Abend

Allen, die sich für den neuen Weg des Kircheseins interessieren, bieten wir ca. 3 mal im Jahr einen geistlichen Abend mit einem Bibelteilen an. Im 6. Schritt versuchen wir, gemeinsam Perspektiven für den Prozess in unserer Weggemeinschaft zu entwickeln.

#### Männerseelsorge

Im Advent 2011 fand erstmals ein Besinnungswochenende mit jungen Männern (30–40 Jahre) statt. Von 30 Angesprochenen hatten sich drei angemeldet. Aus dem Wochenende heraus entstand der Wunsch, sich auch im Verlauf des Jahres zu geistlichen Abenden mit Bibelteilen zu treffen. Inzwischen wird der Kreis größer und die Männer haben die Werbung für das Adventwochenende 2012 selbst in die Hand genommen. Seitens des hauptamtlichen Begleiters wird nur der Ort der Treffen bzw. des Wochenendes und der geistliche Inhalt „zur Verfügung gestellt" – die Männer, die inzwischen für das Projekt „brennen", sorgen selbst für die Ansprache weiterer Teilnehmer.

### Austausch im „weltweiten Netz"

Nein, diesmal ist nicht das Internet gemeint, sondern ein Netzwerk aus Beziehungen und Begegnungen, die uns bestärken und ermutigen: Der Anstoß und die Begleitung zu unserem Prozess kommen aus dem Bistum Hildesheim. Zweimal haben Haupt- und Ehrenamtliche aus unserer Weggemeinschaft an der Summerschool teilgenommen. Im Frühjahr 2011 nahmen ein Priester und ein Diakon an einer Reise auf die Philippinen teil, 2013 wird ein weiterer Priester dorthin reisen. 2012 reiste eine Gemeindereferentin mit einer Gruppe aus Zürich nach Südafrika. So konnten wir Eindrücke aus der Diözese Aliwal ebenso verarbeiten wie die persönliche Begegnung mit einem der „Väter"der Kirchenentwicklung, Fritz Lobinger in Durban. Darüber hinaus entstanden durch die Reisegruppe auch Kontakte nach Zürich-Seebach. Zu unseren Studientagen kommt regelmäßig eine Abordnung aus Luxemburg, die wir auch bei der Summerschool wiedersahen.

## 4. Reflexion

Dieses Netzwerk gibt uns das Gefühl, nicht allein nach neuen Wegen des Kircheseins zu suchen. Auch wenn die Gemeindesituationen überall verschieden sind, können wir im Austausch gemeinsame gesellschaftliche und kirchliche Entwicklungen erkennen und nach Antworten suchen, die in unsere jeweilige Situation passen. Wir profitieren von den Erfahrungen, die woanders schon gemacht wurden. Nachahmung ist in der Kirchenentwicklung nicht verboten, wenn sie den jeweiligen örtlichen Gegebenheiten Rechnung trägt.

Die Frage nach der Rolle der hauptamtlichen Seelsorger/innen ist eng verknüpft mit der Frage, ob dieser neue Weg des Kircheseins ein Weg „von oben" oder „von unten" ist. Ganz klar, so scheint es auf den ersten Blick, es muss ein Weg „von unten" sein. Wenn die Christen in den Gemeinden nicht aus dem Bewusstsein ihrer eigenen Berufung heraus handeln, wenn sie – wie wir es ihnen lange in den Mund gelegt haben – immer noch dem „armen Pastor helfen, der das alles nicht alleine schafft“, dann bleibt unser Kirchesein in dem alten hierarchischen Gefüge von Kirche verhaftet. Aber das ist nur die eine Seite der Medaille. Andererseits haben uns die Interessierten an unseren Studientagen ja schon signalisiert: Wir brauchen eure Inspiration und Vision. Kirchenentwicklung kommt nur dort in Gang, wo die verantwortlichen Priester oder das Pastoralteam den Anstoß geben und ihre Gemeinden erst einmal auf die Idee bringen, dass es diese neuen Wege geben könnte. Sie sind während des Prozesses dafür verantwortlich, Strukturen zu schaffen, die den neuen Weg, Kirche zu sein, ermöglichen. Dazu muss auch die eigene Rolle hinterfragt werden. Wer Partizipation ermöglichen will, muss auch bereit sein, Macht, Einfluss und Kontrolle loszulassen und zu verlieren.

Wer sich auf einen Weg begibt, kann sich vorher ausmalen, wie es wohl sein wird unterwegs und vor allem wird er sich auch ein Bild vom „Ankommen“ machen, also vom Ziel. Wir erleben, dass sich der Weg der Kirchenentwicklung immer wieder unter unseren Füßen wandelt. So wie der Begriff „Kleine Christliche Gemeinschaften“ zwar zum Markenzeichen wurde, aber die Realität nicht mehr wirklich trifft, mussten wir feststellen, dass die Bildung neuer Kreise, die miteinander Bibel teilen, uns nicht weiter brachte. Mit einem wachen Blick können wir aber an vielen Stellen unserer Weggemeinschaft kleine Pflänzchen entdecken, neues Wachstum spüren und wahrnehmen, wie dieser Perspektivenwechsel in der Seelsorge uns und das Leben in den Gemeinden verändert. Der Weg wandelt sich und auch das Ziel ist „nur“ eine Vision. Eine Vision ist gleichzeitig etwas sehr Großes und etwas Unfassbares. Auch sie wandelt sich – für jeden einzelnen, für das Team und für die Menschen in den Gemeinden. Wer sich auf den Weg machen will, sollte mutig starten – wenn der Funke der Begeisterung da ist und die Bereitschaft, sich auf diesen ständigen Wandel einzulassen.

*(Schriftlicher Beitrag zum Symposion „Kirche geht“ vom 18.–20. 10. 2012 in Lingen, verfasst von Barbara Ratayczak, Gemeindereferentin in der Weggemeinschaft Gangelt.)*
Informationen und Kontakt: barbara.ratayczak@weggemeinschaft-gangelt.de www.weggemeinschaft-gangelt.de

## St. Christophorus Pfarrei Stolzenau

### 1. Ausgangssituation

Die heutige Pfarrei St. Christophorus, Stolzenau, liegt im Westen des Bistums Osnabrück, Kreis Nienburg, Weser. Es ist Diasporagebiet mit ca. 5% kath. Bevölkerung. Das Gebiet umfasst 658,98 $Km^2$ (ca. 70 x 35 km) mit 43 350 Einwohnern, davon sind 2227 katholisch und 30 700 evangelisch. Die Kirchwege sind für die Katholiken bis zu 24 km lang, wenn es nur einen Sonntagsgottesdienstort gäbe bis zu 41 km.

2002/2003 gab es in diesem Gebiet vier eigenständige Pfarreien mit einem Pfarrer, einer Gemeindereferentin, vier Kirchenvorständen und einem gemeinsamen Pfarrgemeinderat: St. Stephanus, Liebenau, St. Marien, Steyerberg, St. Georg, Stolzenau, und St. Ursula, Uchte.

### 2. Start

Die vier Pfarreien der Weserregion sind seit 1993 auf dem Weg zu einem Gemeindeverbund, auf dem Weg zu einer Pfarrei. Dieser Prozess wurde durch die Gemeindeberatung des Bistum Osnabrück begleitet, das somit die Situation vor Ort kannte: viele

Dörfer – großes Einzugsgebiet, weite Entfernungen und die Frage, wie Glaube auf diesem Hintergrund vor Ort lebbar ist.

2002 kam aus dem Seelsorgeamt des Bistum Osnabrück die Frage zunächst an das Hauptamtlichen-Team: „Wie kann das Gemeindeleben in Zukunft – gerade auch in Gemeindeverbünden – strukturiert und verlebendigt werden? Wie können die neuen Gemeindestrukturen inhaltlich gefüllt werden? Wie kann Evangelisation und missionarische Gemeinde bei uns praktisch aussehen?

Der Umbruch in den Strukturen der Pfarreien, die Schwierigkeiten in Pastoral in der Katechese zeigen: Wir brauchen neue Modelle von Gemeindeentwicklung und Gemeindeleben."

Der Pfarrverbund wurde eingeladen, bei einem Projekt „Wochen mit der Bibel" im Jahr der Bibel 2003 mitzumachen, um in einem zunächst begrenzten Zeitraum in möglichst vielen Gruppen der Gemeinden Erfahrungen mit dem Bibelteilen zu machen als Basiselement des Gemeindeaufbau-Modells der „Kleinen Christlichen Gemeinschaften". Ziel war es, durch hoffentlich positive Erfahrungen mit der Bibel als Wort des Lebens und dem Feiern des Bibelteilens, zu dem ja auch immer die Frage der Sendung in den konkreten Lebensraum gehört, die Gemeindemitglieder zu motivieren, sich lokal als Kirche zu verstehen und Kleine Christliche Gemeinschaften in den Dörfern der Pfarreien aufzubauen, um so Glauben und Kirche vor Ort lebendig zu halten.

## 3. Der Weg

Einzelne Schritte auf dem Weg

2002

- Gespräche des Seelsorgeamtes mit dem Hauptamtlichenteam. Dieses spricht sich für das Projekt aus.

2003

- Zwei Mitarbeiter des Seelsorgeamtes stellen bei der Pfarrgemeinderatssitzung am 29. 1. 2003 das Projekt „Wochen mit der Bibel“ und das Bibelteilen vor. Anstelle der Besinnung wird ein Bibelteilen durchgeführt. Nach einer Diskussion stimmt der PGR dem Projekt zu und einzelne Schritte werden geplant: Information und Motivation der Gemeinden, ein Ausbildungskurs für Bibelteil-LeiterInnen, der Zeitraum für die geplante Intensivzeit, in der möglichst viele (bestehende und dafür zu gründende) Gruppen sich wöchentlich zum Bibelteilen treffen sollen, wird für Anfang September bis Mitte Oktober angedacht.
- Ein Projektmitarbeiter des Seelsorgeamtes kommt am 2. Fastenwochenende in den Pfarrverbund, und stellt in allen vier Gottesdiensten das Projekt und das Bibelteilen vor.
- Die kommenden Pfarrgemeinderatssitzungen beginnen nun immer mit dem Bibelteilen.
- Am 10. 5. 2003 findet ein Schulungstag für mögliche Leiter des Bibelteilen statt. Bei diesem von Projektmitarbeitenden geleiteten Workshop mit ca. 15 PGR- und KV-Mitgliedern sowie Interessierten, in dem es zunächst auch stark um das eigene Kirchenbild ging, kam es zu guten, motivierenden Glaubensgesprächen, in denen die gemeinsame Vision einer partizipativen Kirche aufschien. Weitere Schulungselemente schienen nötig. Es wurde vereinbart, am 18. 6. 2003 konkret zu überlegen, wie es mit dem Bibelteilen weitergehen sollte, wer von den Teilnehmenden auch wirklich Leitung übernehmen könnte.
- Auf dem Vorbereitungstreffen des Projekts „Wochen mit der Bibel“ am 18. 6. 2003 wird der Projektzeitraum auf die Fastenzeit 2014 terminiert, was weitere Schulungsabende möglich macht.
- Bei der gemeinsamen Klausurtagung des PGR und der KVs am 10. 10–12. 10. 2003 findet ein Treffen mit einem philippini-

schen missio-Gast statt (Fr. Ben Alforque SVD), der über seine Arbeit und das Wirken der Kleinen Christlichen Gemeinschaften berichtet.

2004: Bibelteilen – Schritte auf dem Weg, auf eine neue Weise Kirche zu sein!

- Im Gemeindeverbund werden in der Fastenzeit 2004 die „Wochen mit der Bibel“ als gemeindliche Intensivzeit durchgeführt. Es werden dazu in den vier Kirchorten Liebenau, Steyerberg, Stolzenau und Uchte je eine Gruppe neu begonnen. Die Gruppen treffen sich zunächst vier Mal und haben nach Ostern ein Auswertungstreffen, in dem auch über das weitere Vorgehen beraten werden sollte. Ziel der Intensivzeit: Sich vom Wort Gottes berühren zu lassen und auszuprobieren, wie wir diese neue Weise Kirche zu sein leben können.
- Alle vier Gruppen machten sehr positive Erfahrungen und beschlossen, mit monatlichen Treffen weiterzumachen.

2004 bis 2008

- Gute, intensive Begleitung der Verantwortlichen für die Bibel-Teil-Gruppen sowie Interessierte durch Dieter Tewes, in der Zeit von 2004 bis 2007, bei 2 bis 3maligen Treffen jährlich in Stolzenau.
- Dieser Erfahrungsaustausch motivierte immer wieder neu, auf der Spur der Kleinen Christlichen Gemeinschaften zu bleiben. Die Gruppen waren zunächst einmal Orte persönlichen spirituellen Auftankens, Orte der Begegnung mit Christus im Wort, erfüllten so die persönlichen Bedürfnisse der Teilnehmenden. Erst im Laufe der Jahre wurde langsam auch die Komponente des „Kirche-Seins vor Ort“ entdeckt und in Handlungsschritten realisiert.
- Bis heute 2012 gibt es die Bibel-Teil-Gruppen in Liebenau, Steyerberg und Uchte. In Stolzenau löste sich die Gruppe 2008

auf, in 2012 fand sich dort aber wieder eine neue Gruppe auf Initiative der PGR-Vorsitzenden und langjährigen BT-Gruppenleiterin zusammen. In der Ortschaft Mehlbergen ist 2012 eine weitere hinzugekommen.

Wichtig für den Weg war in dieser Zeit die Vernetzung und Weiterbildung im Bistum:

- Teilnahme an dem jährlichen geistlichen Tag für KCG und Bibel-Teil-Gruppen im Bistum Osnabrück „Auftanken" seit 2007
- In der Zeit von 2006 bis 2008 hat das KCG-Leitungsteam der Pfarrei an verschiedenen Workshops zum pastoralen Modell der Kleinen Christlichen Gemeinschaften auf Bistumsebene und in der Metropolie teilgenommen, um mehr zu verstehen, was das heißt.

2009

- Bibelteilen – glauben-leben-geben
- Dieter Tewes – vom Seelsorgeamt Bereich „Missionarische Dienste", der 2004 in unserer Pfarrei in das Bibelteilen eingeführt hat als Hinführung zur „Kleinen Christlichen Gemeinschaft" – ist zu Gast in den Gruppen in Liebenau, Steyerberg und Uchte. Reflexion und Beratung.

von 2009 bis heute

- Austauschtreffen – Intensivierung im Diözesanteam Osnabrück, Metropolie Treffen und jetzt bei den Regionaltreffen KCG Norddeutschland.

Wo wollen wir hin? Was ist unsere Vision?

Wir wollen in unserer flächenmäßig großen Diaspora-Pfarrei, mit weiten Wegen zu den vier noch vorhandenen Kirchen, „Orte" schaffen, an denen Menschen sich um Christus versammeln, um gemeinsam zu beten, das Wort Gottes zu hören, daraus ihr Leben gestalten und sich zu den Menschen gesandt wissen. Wir möchten, dass sie hineinwachsen in die Gottesbeziehung durch Christus, mit Ihm und in Ihm.

Gibt es ein Team, das diesen Prozess begleitet? Wie hat es sich gebildet? Wie setzt es sich zusammen?
Monika Bredau, Vorsitzende vom PGR (seit Beginn des Weges Anfang 2003 dabei), und Gemeindereferentin Sr. Peregrina (seit Ende 2003) sind als Team in der nun seit 2006 zusammengeführten einen Pfarrei begleitend, motivierend, nach neuen Wegen suchend vor Ort – in Richtung Lokaler Kirchenentwicklung.
Pfarrer Endres, seit 2 Jahren in der Pfarrei, geht diesen Weg mit.

Wo spüren wir Gottes Wirken auf diesem Weg?
- nicht in Mutlosigkeit stecken zu bleiben
- die Erfahrung, dass Menschen vertraut werden möchten mit dem Wort Gottes

### 4. Zur Reflexion

- Was hat uns Kraft gegeben?
  das gemeinsame Hören auf das Wort Gottes, das Gebet
  der Erfahrungsaustausch mit Dieter Tewes
  die inhaltliche Auseinandersetzung bei Diözesan-Metropolie- und Regional Treffen
  das gemeinsame Suchen, Anfragen …
  die Symposien zu KCG waren echt Visionsträchtig, motivierend …
- Was war schwierig?
  selbst nicht klar zu haben, was mit Kleinen Christlichen Gemeinschaften gemeint ist
  wenn der Pfarrer vor Ort es zuläßt aber nicht mitgeht
- Was hat sich verändert?
  der Weg von der Kleinen Christlichen Gemeinschaft hin zur Lokalen Kirchenentwicklung vor Ort

pastorale Entwicklungsprozesse statt einfach zu installierende „Gruppen“ oder zu verordnende Pastoral Modelle

- Spielte regelmäßige Reflexion / Evaluation eine Rolle?
  ohne die regelmäßige Reflexion / Vergewisserung in den oben genannten Teams wären wir nicht mehr auf dem Weg hin zu einer Lokalen Kirchenentwicklung, wären ausgestiegen, hätten uns abgesetzt
- Was würdet Ihr anderen raten, die sich auf den Weg machen wollen?
  den Weg als Team gemeinsam wagen
  bereit sein, sich auf einen Prozess einzulassen
  wahrnehmen, was vor Ort ist
  sich immer wieder mit anderen Teams zu vergewissern, reflektieren
  Impulse aus der Weltkirche aufnehmen

### Prozesse Lokaler Kirchenentwicklung in der Pfarreiengemeinschaft BoJe (Boot Jesu), Emsland

Die Pfarreiengemeinschaft BoJe besteht seit 1998 zunächst aus 6, seit 2011 aus 7 zum Teil sehr kleinen Pfarreien: St. Michael, Neusustrum (278 Gemeindemitglieder); St. Nikolaus, Sustrum (340 GM); Hl. Familie, Hasselbrock (405 GM); St. Johannes, Niederlangen-Siedlung (510 GM); St. Laurentius, Ober-Niederlangen (1215GM); Herz-Jesu, Sustrum-Moor (454 GM); 2011 kam als letzte St. Georg, Steinbild (1644 GM) hinzu.

Lage: im Bistum Osnabrück. Emsland, überwiegend katholische Bevölkerung, ländlich-dörflich. Hauptamtlichenteam: 1 Pfarrer, 3 Gemeindereferentinen mit zusammen 250 % BU.

### Ausgangssituation:

*Alter BoJe-Verbund:* Die bis 2011 sechs Pfarreien des BoJe-Verbundes hatten sich schon vor 1998 jeweils zu zweit einen Pfarrer geteilt. 1998 wurde P. Hermann Wöste, ein ehemaliger Missionar in Papua Neuguinea, der dort mit dem pastoralen Ansatz der Kleinen Christlichen Gemeinschaften und Lumko-Materialien gearbeitet hatte, Pfarrer aller sechs Land-Pfarreien.

### Start

Von 1998–Mai 2011 war Pater Hermann Wöste der leitende Pfarrer des Verbundes. Er brachte aus seiner Missionarszeit Ideen für den Aufbau einer partizipativen Kirche mit, war anfangs aber zögerlich, ob dies auch in Deutschland realisierbar sei. Mit dem Hauptamtlichenteam und vielen Ehrenamtlichen versuchte er das pastorale Konzept „So viel Selbständigkeit in den einzelnen Pfarreien wie möglich und so viel Gemeinsames auf Verbundsebene wie nötig“ umzusetzen.

Wichtig war ihm auch von Anfang an, die pastorale Arbeit mit dem Hören auf Christus im Wort der Schrift zu verbinden. Er führte das Bibelteilen in verschiedenen Kreisen und zu Beginn der PGR-Sitzungen und zu Beginn der Dienstbesprechungen des Hauptamtlichenteams ein, was auch zu einer immer besseren Akzeptanz von durch Laien geleitete Wort-Gottes-Feiern werktags und sonntags führte.

Um dieses Konzept der Partizipativen Kirche miteinander besser zu begreifen und im Verbund mit den Menschen umzusetzen, nahm das Hauptamtlichenteam mehrfach an Schulungen und Vernetzungstreffen des pastoralen Ansatzes der Kleinen Christlichen Gemeinschaften teil. Auch wurde Dieter Tewes u. a. jeweils nach den PGR-Wahlen eingeladen, mit allen Gewählten, ein geistliches Wochenende zu halten, bei dem es um die spirituelle Basis der PGR-Arbeit, die Entwicklung einer gemeinsamen Vision und die in einem geistlichen Prozess durchgeführten Wahlen der sechs PGR-Vorstände ging, die dann gemeinsam mit einer VertreterIn der KV den Verbundsrat bildeten.

### Der Weg

Anfänglich gabt es große Schwierigkeiten. Die erste große Hürde war ein gemeinsamer Gottesdienstplan. Jede Gemeinde kämpfte um den Erhalt der Gottesdienste und besonders der Eucharistiefeiern, ob am Sonntag oder in der Woche. Um keine Spaltung zwischen den Gemeinden aufkommen zu lassen wurde auf Wunsch von P. Wöste der Gottesdienstplan vom Seelsorgeamt in Osnabrück vorgegeben und zunächst für zwei Jahre festgelegt. Durch die Unterstützung der Maristenpater aus Meppen konnte so mancher Gottesdienst vor Ort erweiternd eingefügt werden und es kehrte langsam wieder Ruhe ein, die Gemeinden fühlten sich ernst genommen und bemühten sich, aufeinander zuzugehen. Die Verantwortlichen der Gremien lernten, den Blick über die eigene Pfarrei hinaus auch auf die Verbundsebene zu richten und es konnten gute Beziehungen zu den anderen Pfarreien im Verbund wachsen. In einem offenen Wettbewerb wurde ein Name für den Verband gesucht, Ergebnis: BoJe – „Boot Jesu".

Jetzt wuchs auch die Einsicht, dass nicht in jeder Kirche an jedem Sonntag eine Eucharistiefeier sein konnte. LeiterInnen für Wort-Gottes-Feiern wurden aus- und kontinuierlich fortgebildet und ein akzeptierter Gottesdienstplan, der in jeder Kirche einen Sonntagsgottesdienst sicherte, wurde entwickelt und auch Wort-Gottes-Feiern an Werktagen im Wechsel mit Eucharistiefeiern festlegte.

Ein weiterer wichtiger Schritt, den P. Wöste beim Bistum durchsetzte, war die Ernennung eines Gemeindemitglieds als Kirchenvorstandsvorsitzenden in jeder Pfarrei. Der Pfarrer wurde zwar immer über verschiedene Aktionen der Pfarreien informiert, jedoch war der Kirchenvorstand aufgefordert, selbstständig und verantwortungsbewusst zu handeln. Die Kirchenvorstandsvorsitzenden und ihre Vertreter trafen sich zweimal im Jahr auf Verbundsebene, um Erfahrungen auszutauschen und die Angelegenheiten zu regeln, die den Verbund betrafen. Auch auf diesem Wege entwickelten sich gute Kontakte und der Blick weitete sich über die eigene Pfarreigrenze hinaus.

Das Ziel, die Selbständigkeit und Lebendigkeit der einzelnen Gemeinden bzw. Pfarreien vor Ort zu fördern, erforderte einen hohen ehrenamtlichen Einsatz der Pfarreien und auch einen Blick über die eigene Pfarrei hinaus auf die Verbundsebene. Da die Gemeindemitglieder spürten, dass sie wirklich Verantwortung übernehmen und lokal relevante Entscheidungen treffen konnten, war die Bereitschaft zum Engagement in den Gremien auch vorhanden. Die Gemeindemitglieder honorierten das Engagement der Gremienmitglieder durch eine hohe Akzeptanz, eine Bereitschaft zur Mitarbeit bei einzelnen Projekten und durch eine hohe Wahlbeteiligung bei den PGR- und KV-Wahlen, die je nach Pfarrei in den letzten 10 Jahren zwischen 72 und 65 % lag.

Die Vorstände der PGR fungierten vor Ort in der Pfarrei als Ansprechpersonen und der PGR als Leitungsteam für die pastoralen Aspekte, der KV für die Gebäude- und Vermögensdinge.

Als gemeinsame Aktionen auf Verbundsebene gab es z. B. die Fahrradwallfahrt nach Sögel zu Mariä-Himmelfahrt und einen Verbundsgottesdienst aller Gemeinden am Samstag vor Pfingsten.

Als tragendes Fundament für die gesamte Arbeit und das Gemeindeleben im Verbund war und ist Jesus Christus als die Quelle der Botschaft des Lebens. Dafür sind die Symbole der brennenden Kerze und die Bibel als Zeichen seiner Gegenwart wichtig. Wo immer Gemeinde sich trifft soll dieses zum Ausdruck kommen. Daher sind bei allen Veranstaltungen Bibel und Kerze dabei, ein Schriftwort und ein gemeinsames Gebet werden gesprochen.

### St. Georg, Steinbild (1644 Gemeindemitglieder) als siebte Pfarrei im Verbund

Die 500 Jahre alte Pfarrei Steinbild musste sich vor der Zusammenlegung mit den sechs Pfarreien des BoJe-Verbundes 2011 mehrfach damit auseinandersetzen, Teil eines wieder neuen und dann wieder aufgelösten Pfarrverbundes zu sein. 1996 hatte Steinbild einen gemeinsamen Pfarrer mit den Gemeinden Dersum und Neudersum und mit Wirkung vom 1. August 2000 mit den Pfarreien Renkenberge und Wippingen (die Pfarreien Dersum und Neudersum schlossen sich mit der Nachbarpfarrei Heede zusammen).

Die Situation dieser drei Pfarrgemeinden mit einem leitenden Pfarrer forderte auch hier immer mehr die Laien der Gemeinde zu aktiver Mitarbeit auf. Ein Gottesdienstplan wurde gemeinsam von den Hauptamtlichen und den Vertretern der Gremien (PGR und KV) der jeweiligen Pfarreien erarbeitet. Die Vorsitzenden der Gremien machten bei den Treffen immer wieder deutlich, dass die Eigenständigkeit der Pfarrei vor Ort bleiben sollte. So unterstützten die Hauptamtlichen den Einsatz von Ehrenamtlichen in der Katechesenvorbereitung, im Kinder-und Jugendbereich und vielen anderen Diensten.

Konkrete Aktionen auf der damaligen Verbundsebene gab es nicht.

Schwierig war auch die langzeitige Erkrankung des Pfarrers und nach dessen Tod die vorübergehnde Tätigkeit eines schwierigen Priesters als Pfarradministrators.

Zur Pfarrei Steinbild gehören die Gemeinden Ahlen, Steinbild und Walchum.

### Der neue BoJe-Verbund ab 2011 mit 7 Pfarreien

Den Start für die Entwicklung der neuen Pfarreiengemeinschaft der Pfarreien des bisherigen BoJe-Verbundes und Steinbild gab es bereits 2006 durch den „Perspektivplan 2015" vom Bistum Osnabrück. Die Dekanate Aschendorf und Hümmling wurden zum

Dekanat Emsland Nord zusammengefasst und im Zuge des Perspektivplans sollten die 47 Pfarreien zu 11 größeren Einheiten zusammengefasst werden. Das Bistum wollte nicht einfach Vorgaben setzen und forderte die bestehenden Verbünde und Pfarreien auf, sich aktiv an diesem Prozess zu beteiligen. In den Pfarreien des BoJe-Verbundes und im Verbund Steinbild, Renkenberge und Wippingen fanden 2006 Versammlungen statt mit dem Endergebnis, dass die Gemeinden des BoJe-Verbundes zusammenbleiben wollten und sich einen Zusammenschluss mit dem Verbund Steinbild, Renkenberge und Wippingen gut vorstellen konnten. Renkenberge und Wippingen sprachen sich gegen eine Verbindung mit dem BoJe-Verbund aus. Steinbild sprach sich für einen neuen Verbund mit den Pfarreien von BoJe aus.

Damit schon die ersten Schritte in Richtung Perspektivplan 2015 getan werden konnten, trafen sich die Hauptamtlichen der beiden Verbünde BoJe und Steinbild (noch gehörten die Gemeinden Renkenberge und Wippingen dazu). Die Stimmung war positiv, Priester und Gemeindereferenten überlegten gemeinsam die nächsten konkreten Schritte. Die erste gemeinsame Aktion war der Pilgerstab, der vom Bistum an die neuen Verbünde überreicht wurde und dann als Vorbereitung auf den Katholikentag (2008) im kommenden Jahr durch die Gruppen und Verbände der neuen Pfarrverbünde gestaltet werden sollte. Am 10. Oktober 2007 wurden Vertreter aller Gemeinden BoJe und Steinbild zu einem gemeinsamen Treffen nach Steinbild eingeladen, das Zukunftsgespräch nahm greifbare Formen an. Die Aktion des Pilgerstabes, die Fahrrad-Wallfahrt nach Heede, und die gemeinsame Feier des Verbundsgottesdienstes bildeten die ersten Aktionen eines guten gemeinsamen Weges.

Im April 2008 kam der Bistumspilgerstab in den angehenden Verbund. Die Aktion, das Glas des Stabes mit einem kleinen Teil gemischter Erde aller Gemeinden des Verbundes zu befüllen, hat die Vertreter des neuen Verbundes dazu angeregt, gemeinsam einen Baum mit der restlichen Verbundserde am örtlichen

Mittelpunkt des Verbundes, in Neusustrum, zu pflanzen, verbunden mit einem feierlichen Gottesdienst. Wieder ein gutes Zeichen der bestehenden Verbindung.

Die Gemeinden Renkenberge und Wippingen konnten aus verschiedenen Gründen noch keine konkreten Schritte in Richtung des neuen Verbundes (Perspektivplan 2015) gehen und gehörten noch zu Steinbild. Diese Konstellation musste auch immer wieder bei den Schritten der Pfarrei Steinbild mit BoJe berücksichtigt werden und gestaltete sich manchmal sehr schwierig.

Im Frühjahr 2011 entschied sich das Bistum endgültig, die Pfarreien Steinbild und BoJe zu einer neuen Pfarreiengemeinschaft zusammenzuschließen und mit Wirkung vom 1. Oktober wurde Pfarrer Pierre Roy Toussaint zum leitenden Pfarrer ernannt. Der Pfarradministrator von Steinbild wurde abgezogen. Pfarrer Roy stammt aus Haiti und hat als Ordensmann in Brasilien viele Erfahrungen mit einer Partizipativen Kirchen vor Ort in seiner Arbeit mit kirchlichen Basisgemeinden gemacht.

Schon im Mai 2011 traf sich das verantwortliche Hauptamtlichenteam mit Pfarrer Roy, um die ersten gemeinsamen Schritte zu überlegen, was Kernpunkte der Pastoral sein könnten auch im Hinblick auf all das, was in den Pfarreien vor Ort schon bekannt und gelebt wird. Das Team war sich einig, gemeinsam mit den Menschen in den Pfarreien eine lokal orientierte Kirche aufzubauen mit möglichst viel Partizipation der Getauften an den Entscheidungsprozessen und Diensten. Dazu sollten Impulse und Erfahrungen des weltkirchlichen Pastoralen Ansatzes „Lokale Kirchenentwicklung / Kleine Christliche Gemeinschaften“ genutzt werden. Das Team nahm gemeinsam an Schulungen dazu teil und vom Bistum Osnabrück wurde Dieter Tewes, Projektleiter LoKi/KCG im Bistum Osnabrück, als „Starthelfer“ benannt, der mit Seminaren zu „Kleinen Christlichen Gemeinschaften“ und Bibelteilen schon seit mehreren Jahren mit den BoJe-Verbund und Steinbild zu tun hatte. Auch sollte im Rahmen des „Katechetischen Prozesses“ im Bistum Osnabrück ein exemplarisches Projekt zur gemeinsamen Visionsfindung im Verbund laufen, da die Entwicklung einer gemeinsamen Vision von Kirche vom Hauptamtlichenteam als wichtiges frühes Element auf dem Weg identifiziert worden war.

Im August 2011 wurden alle Mitglieder der Kirchenvorstände und Pfarrgemeinderäte zu einem ersten gemeinsamen Treffen eingeladen. Dabei gaben die einzelnen Pfarreien ein kurzes Statement zur aktuellen Situation ab. Anliegen, Hinweise und Fragen, die hierbei genannt wurden, wurden schriftlich festgehalten und sollten später besprochen werden. Hierbei wurde deutlich:

- Es gibt eine Freude, die ersten Schritte jetzt auch konkret im neuen Verbund tun zu können.
- Es sind auch Verletzungen aus den bisherigen Priesterkonstellationen spürbar.
- Es gibt auch Skepsis, ob ein gemeinsamer Weg in diesem großen Verbund zu schaffen ist.
- 6 Pfarreien sind stark und gut zusammengewachsen, wie geht das mit der siebten?
- Welchen gemeinsamen Namen wird es geben? Steinbild sollte nicht einfach „geschluckt“ werden.
- Ein Priester für so viele Pfarreien, wie kann das gehen?
- Die Leute fühlen sich als Teil ihrer Kirche.
- Die Leute sind bereit mit Verantwortung für ihre Ortskirche zu übernehmen.

Als erster gemeinsamer Schritt wurden Arbeitskreise mit Vertretungen aus allen Pfarreien gebildet, um die Einführung von Pastor Roy (9.10.11 in Oberlangen) vorzubereiten. Alle Beteiligten sprachen sich für ein weiteres Treffen aller Mitglieder der Gremien aus, damit die Entwicklung des Verbundes gut vorankommen konnte.

Zum 9. Dezember 2011 wurden alle Mitglieder von PGR und KV der sieben Pfarreien zur großen Verbundsratssitzung unter der Moderation von Dieter Tewes eingeladen. Neben dem gegenseitigen Kennenlernen ging es um zwei Fragen, die in Kleingruppen bearbeitet wurden:

1. Wie wollen wir in Zukunft Kirche sein im Verbund?
2. Welche praktischen Probleme sollen zuerst angegangen werden?

Hauptthemen hier waren die Notwendigkeit eines allseits akzeptierten Gottesdienstplans, die Frage nach dem pastoralen Ansatz und der zukünftigen Verantwortlichkeiten sowie die nach einem gemeinsamen Verbundsnamen.

Die Ergebnisse und Anfragen des großen Verbundsrates wurden in der pastoralen Arbeit der Hauptamtlichen und des kleinen Verbundsrates aufgenommen und weitergeführt. Die noch bruchstückhaften Elemente einer Visionsformulierung sind vorläufige Basis für die Arbeit des Verbundes, bis die Erledigung erster drängender Aufgaben Luft für weitere Visionsarbeit lässt.

Die Erarbeitung des länger gültigen Gottesdienstplanes gestaltete sich als äußerst schwierig, denn mit sieben Kirchen und einem Priester, der maximal 3 Messen am Wochenende feiern kann, muss es auch Wort-Gottes-Feiern geben. Die unterschiedliche Größe der Gemeinden musste berücksichtigt werden und trotzdem sollten die kleineren Gemeinden auch ihren Sonntagsgottesdienst in der eigenen Kirche feiern können. Der aus VertreterInnen aller Pfarreien gebildete kleine Verbundsrat konnte hier eine Lösung erarbeiten, die durch gegenseitige Rücksichtnahme und Verzicht im Konsens zustande kam.

Am 31. Januar 2012 traf sich erneut der große Verbundsrat, auf dem dieser Plan vorgestellt und angenommen wurde. Weiterhin wurde der pastorale Ansatz „Jesus Christus als Mitte und Quelle unserer Arbeit und eine maximale Partizipation der Leute“ noch einmal verstärkt.

Ein von den PGR (noch nicht vollständig) ausgefüllter Strukturplan der pastoralen Felder im Verbund wurde vorgestellt und zeigte, in welchen Pfarreien es bereits Ansprechpersonen für bestimmt Aufgaben gab und wer von den Hauptamtlichen als Ansprechperson zur Verfügung stand. 28 Arbeitsbereiche waren in diesem Plan benannt, für die jeweils ein Gemeindemitglied pro Pfarrei (also jeweils 7) Ansprechperson ist. Hinter vielen dieser Bereiche stehen pro Pfarrei noch Kreise weiterer Mitarbeitender (z. B. bei Katechese, Zeltlager, Wort-Gottes-Feiern). Auch wenn bei einigen Feldern noch keine Namen standen, zeigte sich hier das breite Engagement vieler Getaufter in den doch zum Teil kleinen Pfarreien.

Auf Verbundsebene wurde im April und Juni ein gemeinsamer Ausbildungskurs für Wortgottesdienstleiter (auch für Sonntagsgottesdienste) durchgeführt. Die Erfahrungen dieses gemeinsamen Kurses von 20 WGDL aus vier Pfarreien, die Bedarf hatten, haben sich sehr positiv auf den gesamten Verbund ausgewirkt.

Im Juni 2012 folgte die nächste große Verbundsratssitzung. Es ging darum, Transparenz für alle in Bezug auf die gegangenen und noch zu gehenden Schritte zu schaffen und Partizipation und Mitbestimmung zu ermöglichen. So wurde geschaut, welche bei dem ersten Treffen vor einem Jahr benannten Aufgaben abgearbeitet waren und ob Zufriedenheit mit den Ergebnissen herrschte (z.B. Gottesdienstplan), dann wurde weiter an den Strukturen für die Zusammenarbeit der Ehrenamtlichen mit den Hauptamtlichen gearbeitet sowie eine Arbeitsgruppe für die zukünftige Namensgebung gebildet. Inzwischen haben sich die Gottesdienstbesucher der Pfarrei Steinbild in einer Abstimmung dafür entschieden, dass der Name BoJe für den neu gebildeten Verbund bleiben kann.

### Reflektion

So holprig auch manchmal die Wege waren und sind, wir spüren, dass Gott mit uns ist. Die positive Einstellung der Gemeindemitglieder, ihr wachsendes Taufbewusstsein, ihre spürbare

Offenheit und wohlwollende Umgangsform bietet die Basis für ein lösungsorientiertes und Verantwortung übernehmendes Arbeiten. Uns allen wurde immer wieder deutlich vor Augen geführt, dass es keine schnellen, vorgefertigten Lösungen gibt. Das Gebet und das Wort Gottes als tragendes Fundament hat uns immer wieder eine Richtung oder Orientierung gegeben. „Jesus Christus gibt den Ton an", so hat es eine Ehrenamtliche formuliert – eine große Herausforderung. Wir versuchen uns dem zu stellen.

Wichtig war auch, allen die Möglichkeit zu geben, alles ansprechen zu dürfen. Es wurde ganz klar formuliert: Alles kommt auf den Tisch. Eine ehrliche und offene Aussprache wurde gerade auch durch Pastor Roy immer wieder von allen eingefordert – und es tat gut, dass alles Raum haben durfte.

Schwierig waren die ersten Begegnungen zwischen BoJe und Steinbild. BoJe als Verbund der Pfarreien, die schon 13 Jahre gemeinsam unterwegs sind und auf der anderen Seite Steinbild, das viele Priesterwechsel hinter sich hat, das sich auf eine Zusammenarbeit freute, andererseits aber auch seine Stellung innerhalb des neuen Verbundes sucht.

Ohne eine regelmäßige Reflektion/Evaluation wären viele Angelegenheiten noch unklarer oder gar nicht auf den Weg gebracht.

### Fazit

- Ist-Zustand wahrnehmen
- Möglichst viele Gemeindemitglieder in den Prozess integrieren
- Es gilt nicht etwas abzuarbeiten, sondern unserem Glauben ein Gesicht zu geben
- Gemeinsam unterwegs sein im Geiste Jesu, der von sich sagt: „Ich bin der Weg, die Wahrheit und das Leben".

## Braunschweig

### 1. Ausgangssituation

Wir kommen aus einer lebendigen Pfarrei aus Braunschweig mit 4 Kirchorten. Zu der Pfarrei gehören 10 Stadtteile, zu der ca. 6400 Gemeindemitglieder gehören. Für die Pfarrei sind ein Pfarrer und ein Pastor zuständig bis Anfang des Jahres 2013, dann steht nur noch ein Pfarrer für die Gesamtpfarrei zur Verfügung. In den verschieden Kirchorten gibt es viele diverse Gruppen und Gemeinschaften, die in ihren Kirchorten zu Hause sind.

### 2. Start

Den Anstoß, einen neuen Weg Kirche vor Ort zu leben und auszuprobieren, hatte uns unser damaliger Pfarrer Harald Volkwein gegeben. Anfang des Jahres 2007 nahm er an einer Studienreise nach Indien teil, wo er die Erfahrung von Kleinen Christlichen Gemeinschaften (KCG) teilen konnte. Begeistert kehrte er in unsere Pfarrei zurück und startete in drei Stadtteilen unserer Pfarrei einen Prozess mit interessierten Gemeindemitgliedern, einen neuen Weg Kirche vor Ort in der Form von KCGs zu leben. Zuerst sprachen wir über die neue Vision von Kirche und teilten dann gemeinschaftlich die Vision vom Reich Gottes. Dann führte uns unser damaliger Pfarrer in die einzelnen Schritte des Bibelteilens ein. Wir begannen das erste Mal mit Bibelteilen in sieben Schritten in unserem Stadtteil Broitzem im April 2007. Unser damaliger Pfarrer begleitete uns achtmal beim Bibelteilen. In den Stadtteilen Heidberg begleitete er das Bibelteilen sechsmal, im Stadtteil Stöckheim dreimal. Dann verließ er die Pfarrei, da ein Wechsel in eine andere Pfarrei bevorstand. Die drei Kleinen Christlichen Gemeinschaften ernannten jeweils einen Leiter der KCG aus ihrer Mitte. Diese drei Leiter waren auch Mitglied im Pfarrgemeinderat.

Was wir in unserer Kleinen Christlichen Gemeinschaft in Broitzem gleich zu Beginn lernten, war das genaue Hinhören auf das Wort Gottes und die Partizipation, die Teilhabe aller. Besonders auch im Schritt 6 war gerade die Partizipation schon immer eine echte Herausforderung. Das genaue Hinhören und Hinsehen in unsere Nachbarschaft, das gemeinsame Erkennen, wozu Gott uns jetzt eigentlich ruft und sendet, war eine große Lernerfahrung, die uns in all den Jahren begleitet hat.

Erfahren zu können, dass wir selbst gelebte Kirche vor Ort sind, war ein Prozess, an dem wir kontinuierlich teilgenommen haben. Auch was es wirklich meint, das Reich Gottes mit eigenen Händen und Füssen zu berühren, es hier in unserem Lebensumfeld erfahrbar zu machen, auf fremde Menschen zuzugehen und zu begreifen, dass gerade dieser Fremde unser Nächster ist, der nur ein paar Straßen von uns entfernt wohnt.

Die Vision vom Reich Gottes erfahrbar zu machen, meint auch offen zu sein für alle Menschen aus der Nachbarschaft, um gemeinsam das Wort Gottes zu teilen und Christus persönlich erleben zu können. Hierbei geht es um eine Christusbegegnung und Erfahrung, die uns hinaus sendet in die Nachbarschaft und auch zu weiterer Teilhabe der Pfarrei aufruft. So konnten Gegebenheiten und Erfahrungen, die wir gelernt haben, auch positiv in die Gesamtpfarrei mit eingebracht werden. Die gelebte Ökumene in der Kleinen Christlichen Gemeinschaft trug dann 2009 zu einem gemeinsamen Wachsen eines neues Projektes der evangelischen und katholischen Gemeinde bei. Es kam somit nach einer Vorlauf- und Entwicklungsphase zum Entstehen einer Nachbarschaftshilfe im eigenen Stadtteil. Die Nachbarschaftshilfe arbeitet vernetzt mit der Kleinen Christlichen Gemeinschaft zusammen und ergänzt sich gegenseitig zur Unterstützung und Hilfe der Menschen im Stadtteil. Das Wort Gottes kann hier im Stadtteil erfahrbar werden durch die diakonischen

Einsätze der Helferinnen und Helfer der Nachbarschaftshilfe sowie der Mitglieder der Kleinen Christlichen Gemeinschaft. Gott hat hier im Stadtteil seinen Geist wirken lassen und seine eigenen Wege geschaffen. Er hat uns diesen Weg durch die Menschen im Ort aufgezeigt. Diese klingelten an der Tür des evangelischen Pfarrers, dessen Kirchengemeinde im Stadtteil liegt, und baten um Unterstützung und Hilfe bei diversen Dingen. So reifte mit der Zeit der Wunsch und die Idee, diesen Anfragen der Menschen im Stadtteil gerecht zu werden, mit der Idee des Nachbarschaftshilfeprojekts.

Bis heute wird die Nachbarschaftshilfe nur durch Spenden beider Kirchengemeinden und der Bürger des Stadtteils finanziert. Eine feste Finanzierungsplanung gibt es nicht.

Lernerfahrungen aus der Kleinen Christlichen Gemeinschaft konnten ebenfalls mit in den Pfarrgemeinderat eingebracht werden. Durch Teilnahme an Workshops und Summerschools im Bistum Hildesheim bildete sich ein Pfarreiteam von 4 Personen. Zwei Personen davon gehören auch dem Pfarrgemeinderat an und können Erlerntes und Erfahrenes aus den Fortbildungen mit in die PGR-Arbeit einbringen.

## 4. Reflexion

Viel Kraft gegeben auf unserem Weg hat uns Jesus selbst, die mit Ihm verbundene Vision vom Reich Gottes, die erlebbare und erfahrbare Spiritualität seines Wortes in Gemeinschaft und die Menschen, denen wir im Schritt 6, auf den Wegen der Sendung begegnet sind. Die damit verbundene Liebe, die erfahrbar und erlebbar wurde, kommt in allen Schritten des Bibelteilens zum Ausdruck. Besonders aber durch die Sendung wird sie vollkommen.

Eine besondere Herausforderung stellten für uns immer hauptamtliche Gäste da, die zu Besuch kamen. Menschen aus der Nachbarschaft, die zum Schnuppern kamen, konnten sich in der Regel ganz natürlich in die Gemeinschaft integrieren.

Schwierigkeiten hatten wir ca. ein halbes Jahr in der KCG mit dem Schritt 6. Wir hatten uns zu viel vorgenommen. Die Evaluation half uns dabei, noch einmal genau hinzuschauen und auch Jesus im Schritt 6 noch einmal deutlicher nach einem konkreten Schritt zu fragen. Dieses verstärkte auch noch mal zusätzlich die Partizipation der gesamten KCG. Es kam dann auch zur Bildung einer Teamleitung, was sich bis heute gut bewährt hat.

Wir treffen auf Menschen in unserer Pfarrei, die auch gerne in ihrem Stadtteil, Kirche vor Ort erfahrbar leben möchten. Wenn sie den Wunsch äußern, auch wie wir, in der Form des Bibelteilens, einer Kleinen Christlichen Gemeinschaft ihren Glauben zu leben, dann laden wir sie zu uns ein. So können sie hineinschnuppern und beim Learning by doing eigene Erfahrungen sammeln. Nach einiger Zeit schauen wir gemeinsam, was in ihrem Stadtteil möglich ist, was gibt es dort schon vor Ort, wo können sie ihren Glauben in der Nachbarschaft leben. Wir empfehlen auch immer die Teilnahme an Workshops und Fortbildungen des Bistums Hildesheim und die gemeinsame Vernetzung vor Ort der KCG, mit anderen Institutionen und die Teilhabe an der Gesamtpfarrei.

## „Treffpunkt•Gott": Eine Weg-Geschichte lokaler Kirchenentwicklung aus der Heilig Geist Gemeinde in Sarstedt

### Zur Ausgangssituation

Im Herbst des Jahres 2010, dem Jahr des Beginns unserer Weg-Geschichte, wurde die jetzige Pfarrei Heilig Geist Sarstedt aus drei ehemals eigenständigen Pfarreien neu gegründet. Das Team der pastoral Hauptberuflichen war erst seit kurzem zusammen (Pfarrer 2007, Gemeindereferentin 2008, Dekanats-Pastoralreferentin 2010). Die Katechese lief weitestgehend in den Formen vertrauter Kursformate. Dennoch oder gerade deshalb war bei den pastoralen Mitarbeitenden eine Offenheit für neue Impulse und Wege vorhanden. Seit 2007 gab es verschiedene zeitlich befristete Projekte, um mit interessierten Christen „vor Ort" über neue Wege des Kircheseins nachzudenken. Diese Projekte erreichten zwar nicht viele Gemeindemitglieder, waren aber kleine Bausteine zu einer Bewußtseinsveränderung hin zur Wertschätzung der Lebensräume der Menschen. Begleitet waren diese kleinen Projekte stets von einem intensiven gemeinsamen Nachdenken und Reflektieren im Team der Hauptberuflichen.

### Zum Start

Als ich 2007 Pfarrer in Sarstedt und später in Nordstemmen wurde, war ich bereits seit zwei Jahren in intensivem Kontakt mit Wegen und Aufbrüchen hin zu einer stärker partizipativen Kirche, die in den Lebensräumen der Menschen verankert ist („Small Christian Communities"). In diesem Zusammenhang hatte ich auch vom Modell einer neuen Weise der Katechese gehört, wie sie in der Pfarrgemeinde St. Anne's in Chicago unter der Überschrift „Generations of Faith"praktiziert wird. Mir schien, dass es sich hier nicht einfach um eine neue Methode der Katechese handelte, die ein gängiges Modell ablöst, bis sie selbst irgendwann von einer noch neueren Methode abgelöst werden wird. Der Ansatz, Generationen übergreifend und Generationen verbindend mit allen – von Kindern bis alten Menschen – im Glauben zu wachsen, sprach mich an, weil es offensichtlich zunächst um die Erfahrung ging, miteinander Kirche zu sein, Kirche zu werden, zum Volk Gottes zu gehören. Ich ahnte, dass es hier in erster Linie um Evangelisierung ging und erst als Folge daraus um Katechese im Blick auf die Sakramente.

Diesen Weg wollte ich gern in unserer Pfarrgemeinde bekannt machen. So lud ich im Frühsommer 2010 Frauen und Männer, die in unserer Gemeinde katechetische Erfahrungen gesammelt hatten, zu einem Austausch über bisherige und mögliche künftige Wege in der Bezeugung und Weitergabe des Glaubens ein. Zugleich hatte ich zwei Referenten aus dem Fachbereich Missionarische Seelsorge des Bistums Hildesheim eingeladen, das Projekt aus Chicago vorzustellen. Ich war gespannt: Wie würden die erfahrenen Katechetinnen und Katecheten darauf reagieren? Das Treffen endete mit dem Wunsch, mehr zu erfahren!

Die Gelegenheit dazu bot kurz darauf ein Studientag in Hildesheim, an dem ich mit der Gemeindereferentin, der Pastoralreferentin und weiteren neun Frauen teilnahm. Am Ende waren eine Begeisterung unter uns da und der Entschluss, in diese Richtung weiterzugehen!

### Zum Weg

Doch was wollten wir eigentlich? Welche inneren Bilder verband jeder Einzelne mit diesem Weg, der uns nur in seiner amerikanischen Ausprägung und auch nur auf dem Papier bekannt war? Und was konnte ein von allen gemeinsam geteiltes Bild sein? So stand am Beginn ein intensives Hören: in sich selbst, aufeinander – und auf das Wort Gottes. Denn uns war klar: Ein gemeinsam geteiltes Bild, eine gemeinsame Vision, konnte nur aus einem Verwurzeltsein in Gottes Gegenwart, in Seinem Wort erwachsen.

Uns wurde klar: Wir wollen einen Weg beschreiten, auf dem das, was uns selbst Halt gibt – unser Glaube und das Miteinander verbunden sein in der Kirche – einladend, sympathisch, fröhlich und ernst, menschlich und göttlich zugleich erfahrbar wird.

Warum das nicht unter uns mit unseren Familien ausprobieren und so eine praktische Erfahrung machen und ein inneres Bild schärfen? So wurde die Durchführung eines „Modell-Vormittags“ mit den Ehemännern, Ehefrauen und deren Kindern ein entscheidender Schritt. Hier wurde Ideen zusammengetragen und auch der Ablauf eines großen Glauben-Lern-Treffens fand eine Gestalt: Brunch, ein frischer Glaubensimpuls, vertiefende Workshops, Freude am miteinander Singen – dieses ließe sich auch in einem größeren Stil verwirklichen! Als dann einer der Ehemänner vorschlug, ein solches Treffen schlicht „Treffpunkt•Gott" zu nennen, hatte der vor uns liegende Weg nicht nur einen Namen, sondern drückte auch unsere Vision aus: einen Ort zu schaffen, der Begegnung untereinander und darin Begegnung mit Gott ermöglicht.

Im Jahr 2011 konnten wir „Treffpunkt•Gott" zweimal durchführen. Gerade vor dem ersten Treffen im März 2011 nahm die äußere Organisation breiten Raum ein. Dieses hat sich mittlerweile eingespielt. Ziel war und ist es, nicht nur die „kirchenvertrauten" Gemeindemitglieder anzusprechen, sondern besonders auch den Glauben suchende Menschen, Menschen, die keinen oder nur noch wenig Zugang zu Gemeinde und Gottesdienst haben. Aus diesem Grund findet „Treffpunkt•Gott" auch nicht in den (ohnehin viel zu kleinen) Räumen des Pfarrzentrums statt. Wir sind stattdessen Gäste in der neben der Kirche liegenden Grundschule, die mit einem einladenden Foyer und den Klassenräumen hervorragend geeignet ist. Eine große Glaubensveranstaltung in der Schule: das soll „Neuen" und „Suchenden" das Kommen erleichtern. Zum Starttreffen kamen 120 Personen. Es war wirklich Generationen verbindend!

Der Ablauf der Treffen hat eine wiedererkennbare Struktur: Am Eingang wird jeder von einem Begrüßungsteam willkommen geheißen, das einem auch hilft, das Namenskärtchen zu finden, welches jeder Angemeldete bekommt – oder sich noch selbst schreibt. Sich namentlich ansprechen zu können, trägt zu einer persönlichen Atmosphäre bei. An einem Buffet kann man seinen Beitrag dazu abgeben. Eine Musikgruppe begleitet die Lieder, die gesungen werden. Ein Moderatoren-Team, bestehend aus einer Frau und einem Mann, führt durch den

Tag. Nach dem Brunch eröffnet ein Impuls, vorbereitet von einem kleinen Team, den Tag thematisch. In mehreren Workshops bieten sich Möglichkeiten, sich mit dem Thema auf unterschiedliche Weise auseinanderzusetzen. In einer anschließenden Sofa-Talkrunde auf der Bühne teilen verschiedene Workshopteilnehmer allen Alters ihre Erlebnisse und Erkenntnisse mit allen. In einer abschließenden Wort-Gottes-Feier mit Elementen des Bibelteilens bündelt sich der Tag. In allen bisherigen Veranstaltungen erstaunen und bewegen die Dichte der Atmosphäre und die Spontaneität und Beteiligung der Teilnehmenden, besonders der Kinder. Der Tag, der um 10:00 Uhr begonnen hat, endet nach dem Gottesdienst gegen 14:00 Uhr. Aus dem Begrüßungsteam wird dann ein Verabschiedungsteam, das jedem noch eine zum Thema passende kleine Erinnerung überreicht.

Um dieses Projekt bekannt zu machen und es in erfrischender Weise zu präsentieren, ist eine gute Öffentlichkeitsarbeit wichtig. Das beginnt bei der Konzeption und Verteilung von Flyern und Plakaten und reicht hin bis zu Pressegespräch und Pressemappe – zumindest in der Startphase des Projektes.

### Zur Reflektion

Wichtig ist zu gewährleisten, dass das Projekt ein geistlicher Weg bleibt. Das bedeutet dafür zu sorgen, dass organisatorische Aspekte zwar gut geklärt werden, aber nicht die Oberhand gewinnen. Wir haben uns auf eine Struktur zur Vorbereitung der einzelnen Veranstaltungen verständigt, die sicherstellen soll, dass für das Team ausreichend Zeit bleibt, um auf das Wort Gottes zu hören, um uns selbst mit den jeweiligen Themen auseinanderzusetzen und um in der Reflektion den weiteren Entwicklungsweg zu bedenken, was auch Korrekturen einschließt.

Die Ausrichtung auf „Suchende“ und „Neue“ verwirklicht sich – aber nicht in großen Zahlen! „Treffpunkt•Gott“ ist eine wunderbare Möglichkeit für Menschen, die an Glaubenskursen teilgenommen haben, einen Ort der Beheimatung in der Gemeinde zu finden. Und andere, die schon lange „dabei" sind, lernen sich nicht selten das erste Mal persönlich kennen!

Die Idee, durch einen Weg Generationen übergreifender Katechese langsam die bestehenden klassischen Vorbereitungswege auf die Erstkommunion und Firmung vollkommen zu ersetzen, lässt sich nicht ohne weiteres verwirklichen. Aber wir sind an dem Punkt, die unterschiedlichen Wege der Initiation miteinander zu verknüpfen.

Erfreulich und vorab nicht absehbar war der belebende Effekt, den „Treffpunkt•Gott" auf das Miteinander der bestehenden Gemeindegruppen und Verbände (KAB, Kolping, Frauengruppe) hat. Da wir bewusst auf diese den traditionellen Gemeindekern bildenden Gruppen zugegangen sind mit der Bitte um Übernahme ganz konkreter Aufgaben während der Veranstaltung (Kolping ist für das Buffet und das Bistro zuständig; KAB kauft ein und kocht Kaffee), ist „Treffpunkt•Gott" von Beginn an eine Sache aller und keine „Konkurrenzveranstaltung", die sich gegen andere profilieren will.

„Treffpunkt•Gott" lebt in erster Linie von einem Team, das eine gemeinsame Vision teilt und sich dieser Vision immer wieder vergewissert. Das ist auch deshalb notwendig, weil sich das Team personell verändert hat: Einige sind aus unterschiedlichen Gründen weggeblieben, andere sind neu dazugekommen.

Wichtig ist, dass Begeisterung und Leichtigkeit für die Team-Mitglieder nicht verloren gehen, was angesichts des nicht geringen Aufwandes an Zeit und dem immer drohenden Übergewicht des Organisierens schnell passieren kann. Das Team muss aus „Treffpunkt•Gott" selbst Kraft ziehen. Sich nur zu geben, damit andere etwas davon haben, ist zwar eine hehre Einstellung, führt aber schnell zu Erschöpfung und Rückzug.

Was raten wir denjenigen, die sich auch auf den Weg machen wollen?

Es kann nicht darum gehen, einen Weg, der andernorts (mit guten Erfahrungen) gegangen wird, eins zu eins zu kopieren. Aber es kann darum gehen, sich inspirieren zu lassen. Letztlich kommt dann etwas in Bewegung, wenn Menschen zusammenkommen und ihnen der Raum gegeben wird, ihre inneren Bilder von Kirche, ihre Sehnsüchte, Träume und Visionen einander mitzuteilen. Das ist aber nur der erste Schritt: Von möglicherweise vielen einzelnen Visionen gilt es, zu einer gemeinsamen Vision zu kommen. Die Arbeit an der Vision ist unerlässlich und eine Daueraufgabe! Meistens ist es auch das, was zu kurz kommt oder als Erstes hinten überfällt. Gerade hier sehe ich die wesentliche Aufgabe der pastoral Hauptberuflichen und noch einmal besonders des Pfarrers: Er muss ein Visionär sein und Visionen ermöglichen und zulassen – auch wenn sie nicht mit der Seinen identisch sind! Letztlich geht es ja darum, miteinander herauszufinden, welchen Weg uns der Geist Gottes führen will.

*Pfarrer Harald Volkwein,* Sarstedt (Bistum Hildesheim)

# Aufbruch

**Alfons Vietmeier**

# Eine Vision gewinnt Gestalt – Merkmale der Kirche der Zukunft, vor Ort.

## Anregungen zum anders Weitergehen ...

### Mexikanische Verortung

**Wie eine Vision Gestalt gewinnt: „acht Seligpreisungen", für Euch!**

In den letzten Monaten habe ich auf verschiedenen Wokshops mit in der Pastoral Engagierten von diesem Symposion „Kirche geht ..." erzählt und nach pastoralen Anregungen von Mexiko nach Deutschland gefragt. Fast immer wurde verwundert zurück gefragt: „Von uns nach Deutschland? Die können doch Alles viel besser als wir hier. Verschicken den Volkswagen und Werkmaschinen ..., Hilfen von Misereor und Adveniat ..., kluge Theologie und sogar unseren jetzigen Papst ... Wieso wollen die von uns lernen?"

Ich erzähle dann kurz von der „Ent–Europäisierung des Christentums" (so bringt es der Münsteraner Missionstheologe Giancarlo Collet auf den Begriff), von der komplexen Kirchen- und Pastoralkrise in Deutschland und in Europa, von dem Epochenwechsel als weltweite Herausforderung und von der Suche überall nach neuen Wegen der Evangelisierung und damit auch anders Kirchesein, vor allem vor Ort, als lokale Kirchenentwickung auf Stadtebene. Ich füge hinzu, dass genau dies die derzeitige Bischofssynode in Rom thematisiert, aus Anlass des 50 jährigen Beginns der II. Vatikanischen Konzils. Und ich ergänze dann: Wir hier haben Erfahrungen in all dem angesammelt; die Zeit ist gekommen, das weiterzugeben und zu teilen als ein Teil eines größeren Ganzen, was der Sinn von „katholisch" ist. Allgemeines Gemurmel signalisiert Zustimmung.

Dann gibt es in Kleingruppen einen Erfahrungsaustausch: Welche neuen Wege beschreiten wir in der Pastoral als Antwort auf die derzeitigen gesellschaftlichen Herausforderungen und welche biblischen Schlüsseltexte inspirieren uns dabei? Im Plenum, mit vielen Beispielen, etwas geordnet und vertieft, wird auf die Wandtafel geschrieben:

**Von Chaos zum Kosmos.** Stichworte: Chaos ist allgegenwärtig, im Straßenverkehr und in der öffentlichen Ordnung, in Wirtschaft und Politik; und all das hat schlimme Resonanz in ganz vielen Familien, wo es chaotisch zugeht ... Jedoch inmitten von „Wirrnis und Dunkelheit" (Gen 1), Gottes Schöpfergeist ist weiterhin aktiv durch uns. Aufgabe: im Chaos kreativ sein und „Kosmos – Biotope" schaffen oder unterstützen. Z. B. Gemeindezellen, Selbsthilfegruppen, Nachbarschaftshilfe, Umweltinitiativen wie ökologische Pfarrei ...

**Von Ausbeutung zur Befreiung.** Stichworte: Sklaverei (Ex 1 ff) hat immer neue Gesichter; Migranten, Indios in der Großstadt, Straßenkinder, Hausmädchen, alte Leute ohne Rente ...: „menschlicher Abfall" (vgl. Auflistung im Dokument von Aparecida 65). Befreiung ist immer und überall Notwendig. Aufgabe: Als Basisgruppen sich einsetzen für Menschenwürde und Menschenrechte, gegen Diskrimination, Korruption, Konsumterror ...

**Vom Jammern zum Anpacken.** Stichworte: Viel Gejammere über die schlechte Gegenwart. So war's schon bei den Israeliten in Babylon. Jeremías: Hört auf zu Heulen! Packt an! Bemüht Euch um das Wohl der Stadt! (Jer 29). Aufgabe: Bürgerbeteiligung für sichere Wohnviertel ...

**Von der Resignation zum erneut Weitergehen.** Stichworte: Steh auf, iss und geh weiter, es liegt noch ein langer Weg vor Dir!, so der Engel zu Elija (1 Kön 19). Resignation, nicht mehr mitmachen wollen, passiert durchaus auch bei ganz Aktiven. Aufgabe: Räume und Zeiten schaffen, um Resignationen aufzuarbeiten, z. B. einfache Hausgottesdienste mit Imbiss des Gemeindeteams, Einkehrtage zusammen, sich in praktische Solidarinitiativen einbringen vor Ort und so sich ermutigen und andere auch …

**Von gekreuzigten Hoffnungen zum miteinander Teilen.** Stichworte. Emmauserfahrung (Lk 24): Alles hinschmeißen und abhauen! Aber besser: die Trauer aussprechen. Beim miteinander Teilen des Mahls erkannten sie IHN! Zugleich auch und vor allem die Fußwaschung (Joh 13) sehr ernstnehmen: teilen und dienen! Gekreuzigte Hoffnungen müssen (mit-)geteilt und dann Konsequenzen gezogen werden. So ereignen sich Auferstehungserfahrungen. Aufgabe: Wo immer möglich, Tod – Auferstehung als Alltagserfahrungen ins Gespräch bringen und neues und solidarisches Leben erfahren, schaffen und weitergeben: Tut dies zu meinem Gedächtnis! …

**Vom Gewohnten zum Kreativen.** Stichworte: frustrierte Fischer – Jünger: sie haben nichts gefischt! Jesus: werft doch die Netze aus, auf der anderen Seite des Bootes! (Joh 21). Aufgabe: Warum immer das Gewohnte wiederholen? Neue Wege, neue Methoden sind notwendig …

**Vom Alleinentscheider zu Gemeinden mit vielen Diensten**: Stichworte: Der Auferstande sind wir alle als ein Leib mit vielen Gliedern und Gaben; Christus ist das Haupt und nicht der Pastor; er hat seine Dienstaufgabe und wir alle die Unsrigen (1 Kor 12). Aufgabe: paulinische Evangelisierungslogik praktizieren, d.h. viele kleine Gemeinden, Zellen, Hauskirchen … ermöglichen und vielfältige Dienste qualifizieren …

**Von der Bewahrung zur Mision.** Von „Kommt zur Kirche!“ zu „Geht hin zu den Orten des realen Lebens!“ Stichworte: Warum schaut Ihr zum Himmel? Bewegt Euch hier auf Erden!, so der Engel zu den Jüngern bei der Himmelfahrt (Apg 1). Und: geht in alle Lebenswelten und ... heilt!, so Jesus (Mk 16). Aufgabe: Nicht sich ängstlich einschließen in kirchlichen Räumen. Fenster und Türen öffnen und auf die Straßen gehen (Pfingsterfahrung)! Sauerteig sein, wo wir wohnen, wo wir arbeiten, wo wir uns engagieren im Freizeitbereich, insbesondere mit gelebtem Zeugnis von Glaubwürdigkeit.

So ungefährt steht es auf der Wandtafel. Dann zählen wir: Es sind acht Inspirationen, die unserer kirchlichen Erneuerung vor Ort Richtung geben. „Das werde ich in Deutschland weitergeben!", erkläre ich dann. Doña Rita, Leiterin des Animationsteam einer von über 20 Basisgemeinden in einer großen Stadtpfarrei, fügte spontan hinzu: „Das sind unsere ‚acht Seligkeiten'! Sag' ihnen in Deutschland, dass wir Euch solche Erfahrungen wünschen auf dem Weg zu einer Kirche der Zukunft! Das teilen wir mit Euch!" Ich versprach's und übermittle es jetzt mit Freuden.

In Mexiko kochen wir natürlich auch nur mit Wasser und sehr bescheidene Gerichte. Und gekocht wird so nur in einer Minderheit von Pfarreien; aber diese Erfahrungen ermutigen uns und hoffentlich Euch. Die folgenden Vergewisserungen, Orientierungshilfen und Anregungen sind ein kreativer Mix vieler Früchte einer Christseins-Alfabetisierung mit Ehrenamtlichen und zugleich eines langjährigen interkulturellen und interpastoralen Austausches: wir lernen voneinander und bereichern uns. So wächst eine plurikulturelle, deshalb wirklich „katholische", all die Verschiedenheiten umfassende Kirche.

### Vergewisserungen von eigentlich Selbstverständlichem

**Wir hier und Viele überall sind schon unterwegs, mit Richtung.** Überall sind schon Menschen unterwegs, als Christinnen und Christen und auch als Kirche vor Ort, um lebendig – kreativ anders Kirche zu sein. Sie haben Erfahrungen gesammelt, was geht und nicht geht, hier in Deutschland, aber auch in der Schweiz, in Frankreich, Papua Neuguinea und Mexiko und in vielen anderen Ländern, und dort in ungezählten Orten. Manches davon haben wir in diesen Tagen miteinander geteilt, so wie die Emausjünger. Der Gekreuzigte und Auferstandene ist mitten unter uns, wann immer wir aufbrechen, um miteinander zu teilen. So ereignet sich Subjektwerdung des Volk Gottes.

**Wer geht benötigt Richtung.** Die „Pastorale Konstitution über die Kirche in der Welt von heute" (Gaudium et Spes / GS) beginnt mit klarer Orientierung, wohin es zu gehen hat: „Freude und Hoffnung, Trauer und Angst der Menschen von heute, besonders der Armen und Bedrängten aller Art, sind auch Freude und Hoffnung, Trauer und Angst der Jünger Christi. Und es gibt nichts wahrhaft Menschliches, das nicht in ihren Herzen seine Resonanz fände. Ist doch ihre eigene Gemeinschaft aus Menschen gebildet, die, in Christus geeint, vom Heiligen Geist auf ihrer Pilgerschaft zum Reich des Vaters geleitet werden und eine Heilsbotschaft empfangen haben, die allen auszurichten ist" (GS 1). „Freude und Hoffnung, Trauer und Angst …, besonders der Armen und Bedrängen … Resonanz in unseren Herzen … vom Heiligen Geist geleitet … auf Pilgerschaft zum Reich des Vaters …", das sind bleibende Eckpunkte einer christlichen und kirchlichen Praxis vor Ort, heute und morgen.

**Wir hier und ganz Viele mehr, befinden uns jenseits einer Lähmung** im Sinne von: nichts geht mehr! Es ist gut, sich ein Grundprinzip immer neu zu vergewissern: Christsein und Kirchesein ist immer ein „miteinander unterwegs sein": Die ersten christlichen Gemeinden in der Paulustradition nannten sich „die auf dem neuen Weg …" (vgl. Apg 9). Eines am liebsten gesungenen Kirchenlieder in Mexiko beginnt: *Zusammen als Geschwister und Teil einer Kirche / lasst uns weitergegen, / zur Begegnung mit unserem Herrn!* Es endet: … *die Kirche ist unterwegs, / unterwegs zu einer neuen Welt, / eine Welt, wo die Liebe herrscht, / eine Welt wo der Frieden herrscht!*

**Kirche geht nur, wenn sie unterwegs ist mitten im oft harten Leben** voller Ängste und auch Hoffnungen und wenn sie dort „anders besser leben" praktiziert. „Seht wie sie einander lieben! Unter ihnen litt keiner am Notwendigen. Deshalb waren sie attraktiv …". So lesen wir es in der Apostelgeschichte von den ersten christlichen Gemeinschaften. Leben wir es heute auch so! Kirche geht weiter, wenn sie, d. h. wir alle, den diakonalen Weg einschlagen!

**Geschichte beinhaltet Verwerfungen und Häutungen, in religiösen Ausdrucksformen und in kirchlichen Strukturen.**

Vor über 50 Jahren sang mein Vater oft morgens mit Inbrust im Bad (was damals in der Nachkriegszeit noch kein's war): „Fest soll mein Taufbund immer stehen, ich will die Kirche hören, sie soll mich allzeit treulich sehen und folgsam ihren Lehren!" Sonntags ging es zusammen „zur Kirche". Die Messe begann vielfach mit dem Lied: „Hier liegt von Deiner Majestät im Staub die Christenheit!" In der Fastenzeit war das Eingangslied: „Strenger Richter alles Sünder, der Du uns so schrecklich drohst!" Das war das Liedgut des religiösen Kontextes meiner Kindheit. Wie weit sind wir heute weg von solchen religiösen Überzeugungen und Ausdrucksformen! Welch ein langer und oft nicht einfacher Häutungsprozess, vom „zur Kirche gehen" hin zu „wir sind Kirche" und lernen „Sauerteig sein für eine solidarischere Gesellschaft". Die alte Haut wurde und wird abgestreift, denn es ist schon Neues gewachsen! „Kirche im Gährungsprozess", so nennt dies der Bielefelder Religionssoziologe Franz Xaver Kaufmann. Es muss nicht erläutert werden, was „Gährung" so alles mit sich bringt, von Pestilenz bis zu gutem Wein.

Das gilt auch von **kirchlichen Sozialformen und ihren Strukturen**. Wir haben uns daran gewöhnt, von drei Kirchenebenen auszugehen: Weltkirche (Vatikan), Ortskirche (Bistum) und Pfarrei (Basiskirche). So steht es auch im Kirchenrecht. Im Laufe der Zeit haben sich Zwischenstrukturen herausgebildet, einfach weil es erforderlich war: auf Kontinentalebene die Koordinierungsstellen (z. B. in Lateinamerika der CELAM), auf Länderebene die Bischofskonferenzen und die Kirchenprovinzen und innerhalb der Bistümer Regionen, normalerweise mit Weihbischöfen, und dann die Dekanate verschiedener Pfarreien.

**Aber vor Ort, unterhalb der Pfarreiebene?** Deutschland und Zentraleuropa (Italien, Östereich, Schweiz, Frankreich, Spanien ...) haben über die Jahrhunderte folgende Struktur entwickelt: Kleinpfarrei mit einem Pfarrer, der mit seiner **„Pfarrfamilie“** gleichsam verheiratet war; d. h. es waren so bis zu 1000 „Seelen“, a la „Pfarrer von Ars“; er kannte die Seinen und sie ihn. So war's bis in die 50er Jahre. Dann setzte sich das Modell **„Pfarrgemeinde“** durch, aber in bleibender Logik der um die „Kirche“ (= Gottesdienstraum) und den Pastor sich versammelnde Gemeinde, vielleicht so bis zu zwei- bis dreitausend Gläubige; falls es mehr wurden, wurde abgepfarrt. Dies war (und ist weiterhin) inspiriert vom johanneischen Bild des „Pastor“, der seine „Herde“ hütet – pastoriert. Als Leitbild galt und gilt die „$K^3$-Pastoral“ (Kult, deshalb Klerus, deshalb Kirchenräume). So ging's ins jetzige dritte Jahrtausend und die Krise wird immer sichtbarer: mehr Leute mit weniger Bedürfnis nach Kult und zugleich weniger Klerus und überflüssige Gebäude. Ein **Wechsel des Pastoralmodell** steht an; und wir sind derzeit mittendrin: **vom Modell „Pastor und Herde“ (= Klerus – Laien) zu „Gemeinden und Dienste“**; d. h. inspiriert von der paulinischen Evangelisierungspraxis (vgl. 1 Kor 13).

**Diese Krise ist in Deutschland und Europa heftiger als in den früheren Missionsländern, der sogenannten „Dritte Welt“.** Denn dort (d. h. bei uns in Lateinamerika oder in Papua Neuguinea, Afrika oder wo auch immer) hat es nie diese Praxis von Kleinpfarrei als Pfarrfamilie oder Pfarrgemeinde gegeben. Es gab immer nur ganz wenige einheimische Kleriker. Es gab immer schon pastorale Großräume mit vielen Kleingemeinden (Dörfer, Weiler, Ortsteile, etc.) und der Kirchenalltag lag und liegt in den Händen der dortigen Verantwortlichen: Glaubenübermittlung?, religiöse Feiern und Feste?, Wallfahrten?, Beerdigungen?, Sakramentenvorbereitung?, Glaubensfeiern am Sonntag ohne Priester? All das geht fast gar nicht anders als durch diese Verantwortlichen vor Ort! Christus ist das Haupt und alle Getauften haben Dienstaufgaben, würde Paulus sagen. Wir in Mexiko und woanders haben Erfahrungen wie das geht und wir teilen das hier mit Euch. Wie gut, dass wir endlich voneinander lernen!

**Der Knackpunkt: Wir befinden uns inmitten einer Zeitenwende. Das ist anzunehmen mit allem Konsequenzen!** Was uns auch in den früheren Missionsländern zutiefst besorgt ist Teil eines größeren Ganzen, schlagwortartig „Globalisierung“ genannt. In Übereinstimmung mit vielen Sozialwissenschaftlern sprechen wir von einem **Epochenwechsel, „mit dramatischen Umformungen in allen Lebensdimensionen“**, so erklärt es die Bischofsversammlung in Aparecida (44, 511). In „allen Lebensimensionen“ beinhaltet: in Körper und Geist, in Wirtschaft und Umwelt, in Verstädterung und Arbeitswelt, in Sozialformen und Alltagskultur ... und natürlich auch in den religiösen Ausdrucksformen. Alles befindet sich inmitten dieser dramatischen Umformungen. Das bringt Verunsicherungen mit sich. Sie werden gelebt, erlitten und oft hilflos bearbeitet vor Ort: zu Hause, in der Berufswelt und im Freizeitverhalten. Als Beispiel möge dienen, dass Internet, iPod usw. inzwischen auch präsent sind selbst in abgelegenen Indio-Dörfern. Das beinhaltet komplexe Traditionsbrüche. Was früher ganz selbstverständlich war, ist heute obsolet. Verdunstet „der Glaube“ oder drückt er sich anders aus, was „wir“ noch nicht adäquat begreifen? Solche und andere wichtige Fragen bewegen immer mehr Leute.

Es ist nicht gut, „in alte Schläuche neuen Wein zu füllen“, sagte schon Jesus (Lk 5, 37). Aber es ist auch nicht gut, Altes einfach wegzuwerfen und nur dem Modetrend zu folgen. **Wie gehen wir also mit der Zeitenwende adäquat um?** Es ist unmöglich sie zu negieren, wie der Vogel Strauß den Kopf in den Sand zu stecken. Es ist unverantwortlich, sich einzubunkern wie vor hundert Jahren es Pius X. mit dem „Antimodernisteneid“ vergeblich versuchte. „Warum habt ihr Angst? Habt Ihr keinen Glauben?“, würde Jesus fragen. „Ich bin doch mitten unter Euch!“ (Lk 4). Es geht darum, die Menschwerdung Gottes ernst zu nehmen. Nur in der realen Wirklichkeit kann Liebe, Hoffnung und Glaube praktiziert werden. Das heißt auch: Christ sein und Kirche sein ist nur kontextuell verwirklichbar. Soziales Engagement, liturgisches Feiern, Glaubensvermittlung, kirchliche Sozial- und Organisationsformen sind historisch gewachsen und damit auch veränderbar. Und sie müssen sich ändern, denn sonst fährt uns der Zug ab!

Aber wie konkret christlich handeln in dieser neuen Epoche akzentuierter Individualisierung, voll von attraktiver Elektronik, in der die Kinder groß werden? Solche Zeitenwende ist der Knackpunkt heute und in den kommenden Jahren. Er muss gestaltet werden, zuerst und vor allem im Alltag, vor Ort.

### Die Unterscheidung der Geister: „Der Heilige Geist und wir ...!“

Beim sogenannten Apostelkonzil in Jerusalem beginnt das Schreiben an die Gemeinden nach den Grußformeln wie folgt: **„Der Hl. Geist und wir haben entschieden ...!“** (Apg 15) und dann folgen einige Regeln, die die Tür öffnen zu inkulturierten Gemeinden (Hauskirchen) in den unterschiedlichen Realitäten des römischen Imperiums. Die jüngste Lateinamerikanische Bischofsversammlung in Aparecida (Brasilien, 2007) griff das auf und unterstrich, dass genau dies die bleibende Methode sein müsse: die gemeinsame Unterscheidung der Geister, vom Lebensalltag „in Ängsten und Hoffnungen“ hin zum „Leben in Fülle“ (Jn 10.10), soweit es halt auf Erden geht!

Konkret heißt das: in kleinen Christseinszellen, Gruppen, Gemeinschaften, Basisgemeinden (wie auch immer sie heißen) die Alltagsbetroffenheit aussprechen und sie diskutieren, falls nötig auch streiten und abwägen, meditieren, beten und zelebrieren und dann „anders besser leben“ vereinbaren und praktizieren. Diese sind dann die **Sozialisierungsorte von Christsein und Kirchesein** und der konkrete Weg. Die Grundregel gab uns schon Paulus: „Prüfet alles und das Gute behaltet!“ (1 Thess).

Die Lösung (und Erlösung) kommt nicht von außen, weder von rechts noch von links oder von höheren Instanzen und auch nicht von Experten oder durch Dokumente. „Das Reich Gottes ist schon mitten unter uns,“ würde uns jetzt Jesus sagen (Lk 17, 21). In diesen Tagen haben wir das hier unter uns experimentiert. Deshalb vor allem Dank: Hoffentlich jede und jeder hier hat gegeben und empfangen! So sollten wir es zu Hause weitermachen im jeweiligen eigenen Einflussfeld. So gewinnt unsere Vision klarere Gestalt!

#### Kirche geht, als Kirche sein in den Händen der Leute!

Im Folgenden will ich der Leitidee „Kirche geht …“ noch konkreter Hand und Fuß geben. Kirche ist nur zukunftsfähig, wenn sie immer mehr in den Händen der Leute sich befindet: „Volk Gottes“ ist das Kirchensubjekt, ganz klar so präzisiert in „Lumen Gentium“ (LG, 9–17). Und das ist es zuerst und vor allem „vor Ort“: Dort ist unser Alltag mit „Ängsten und Hoffnungen“, dort passiert „Kreuz und Auferstehung“, dort können und müssen wir „Biotope von Liebe, Hoffnung und Glaube“ schaffen und kultivieren.

#### Sozial-zivile Logik der Partizipation: Vitalisierung der Bürgergemeinde von der Basis her

„Vor Ort“ ist zuerst und vor allem lokal, d.h. die zivile Struktur „Kommune oder Stadt“, als politische (und zugleich soziale, ökonomische, kulturelle, religiös-kirchliche) Basisebene. Zu unterstreichen ist dabei, dass diese zivile Basis in sich zumeist schon komplex ist und sich zusammensetzt aus einer Vielfalt von sozialen Orten. Inmitten dieser Realität leben wir alle und genau hier sind wir als Christinnen und Cristen gerufen „Sauerteig“, „Salz“, „Licht“ (Mt 5) zu sein, auch als Vielfalt in der Vielfalt. Das ist der Kerngedanke.

Es ist zudem auch ein Argument dafür, kirchliche Orte so weit wie möglich den sozialen und zivilen Orten anzugleichen. Das hat auch ganz pragmatische Gründe einer notwendigen Zusammenarbeit bezüglich Kindergärten und Jugendpflege, Krankenhäusern, Sozialhilfe und Friedhöfen; Kirche ist Teil der Gesellschaft. Je größer der sozial-zivile Ort (Kleinstadt – Mittelstadt – Großtadt – urbane Großräume), desto dringlicher wird das praktische Auspendeln von Zentralisierung (betriebswirtschatliche Logik) und Dezentralisierung (Partizipationslogik). Im Zivilen geht das Pendel derzeit hin zu größerer Dezentralisierung: aktive Bürgermeinde mit einer Vielfalt von Ortsteilausschüssen, Bürgerinitiativen, Sozial- und Kulturaktivitäten vor Ort: Die Bürgermeinde in den Händen der Bürger! Es wäre absurd, wenn kirchliche Sozial- und Organisationsformen völlig jenseits dieser Dynamik sich befinden. Im Gegenteil: Inmitten dieser Prozesse kann und sollte etwas mehr und ganz konkret das „Leben in Fülle“ (Joh 10. 10) sich gestalten.

Das kirchliche Pendel schwengt derzeit aus in die andere Richtung der Zentralisierung durch Fusionen oder anderer Organisationsformen. Wir sind hier in diesem Symposion, um uns zu stärken im Blick zum realen Leben vor Ort an der Basis: lokale Kirchenentwicklung! Dazu im Folgenden verschiedene Anregungen, anders weiter zu gehen.

### Der soziale Ort von Kirchesein: zuerst und vor allem inmitten der zu Kurzgekommenen und von ihnen aus

**Zur christlichen Identität gehören „die Armen“ als gleichsam „archimedischer Punkt“**: von ihnen aus bewegt sich alles. Inkarnation ist Menschwerdung Gottes in der Welt der armen Leute. Unter ihnen und mit ihnen begannen die ersten

Hauskirchen (vgl. die Sozialbeschreibung von Paulus über die Gemeinde in Korinth, 1 Kor 1, 26 ff). Kirche vor Ort kann nicht neutral sein bzgl. Hartz IV, mehr neue Armut und zugleich mehr Milliardäre Konkret: Es ist möglich und notwendig unter und mit Arbeitslosen, Obdachlosen, Sozialhilfeempfängern, Drogenabhängigen verortet zu sein. „Wenn ein Glied leidet, leiden alle Glieder mit", unerstreicht schon Paulus (1 Kor 12, 12 ff).

Solche vielfältige soziale Dynamik beinhaltet auch „Evangelium", **die gute und befreiende Botschaft für die eine und unsere Welt der zu Kurzgekommenen.** Von Jesus her gesehen, hier geschieht das konkret, was den Himmel öffnet: „Ich war hungrig …, krank …, im Gefängnis …, Migrant … usw. Und: Was Ihr dem Geringsten meiner Brüder und Schwestern getan habt, das habt Ihr mir getan!" (vgl. Mt 25). Das geschieht, weil Betroffenheit da ist: tiefmenschliches Mit-Leid, das zur gemeinsamen Solidarität führt: nicht von oben nach unten ‚den Armen helfen', sondern miteinander rudern um mehr Menschlichkeit und Gerechtigkeit. Hier ereignet sich Gottesbegegnung. Hausgemeinden, Basisgemeinschaften, Gruppen usw. können im großen Feld des Sozialengagement Entscheidendes der eigenen Glaubensreifung einüben, indem sie genau das praktizieren! „Die Armen und Leidenden evangelisieren uns!", unterstreichen glasklar die lateinamerikanischen Bischöfe (Aparecida 257).

**Christsein ist „Sauerteig sein".** Wir leben inmitten der Gesellschaft. Wir haben zu lernen, was in ihr wirklich los ist. Insofern ist Gesellschaftsanalyse ein wesentliches Element vom Begreifen der Lebenswirklichkeit und der Anwesenheit Gottes im Alltag. Jesu Botschaft vom Gottesreich und seiner Gerechtigkeit und seine Lebenspraxis selbst machen uns deutlich, dass Ökologie, Arbeitsplätze, Arbeitnehmerrechte, solidarisches Wirtschaften, Bürgerbeteiligung, internationale Gerechtigkeit, Friedensarbeit und Vieles mehr Felder christlichen Engagements sind. Insofern ist die Kenntnis der vielfältigen Formen und Organisationen der Zivilgesellschaft und eine aktive Mitarbeit in ihnen unverzichtbarer Bestandteil des angedeuteten Lernprozesses. Und es können gemeinsame Allianzen geschaffen werden (gemeinsame Sozial- und Zivilagenda). Es geht um das Gemeinwohl, und zwar nicht als Vermehrung von wirtschaflichem Wohlstand, sondern als integrales „Wohlsein“ (bien vivir), wie wir immer mehr es in Lateinmerika präzisieren. Der Psychoanalitiker Erich Fromm (er lebte viele Jahre im Mexiko) forderte: Statt „mehr haben wollen“ muss „mehr sein“ trainiert werden! Genau das sollte Christsein als Option Lokaler Kirchenentwicklung kultivieren.

In diesem Zusammenhang ist es sicher notwendig, auch die Arbeit der **Caritas und ihrer Dienste** zu bedenken und **mehr als bisher basisgemeindlich auszurichten**. Tragischerweise hat sich Caritas institutionalisiert als „Zweitstruktur“. Für Arme und Bedrängte aller Art ist halt unser Caritasverband zuständig, so drückt sich oft das kirchliche Alltagsbewusstein aus: Wir (= die Pastoral) konzentrieren uns auf „das Eigentliche“, Liturgie und Glaubensvermittlung. „Abgespaltene Nächstenliebe“, so charakterisiert dies der Münsteraner Pastoralsoziologe Hermann Steinkamp. Das darf so nicht sein: Zur Essenz von Christsein und Kirchesein gehört Diakonie – Caritas und zwar integriert! Damit kann „anders besser leben“ Hand und Fuß bekommen in einer Vielfalt von Gemeinschaftsformen als Humanisierungszellen.

#### Die kirchliche Dynamik vor Ort blickt nach unten: ist Gemeinschaft vieler Gemeinden, Gemeinschaften, Milieus, Humanisierungszellen ...

„Verstehen kann man das Leben nur rückwärts, leben muss man es vorwärts.“ (Sören Kierkegaard) In den ersten drei Jahrhunderten des Beginns der Kirche bestand ihre Basis, d. h. das real Christlich-Kirchliche, aus einer Vielzahl von Hauskirchen, dann gab es die Vernetzung dieser Basis auf Stadtebene und schließlich die universelle Kirche. Das entscheidend Christlich-Kirchliche fand im Nahbereich statt: nicht als Kleinfamilie zu Hause, sondern als Basisgemeinde mit Nachbarschaftsbezug, so zwischen 10 bis 30 Personen (Familien, Ledige, Witwen usw.) als Entscheidungsgemeinschaft auf dem neuen Weg, den Jesus gelebt und vorgezeichnet hat. Schauen wir uns das etwas genauer an, um uns davon inspirieren zu lassen für unser Heute und Morgen.

**„Koinonie" als gelebtes Ostern**: Die Oster-Erfahrungen der Frühkirche bestanden darin, das „neue Leben in Christus" zu teilen, soweit halt möglich. Genannt wurde es Koinonía, „Gemeinschaft durch Teilhabe". Darum ging es zuerst und vor allem. Bezüglich des Kultischen und der gesamtkirchlichen Kommunion – Kommunikation, da „gingen sie zum Tempel" und hatten zugleich auch andere Formen von Versammlungen und solidarischer Hilfe (vgl. Apg). Priorität hatte demnach das „anders besser Leben" in der Hauskirche, dann erst der Gang zum Tempel. Es ist die Zeit gekommen, sich erneut inspirieren zu lassen von dieser Praxis der Frühkirche.

Konkret heiß das heute: Eine (neue) Großpfarrei dezentralisiert sich wie eben möglich. Ausgangspunkte und Subjekte sind die schon vorhandenen Kirchenorte (ehemalige Pfarreien oder Kapellengemeinden): Was dort gut ist als Selbstorganisation (Gemeinderat, Teams, Nachbarschaftsgruppen usw.) sollte gepflegt werden. Zugleich könnten und sollten solche Kirchenorte selbst noch mehr dezentralisiert werden: noch viel mehr kleinere Kirchenorte als „Humanisierungszellen" in den Händen der Leute in einer Vielfalt von Koinonie – Ostererfahrungen.

Dazu einige Anregungen, die erwachsen sind bei langen Gesprächen im Austausch mit deutschen Besuchern in Mexiko über das „wie?" von Kirche sein vor Ort in den Händen der Leute:

**Die vorhandenen Gruppenformen als Potential basisgemeindlicher Ausrichtung weiterhin pflegen.** Es gibt weiterhin Verbände wie z. B. die Frauengemeinschaft mit noch vielen Freiwilligen. Es ist darauf hinzuarbeiten, dass zumindest Vorstände,

Vertrauensleute, Bezirkshelfer/Innen oder wie sie auch heißen, sich vor Ort (d. h. im selben Ortsteil, Wohnviertel oder an anderer Stelle), kennen, treffen und eine gemeinsame Agenda haben. Es geht darum, die Vereinsmeierei zu überwinden, miteinander zu teilen und den entstehenden Synergieeffekt zu nutzen. Zuerst geht es darum die Zeichen der Zeit vor Ort zu erkennen: Was tun und erhoffen die Menschen, welche Probleme und Möglichkeiten sind im real existierenden Leben in diesem Gebiet/ Ortsteil derzeit angesagt? (Diagnose des Kontextes) Wie kann dies dann christlich, vom Evangelium her (Bibelteilen), bedacht werden, und welche christlichen Impulse können wir gemeinsam dazu geben (Agenda)? Das wird dann ausgeführt und kann von der Beteiligung bei Nachbarschaftsfesten, Vernetzung von sozialer Hilfe bis zu Krankenbesuchen und religiösen Hausfeiern reichen. Hier ist auch eine ökumenische Grundausrichtung unverzichtbar.

**Die Sakramentenvorbereitung so weit wie möglich dezentralisieren,** vor Ort und in Wohnungen durchführen und die entsprechenden Vorbereitungsteams als christlich motivierte Humanisierungszellen qualifizieren und begleiten. So werden Orte einer (Neu-)Sozialisierung ins Christsein und Kirchesein geschaffen mit dem vorher erwähnten methodischen Weg. Eine sehr fruchtbare Erfahrung machen wir in Lateinamerika z. B. mit der Familienkatechese. Die Eltern, die möchten, dass ihr Kind sich auf die Erstkommunion vorbereitet, werden eingeladen, sich wöchentlich zu treffen, um sich in eine christliche Erziehung einzuüben. Insofern ist es Elternkatechese, und für die Kinder gibt's zugleich Kinderkatechese. Es werden Gruppen gebildet, die sich zu Hause treffen; sie können aus demselben Wohngebiet sein oder sich nach Milieunähe zusammenfinden. Nach der Kommunionfeier wird sondiert, welche Eltern Interesse haben, sich als Hausgruppe weiter zu treffen. Eine ähnliche Logik ist anzuwenden bei Jugendlichen und jungen Erwachsenen mittels der Firmkatechese und bei der sicher zunehmenden

Anzahl von Erwachsenentaufen. Bei all diesen Gruppenprozessen geht es dann immer um „anders besser leben".

**Der Glaube will gefeiert werden, auch und gerade außerhalb des Tempels.** Die Anlässe können so verschieden wie nur möglich sein. Die schon erwähnten Verbands- und Hausgruppen sollten immer auch ein religiöses Feiermoment beinhalten, um eine entsprechende religiöse Feierkultur mit Symbolen, Gesten und Musik zu pflegen (und so wenig wie möglich „Gerede"). Die dadurch und darin Erfahrenen können dann „Zelebranten" (so sagen wir das unbefangen in Lateinamerika) sein bei Hausfeiern wie Geburtstage, Hochzeitsjubiläen, Haussegnungen, Geschäftseinsegnungen. Es sind pastorale Gelegenheiten, die genutzt werden können und die eine gemeinsame Vorbereitung mit der Person oder Familie einschließt, die einen solchen Feiermoment wünschen. Hierbei finden sich immer auch Personen, die motiviert sind, sich mehr in eine christlich – kirchliche diakonale Praxis einzubringen. Wir nennen sie „Goldkörner"; es gilt, sie zu animieren, sich weiterhin und mehr einzubringen. Eine wichtige Möglichkeit, den Glauben in einer Wohnung zu feiern und zugleich eine Hausgemeinde zu schaffen, ist die Krankenkommunion. Kranke oder Ältere, die nur noch selten aus dem Haus kommen, werden ermutigt, Angehörige, Nachbarn, Freundinnen oder Freunde mit einzuladen, auch wenn es wenige sind. So entsteht eine Hausgemeinde, die dann regelmäßig feiert – all das, was Alt-, Krank- und Schwachsein für diese Person und alle Mitbeinbezogenen beinhalten. Hier wären weiterhin zu erwähnen Glaubensfeiern im Angesicht von Sterben, Tod und Trauerbegleitung. Und nicht zu vergessen sind volksreligiös motivierte Nachbarschaftsgruppen, die Bildstöcke pflegen, Wallfahrten durchführen usw. Immer geht es darum, vom erlebten – erlittenen – herausfordernden Alltag einen solidarischen Schritt zu gehen hin zum „Leben in Fülle"

Diese bisherige Auflistung hat das mehr traditionelle Milieu im Blick. Darin steckt zumindest ein Potenzial für basisgemeindliche Animierung und Begleitung. Das schließt nicht aus, dass andere Milieus auch Riten mit einer Vielfalt von Ausdrucksformen pflegen und zugleich offen sind für religiöse Feierelemente, sie zudem erfinden und kultivieren. Dem ist nachzugehen.

Wo „wahrhaft Menschliches“ sich ereignet (vgl. Mt 25: „was ihr den Geringsten meiner Brüder …“), da geschieht Auferstehung – Erlösung. Wir haben darin kein kirchliches Monopol.

#### Option für „Verbuntung“ vor Ort als Antwort auf die gesellschaftliche Differenzierung: „Im Haus meines Vaters gibt es viele Wohnungen“

Ein wichtiges Element der derzeitigen gesellschaflichen Dynamik ist die sozio-kulturelle Ausdifferenzierung und wachsende Milieuvielfalt. Auch lokal vor Ort, im Wohnviertel, Ortsteil oder kleinem Dorf werden verschiedene Milieus immer mehr sichtbar. Die bleibende und stärker werdende Sehnsucht nach einem guten und sinnvollen Leben, das sich zu leben lohnt, fächert sich immer mehr aus in Form und Inhalt. Die pastorale Antwort darf nicht der immer selbe Eintopf sein. Schauen wir uns das etwas genauer an.

**Situationen, in denen sich das Leben verdichtet in Freud oder Leid**, sind tendenziell offen dafür, eine christliche Lebensoption einzuüben und in Wort und Tat weiterzugeben. Das kann etwa an den Lebenswenden sein: Heirat, Taufe der Kinder, schwere Schulderfahrung, Krankheit, Tod eines nahen Menschen. Hier verorten sich die Sakramente als Heilszeichen. Aber, und das ist wichtig, es geht nicht darum, diese zu „spenden“, sondern solche und andere Lebenssituationen als „Kairós“ (= günstiger Zeitpunkt einer Entscheidung) zu begreifen: Ich bin aufgefordert, mich zu definieren, d. h. mein Sein, meinen Glauben und meine weitere Lebensperspektive, mein solidarischer Alltag. Das muss nun kultiviert werden! Aber dies kann selten vom Pfarrer oder seinem Leitungsteam geleistet werden: sie sind nicht „Alleskönner“.

Es geht nicht anders: vor Ort (territorial) oder im eigenen Milieu (kategorial) muss es **Anlaufstellen geben, wo angedockt werden kann, institutionell oder informell**. Solche „Andockstellen" sind immer mehr notwendig und zunehmend unabhängig vom Sakramentenbezug: Als Jugendliche auf Suche, als Erwachsene und mehr oder weniger beruflich konsolidiert mit dem Wunsch, sich auch privat zu engagieren, Freundschaft mit Jemandem, der in einer Gemeinschaft oder Basisgruppe engagiert ist und mich einlädt (Berufung: „Kommt und seht!", Joh 1). In einem sozialen Netzwerk (z.B. Facebookgruppe) bringen sich Welche ein mit Fotos und Infos von einem christlichen Event und wecken Neugierde. Wunsch nach innerer Ruhe und Meditation finden in einem Kirchenkonzert ihren „Humanisierungsort", zeitweilige oder Dauerarbeitslosigkeit und der Wunsch etwas Sinnvolles zu machen, Neuorientierung z.B. nach einem Scheitern von Partnerschaft oder der Tod eines nahen Angehörigen, Eintritt in den Ruhestand und Bereitschaft sich weiterhin sinnvoll irgendwo einzubringen, usw. benötigen eine größere Bandbreite von Andockstellen und diese wiederum Personen, die kongruent leben und einladen (= gelebte Koinonie).

Genau daraufhin, Schritt für Schritt, sollte ein Großraum, eine „Pfarrei" sich bewegen. Es wäre absurd, all dieser Vielfalt (= Kosmos) das Schema „Kleine Christliche Gemeinschaften (KCG)" oder „Kirchliche Basisgemeinden (CEB)" oder ähnliche Formen aufstülpen zu wollen. Diese sind wichtige Organisations- und Artikulationsformen und Innovationszellen vor Ort, aber nicht der „Stein der Weisen". Es ist unmöglich, alle Getauften in irgendwelche Entscheidungsgemeinschaften zu integrieren. Jedes Leben hat seine Zeiten und Momente. Deshalb ist es notwendig, eine uniforme Kirchenvision su überwinden. Dazu drei Bilder, die mich in der letzten Zeit angesprochen haben und positive Resonanz hervorrufen, wenn ich sie erzähle:

Der Wiener Pastoraltheologe Paul Zulehner spricht **von Verbuntung als Megatrend**: „Die Entwicklung geht von der christlichen Monokultur zur weltanschaulichen Verbuntung, **vom katholischen Sportrasen zur überbunten Blumenwiese**".

Der lateinamerikanische Theologe José Comblin drückte das so aus: Die künftige Sozialstruktur der Kirche vor Ort stelle ich mir vor wie ein **großes Archipel mit einer Vielzahl kleiner Inseln – Häfen, wo Boote auf der stürmischen See andocken können**, falls es notwendig ist.

Cirilo, ehrenamtlicher Leiter einer Basisgemeinde seiner ländlichen Pfarrei in Mexiko: „Wir verstehen uns als **Pfarrei wie ein großer Obstgarten**. Jede Kleingemeinde ist ein eigener Baum mit Ästen und den Früchten je nach Baumart; und es gibt Große und Kleine, Junge und Alte, krumme und gerade Gewachsene. Alle zusammen sind wir unsere Pfarrei. Ein solcher Obstgarten muss natürlich kultiviert werden; da machen wir alle mit. Unser Pfarrer hilft mit, gibt Ratschläge, schult uns, erarbeitet mit uns zusammen den Jahresplan und steht uns zur Verfügung in Sorgen und Freuden".

### Das Gemeinsame: Das Evangelium von der Gottesherrschaft und seiner Gerechtigkeit leben und weitergeben

Eine solche Option für „Verbuntung" in der lokalen Kirchenentwicklung kann auch beinhalten, dass eine „tutti-frutti-Logik" ensteht mit zu hoher Beliebigkeit. Deshalb ist es wichtig, in der Vielfalt die Richtung nicht aus den Augen zu verlieren. In einem Workshop mit Migranten erzählte Nacho, ein junger Indio – Zapoteke von der Wichtigkeit, einen Kompass zu haben: nur so haben wir uns in der Wüste und im Dunkeln beim Grenzübergang zu den USA nicht verloren. Und er erzählte von schlimmen und guten Erfahrungen, die Andere ergänzten. Dann tauschten wir Erfahrungen aus darüber, was für uns als Christen und Kirche vor Ort solch ein Kompass beinhalten könnte. Hier nun einige solcher Eckpunkte:

Der Ursprung der Kirche ist das Leben und die Gottesreichverkündigung Jesu: Trotz des Scheiterns, die Ermordung am

Kreuz, gewinnt sie in der Ostererfahrung Hand und Fuß, Leib und Geist. Der Auferstandene lebt in denen, die in Ihm ihr Leben miteinander teilen und es weitergeben. Aparecida nennt es „Jüngerschaft und Sendung“: Die heutzutage wirklich Christinnen und Christen sein wollen, müssen sich in die Fußstapfen von Jesus zu begeben (Jüngerschaft), sie müssen lernen autentisch menschlich zu sein (Bekehrung) und dies auch im Alltag zu bezeugen (Sendung – Mission). Sie erfahren dabei, dass dieses neue Leben in Christus sie persönlich verändert und **neue Formen von befreienden Beziehungen** ermöglicht und fördert:

Zuerst einmal zu Gott, dem mütterlichen – väterlichen Freund und Mensch gewordenen Bruder.

Dann zu sich selbst als liebend angenommenes Sohn- und Tochtersein: Jede und jeder ist im Kern auch göttlich, Gottes Ebenbild. Das gibt Selbstvertrauen, die Grundlage jeglicher persönlichen Reifung.

Zu den Mitmenschen als geschwisterliches und solidarisches Miteinanderleben.

Zu den Mächtigen und öffentlichen Autoritäten, nicht als Unterwürfige, sondern „mit Freimut, auch wenn es ungelehrte und einfache Leute waren.“ (Apg 4,13)

Solche Dynamik befreiender Beziehungen beinhalten **persönliche, soziale und strukturelle Veränderungen**. Diese beginnen bei jedem selbst und den persönlichen Beziehungen. Es geht jedoch über ein individuelles Training hinaus: Veränderung – Reifung wird bereichernder in kleinen Kommunitäten (wie auch immer sie heißen). Solche Veränderungen haben zugleich eine Außenwirkung: wir leben das „anders besser leben“ und bezeugen es nach außen, im Bereich unserer Einflussfeldes.

#### Strukturelle Konsequenz: Neuzuordnung der Aufgaben einer Pfarrei, als Dienststruktur.

Strukturelle Konsequenz dieser Option für solche „neue“ Ortskirchenentwicklung ist eine Neuzuordnung der Aufgaben von dem, was früher **„Pfarrei"** war. Diese ist dann **die zweite Ebene von Kirchenverwirklichung**, verstanden als Dienststruktur, die animiert, begleitet, verstärkt, koordiniert und artikuliert, was „vor Ort" geschieht, d.h. an der Basis mit seiner Vielzahl von Kirchenorten. So tut es gut, dass z.B. im Entwurf des neuen Pastoralplans der Diözese Münster steht: „Die Pfarrei kann als eine Gemeinschaft von Gemeinden verstanden werden. Der Pfarreirat dient dieser Gemeinschaft, indem er übergeordnete Aufgaben der Pfarrei wahrnimmt und die Vernetzung der Gemeinschaft von Gemeinden ermöglicht und gewährleistet."

Solche Definition und die impliziete **andere Praxis der Ausübung von Leitung** ist derzeit für ganz Viele der entscheidende Punkt, wo es weh tut, und deshalb entweder gestritten wird oder ‚die Brocken hingeschmissen' werden. Insbesondere kommt dabei das Priesteramt in die Diskussion mit einer großen Bandbreite von neuralgischen Punkten. Sie reichen von der sicher notwendigen Neubestimmung der Zulassungskriterium für das Sakrament der Weihe (warum nicht auch hier eine Verbuntung?), über die Eucharistie (Priester, überall und nirgends, zelebrierend: hat das Sinn und Zukunft?) bis hin zu Leitungsmacht (Pfarrer als Verantwortlicher in vielen Gremien und oft größter Anstellungsträger vor Ort: ist das lebbar?) und der Rätestruktur (Sollte es nicht auch neue Formen von Partizipation geben?)

All dies benötigt ernsthaftes Nachdenken und Unterscheidung der Geister. Warum hierbei nicht erneut sich inspirieren lassen von der Frühkirche: „Der Heilige Geist und wir haben entschieden ...": das **Gottesvolk als Subjekt, das seine Ordnungsformen selbst bestimmt!** Und das kann und muss plurikulturell sein, jeweils anders in Afrika oder Papua Neuguinea oder Lateinamerika als in Westeuropa und in Deutschland. Kirche vor Ort geht nur weiter, wenn sie bereit ist **kontextuell unterschiedliche Antworten** zu geben „auf die Hoffnung, die uns erfüllt" (1 Pe 3).

**Übergänge gestalten**

Wir befinden uns im „Übergang von der Volkskirche zu einer Kirche im und für das Volk. Die Kirche entwickelt sich von einer Kirche des Erbes hin zu einer Kirche der Entscheidung." So lese ich im schon zitierten Entwurf des Pastoralplans der Diözese Münster. In anderen Dokumenten wird es ähnlich ausgedrückt. Übergänge sind notwendig, weil schon seit Jahren mit den Füßen abgestimmt wird: immer mehr gehen nicht mehr hin ..., zu den traditionellen kirchlichen Kult- und Organisationsformen. Sie werden als irrelevant erfahren für die Bewältigung ihres Alltagslebens. Das erhöht den Leidensdruck vieler kirchlich Engagierten, aber zugleich auch den Veränderungsdruck.

Übergange benötigen jedoch Gestaltung, um nicht beliebig herumzuexperimentieren. Dazu nun abschließend und in aller Kurze vier Orientierungen.

**Unterlaufen und sich nicht „nach oben" blockieren.**

Das „Leiden an der Kirche" hat vor allem mit den höheren Kirchenebenen zu tun und ihren oft obsoleten monarchisch – klerikalistischen Strukturen. Der jüngst verstorbene Mailänder Kardinal Carlo Martini SJ nannte das in seinem letzten Interview tieftraurig so: „Die Kirche ist 200 Jahre zurückgeblieben!"

Seit Jahren wird dagegen argumentiert und demonstriert. Ohne die Wichtigkeit solcher Reformbewegungen zu leugnen, ist es gut, sich nicht in Systemkämpfen nach oben hin zu paralysieren. Jegliche Veränderungsstrategien benötigen eine difeenzierte Diagnose mit einer realistischen Einschätzung der eigenen Macht zur Veränderung: Wer kann wo, was, wie, mit wem bewegen? Warum nicht Jesu Wort, „seid klug wie die Schlangen ..." (Mt 10, 16), gezielt anwenden: Strategische Ziele benötigen gangbare Wege.

Konkret: Alles, was unterhalb der Pfarreiebene sich bewegt, hat erhebliche Handlungsfreiräume. Diese gilt es soweit wie möglich auszuschöpfen. Grundregel: Alles, was nicht verboten ist, ist zuerst einmal erlaubt. In diesem Sinn hat die aktuelle Schaffung größerer Pastoralräume mittels Pfarreifusionen (oder wie auch immer genannt) auch die Chance, diese Neuräume kreativ zu gestalten.

### Komplexität wahrnehmen und vitalisieren

Auf Stadtebene und damit auch auf der Ebene lokaler Kirchenentwicklung gibt es immer mehr Milieudifferenzierung. Insofern müssen auch die kirchlich – pastoralen Erneuerungswege komplexer sein. Wie schon ausgeführt, gibt es nicht mehr die Gläubigen oder die Familie oder die Jugend, für die dann dieselbe Liturgie oder Familienpastoral oder Jugendpastoral angeboten wird. Das geht so nicht mehr, denn Angebote „für alle" reduzieren sich schnell auf eine ganz spezifische Subkultur.

Die vorgeschlagene Dezentralisierung ermöglicht einerseits eine kreative pastorale Auffächerung, je nach vorhandenen Talenten und Möglichkeiten der verschiedenen Kirchenorte. Darin wird die Subjektwerdung des Gottesvolkes konkret: Kirche sein wird „sinfonischer", viele verschiedene Instrumente spielen miteinander. Der größere Flächenbereich ermöglicht andererseits, gezielter noch fehlende Ausdrucksformen von neuem Christsein zu entdecken und zu verstärken: Pilotprojekte sozialer oder kultureller Art, neue Medien und Kommunikationsformen usw.

### Wenn eben möglich, alles in Teamarbeit und vernetzt

Ohne zu leugnen, dass es immer Talente gegeben hat und sie geben wird, die Individuelles in das größere Ganze einbringen, ist es wichtig, wenn eben möglich alles in Teamarbeit zu realisieren. Die Zeichen unserer Zeit lesen und interpretieren ist Teamaufgabe, ebenso die Vorbereitung, Durchführung und Auswertung von allem was realisiert wird, seien es Einkehrtage, Bildungs- und Schulungsmassnahmen, soziale Initiativen, Glaubensfeiern usw. Hier sind neue Formen von Partizipation zu schaffen.

Zudem sind Vernetzungen ein Zeichen der Zeit. Bei der Akzentuierung der Ausdifferenzierung benötigt die Lokale Kirchenentwicklung zugleich Formen, die das Verschiedene verbinden: einerseits der gleiche Geist in der Vielzahl der Gaben und andererseits konkrete Formen kreativen Miteinanders. Nicht alles kann durch Ausschüsse und Räte geklärt werden, auch wenn diese ihre bleibenden Aufgaben haben. Lokale Kirchenentwicklung kann lernen von den Erfahrungen moderner Kommunikationsmittel und ihrer Vernetzungformen.

#### Nicht Blasen laufen: Steinchen aus dem Schuh nehmen

Neue Wege Lokaler Kirchenentwicklung sind selten asphaltiert und schön ausgezeichnet. Sie gehen manchmal durch Stoppelfelder, müssen freigeschaufelt werden oder stoßen vor Betonmauern, d. h. zurück und Umwege suchen. Dabei können auch Blasen gelaufen werden oder Steinchen geraten in den Schuh und das tut dann weh. Meine Erfahrungen als Praxisbegleiter sagen mir, dass es oft um Folgendes geht:

**Uniformität, statt Einheit in Vielfalt.** Der Pfarrer oder die Pastoralreferentin oder die Vereinsvorsitzende wollen, dass alles nach ihrer Logik und Plan sich organisiert. Solche mentale Verengung, oft Frucht defizitärer Ausbildung, muss bearbeitet werden mittels viel Erfahrungsaustausch wie hier auf dem Symposion, in Kreativwerkstätten, durch gezielte Praxisbegleitung usw. Leitbilder: die erwähnte Verbuntung, ein Archipel oder ein Obstgarten.

**Trainieren von Streitkultur.** Es ist unchristlich, Differenzen unter den Teppich zu kehren und „Friede, Freude, Eierkuchen" vorzuspielen. Auseinandersetzungen hat es immer gegeben und es wird sie weiterhin geben. Schon in der Frühkirche gab es sie permanent. Es geht darum, fair und redlich Differenzen auf gleicher Augenhöhe auszutragen. Keiner ist Besitzer „der Wahrheit", denn Gott ist immer größer. Deshalb sind Streitkultur und die Unterscheidung der Geister zu trainieren. Trainingsprogramme dafür gibt es inzwischen zur Genüge.

**Differenzierte Identitäten als immer mehr selbstverständlich annehmen.** Ein Leitungsteam oder Pfarreirat einer neuen Großpfarrei (oder wie sie sich auch nennt) wollen oft, dass dieses neue Konstrukt jetzt das Ein und Alles ist. Deshalb wird fast nur noch diese neue „Wir-Gefühl" wo und wie auch immer in den Vordergrund gestellt, zugleich mit dem Unterton, dass es die anderen Kirchenorte (die früheren Pfarreien oder Rektorate oder ...) eigentlich ja gar nicht mehr gibt. Das tut weh bei den dort Engagierten. Es geht nicht anders: „Das Gute behaltet!" Überall gibt es differenzierte Identitäten: Jeder kann sich gleichzeitig mit einen Verband, einer Initiativgruppe, einem Chor, einer Ortskirche (Ex-Pfarrei) identifizieren und sich dafür einsetzten, dass sie wächst und blüht, ohne deshalb in eine Identitätskrise zu geraten und ohne die neu geschaffene Identität eines größeren Ortskirchenverbundes zu leugnen.

**Sterbebegleitung und Trauerarbeit, auch für Vereine, Gruppen und Frömmigkeitsformen, die zu Ende gehen.** Im Laufe der Jahrhunderte hat es immer wieder Zeiten gegeben, wo bestimmte Prozesse, Ordensgemeinschaften, Frömmigkeitsformen usw. zu Ende gingen. Das tut weh für diejenigen, die Jahre ihres Lebens sich darin eingesetzt haben. Auch das Sterben gehört zum Leben. Gerade der derzeitige Epochenwechsel bringt es mit sich, dass viel Vertrautes schon gestorben ist oder bald zu Ende geht. So ist auch Sterbebegleitung und Trauerarbeit in solchen Situationen wichtig, z. B. wenn eine Gemeinschaft von Ordensfrauen oder ein Katholischer Verband aufgegeben wird, einfach weil kein Nachwuchs mehr da ist. Aber zugleich: Woanders wächst schon Neues, das vielleicht noch nicht so sichtbar ist.

### Praxisbegleitung schaffen und kultivieren

All das Erwähnte fällt nicht einfach vom Himmel und ist auch nicht nur durch Schriften (Bücher, Werkmappen, Arbeitspläne) oder Vorträge vermittelbar. In der Urkirche gab es die Apostel und Lehrer und die Wanderevangelisten. Sie blieben eine Zeit in einer Stadt und inspirierten, begleiteten und korrigierten dort die Hauskirchen. Dann zogen sie weiter, behielten aber Kontakt. Die paulinische Evangelisierungspraxis gibt vielfältige Beispiele dafür.

Lokale Kirchenentwicklung mit persönlicher und kollektiver Subjektwerdung benötigt Begleitung und Beratung. Mir scheint, dass in Deutschland in den letzten Jahren zu sehr Organisationsberatung mit betriebswirtschaftlicher Ausrichtung von den Bistumsleitungen gesucht wurden. Es ist die Zeit gekommen, sozialpädagogisch orientierte Praxisbegleitung in die lokale Kirchenenwicklung einzubeziehen: Coaching mit externer Hilfe und auch seitens eigener Teams. In Lateinamerika sind wir dabei inspiriert von der „Pädagogik der Befreiung", die der Brasilianer Paolo Freire entwickelt hat. Sie ist heutzutage ein wesentlicher Bestandteil kirchlicher Bildungs- und Begleitungsarbeit. Möglicherweise sind solche Erfahrungen übertragbar.

### Schlussgedanken

Es gilt der heutigen Realität in die Augen zu schauen und zuzupacken. Die griechische Mythologie hatte zwei Gottheiten für die Gestaltung der Zeit. Einerseits war es Cronos für die regelmäßigen Zeitabläufe: Tag und Nacht, Monat für Monat, Jahr für Jahr: immer gleich! Auch unsere kirchliche Chronologie hat diese Logik: „... wie es war im Angang, so auch jetzt und für alle Zeit bis in Ewigkeit!"

Aber dann gab es auch noch Kairòs, die Gottheit für die besonderen Zeitherausforderungen. Er wurde dargestellt als ein Gesicht mit langem Bart und hinten mit Glatze. Die Botschaft ist klar: Bei besonderen zeitlichen Herausforderungen gilt es, ihnen ins Angesicht zu schauen und beim Bart zu ergreifen, sonst geht „Kairos“ weiter und hinten wo nur Glatze ist, da gibt es nichts mehr zum Zugreifen.

Genau das ist unsere aktuelle Gesellschafts- und Kirchensituation: Angesichts der vielfachen Krisen ist die Zukunftsfähigkeit unserer Welt und unserer Kirche sehr ernsthaft angefragt. Eine andere Welt ist notwendig und möglich mit anderer Ökonomie, einem anderem Verhältnis zur Umwelt, anderen Sozialformen, anderen zivilpolitischen Partizipationsformen. Und auch andere Kirchen- und Pastoralformen werden gesucht und auch schon praktiziert. Ich hoffe, wir sind in diesem Symposion dabei etwas weiter vorangekommen.

**Und: mehr als Worte sagt ein Lied ...**

„Wer singt, betet doppelt!“, sagte schon Augustinus. So will ich schließen mit einem Lied, das inzwischen fast zur Hymne der kirchlichen Basisgemeinden geworden ist: „Iglesia Bonita“, „liebenswerte Kirche“. Bei Teamsitzungen, Arbeitskreisen, Workshops oder was auch immer, wird es fast immer als Teil des Abschlusses gesungen. Alle stehen auf, reichen sich die Hände und singen mit Inbrunst:

„Liebenswerte Kirche“.

*Iglesia sencilla, semilla del reino;*
*iglesia bonita, corazon del pueblo.*
*Bescheidene Kirche, des Gottesreichs Samen,*
*liebenswerte Kirche, Herz des einfachen Volkes.*
1. – *Como nace la flor más bella / muy lentamente en la oscuridad*
*hoy renace de nuevo la iglesia / toda engalanada de fraternidad*
*El dolor de los oprimidos / le está doliendo en el corazón*
*y recobra su fuerza de siglos / para conquistar nuestra liberación.*
*Wie die schönste aller Blumen / langsam wächst in der Dunkelheit,*
*so wächst heute erneut die Kirche / geschmückt in Geschwisterlichkeit.*

*Der Schmerz der Unterdrückten / schmerzt ihr im Herzen*
*und gewinnt erneut ihre uralte Kraft / um unsere Befreiung zu gewinnen.*
2. – *En tus manos está la esperanza / De las barriadas de la ciudad*
*Y en el campo muy de mañana / Tu voz es signo del despertar.*
*Eres eco de los profetas / Eres reflejo del salvador*
*eres árbol que a diario florea / Porque su retoño es la herencia de Dios.*
*In deinen Händen ist die Hoffnung / der Elendsviertel unserer Stadt.*
*Und auf dem Land ganz früh / Deine Stimme ist der morgentliche Weckruf.*
*Du bist das Echo der Profeten / Du bist der Spiegel des Erlösers.*
*Du bist der Baum der täglich blüht / denn seine Zweige sind Erbschaft Gottes.*
Amen! So sei es! Aleluja!

**Literaturtipps**

Aparecida 2007. Schlussdokument der 5. Generalversammlung des Episkopats von Lateinamerika und der Karibik. Bonn 2007

Bravo, Benjamín; Vietmeier, Alfons (Hg.), Gott wohnt in der Stadt. Dokumente des Internationalen Kongresses für Großstadtpastoral in Mexiko. Münster 2007

Collet, Giancarlo, Weltweites Christentum in der Neuzeit und Vielfalt der Weltkirche. In: Bischof, F. X. et al, Einführung in die Geschichte des Christentums, Freiburg 2012

Hennecke, Christian, Glänzende Aussichten – Wie Kirche über sich hinauswächst. Münster 2010

Steinkamp, Hermann, Diakonie statt Pastoral. Ein überfälliger Perspektivenwechsel. Münster 2012

Vietmeier, Alfons, Pfarrei eine Gemeinschaft von Gemeinden. Mexikanische Erfahrungen und Diskussionen zur Gemeindeleitung durch Laien. In: Böhnke, Michael; Schüller, Thomas (Hg.), Gemeindeleitung durch Laien? Internationale Erfahrungen und Erkenntnisse. Regensburg 2011

**Alfons Vietmeier,** Diplomtheologe und Supervisor, lebt und arbeitet seit 30 Jahren in Mexiko. Erwachsenenbildner und Praxisbegleiter für kirchliche und zivile Erneuerungsprozesse mit den Schwerpunkten: Strategieplanung, Großstadtpastoral, Sozialpastoral, Solidarische Wirtschaft.

**Franz Weber**

# (Eindrücke und Rückblicke) – Wahrnehmungen und Ermutigungen

Die hier in knapper Form zusammengefassten Wahrnehmungen verstehen sich nicht als Prozessanalyse und wollen auch keine umfassende Evaluierung oder thematische Zusammenfassung bieten. Sie sind ein Versuch, dieses Symposion als ein Ereignis von Kirche theologisch und geistlich zu deuten.

- *Es war ein Symposion besonderer Art, auf dem die Einheit von Spiritualität, Theologie und Pastoral greifbar und konkret wurde.*
- *Ein solches Zusammentreffen darf bei allem methodischen und theologisch-wissenschaftlichen Bemühen als geistliches Ereignis verstanden werden: Was sich auf ihm an gegenseitiger Wahrnehmung, an Kommunikation, an Erkenntnis- und Lernprozessen ereignet, ist in einem tiefen Sinn Gnade und Geschenk des Geistes, der in den Charismen von Frauen und Männern, in ihren Glaubens- und Gemeindeerfahrungen am Werk ist und sich mitteilt.*
- *Das II. Vatikanische Konzil hat in seiner ekklesiologischen Vision der Kirche als Volk Gottes, das „in allen Völkern der Erde wohnt" (Kirchenkonstitution n. 13) von „einer innigen Gemeinschaft der geistigen Güter" zwischen den einzelnen Teilkirchen der Weltkirche gesprochen, die hier durch die Mitteilung von Kirchen- und Gemeindeerfahrungen durch einen Bischof aus Papua Neuguinea bzw. aus Südafrika, durch die VertreterInnen aus Frankreich und durch TeilnehmerInnen aus verschiedenen*

*Bistümern des deutschen Sprachraumes greifbar wurde. Dieses Symposion war damit konkret erlebbare weltkirchliche Lerngemeinschaft. Der von Missio angestoßene Prozess der Wahrnehmung der „Kleinen Christlichen Gemeinschaften" in anderen Ortskirchen hat damit eine gezielte Fortsetzung gefunden.*

- *In einer Situation, in der in manchen Kreisen Grundaussagen des II. Vatikanums explizit in Zweifel gezogen oder in der pastoralen Praxis durch eine besorgniserregende Klerikalisierung kirchlichen Lebens in ihr Gegenteil verkehrt werden, war dieses Symposion ein klares Bekenntnis zur Kirche als „Volk Gottes" und als „Communio" und zum allgemeinen Priestertum aller Gläubigen.*
- *Dieses Symposion war glaubwürdiger Ausdruck positiv-loyaler Kirchlichkeit, in der inmitten einer um sich greifenden Glaubwürdigkeitskrise viel Freude an der Kirche spürbar wurde. Es wird für die Weitergabe des Glaubens in einer säkularisierten Gesellschaft von entscheidender Bedeutung sein, welches Kirchenbild wir selbst in uns tragen, ob wir uns an einer „Jammergestalt Kirche" wundreiben oder durch unser Tun leibhaft eine Hoffnungsgestalt Kirche verkörpern, die auch zweifelnde und nach spiritueller Beheimatung suchende Menschen in ihre Gemeinschaft einlädt.*

Ich habe dieses Symposion als ein Ereignis erlebt, das Mut zum Glauben und zur Kirche gemacht hat. Mehr denn je brauchen wir heute ermutigende Erfahrungen von Kirche und christlicher Gemeinde. Wozu hat dieses Symposion konkret Mut gemacht?

- *Es hat Mut gemacht zu einem klaren und eindeutigen Ja zu dieser katholischen Kirche, die fürwahr keine „vollkommende Gesellschaft" und kein himmlisches Jerusalem darstellt, sondern auf Schritt und Tritt Kirche im Pilgerkleid mit Staub an den Füßen und Schuld an den Händen, die Kirche der Sünder ist und bleibt, die immer wieder neu der Umkehr und Vergebung bedarf.*

- *„Es ist, was es ist, sagt die Liebe." – „Auf ihrem Weg durch Prüfungen und Trübsal wird die Kirche durch die Kraft der ihr vom Herrn verheißenen Gnade Gottes gestärkt, damit sie in der Schwachheit des Fleisches nicht abfalle von der vollkommenen Treue." (II. Vatikanisches Konzil, Kirchenkonstitution, n. 9) – Gott hält uns auch dann die Treue, wenn wir dem Evangelium untreu werden, wenn diese Untreue erkannt und benannt und nicht durch eine triumphalistische Selbstgefälligkeit übertüncht wird.*
- *Dieses Symposion hat Mut gemacht zu einer im pastoralen Alltag der Gemeinden gelebten Communio zwischen denen, die in der Kirche verschiedene Ämter und Dienste wahrnehmen. Es gilt der Versuchung zum Klerikalismus zu widerstehen.*
- *Es bedarf des Dialogs mit unseren Bischöfen, die oft in Spannungsfeldern stehen, die sie einsam machen und an die Grenzen der Belastbarkeit führen. Es braucht eine partnerschaftliche Pastoral, in der Priester und Hauptamtliche nicht zu Herren über den Glauben ihrer Gemeindemitglieder sind, sondern Helfer zu deren Freude (2 Ko 1,24). Priester und Diakone, PastoralreferentInnen und Gemeindehelferinnen haben es heute besonders nötig, sich von ihren Geschwistern im Glauben mittragen und beschenken zu lassen. Eine „einsame", lebens- und gemeindeferne priesterliche Amtsspiritualität, die nicht auch aus der Quelle spirituellen geistlichen Austausches und tiefer menschlicher Begegnung lebt, führt in die Isolierung und entfernt den Priester von „Freude und Hoffnung, Trauer und Angst der Menschen von heute" (Pastoralkonstitution n. 1).*
- *Dieses Symposion war ein klares Bekenntnis zur Ortskirche und zu einer lokalen Kirchenentwicklung. Notwendige Strukturprozesse in den einzelnen Bistümern dürfen und müssen auch hinterfragt werden, wo sie den Gläubigen das Recht auf eine lokale Beheimatung in der Kirche nehmen. Die Kirche muss in einem guten Sinn „im Dorf bleiben", ohne dass eine Gemeindeentwicklung verhindert wird, in der die Offenheit für größere Lebens-*

*und Seelsorgeräume einzuüben ist. Es bedarf der Förderung neuer Orte, an denen Kirche als Gemeinschaft erfahrbar wird.*

- *Dieses Symposion macht Mut zu einer partizipativen, charismenorientierten, synodalen Pastoral, die auf einem Miteinander von Tauf- und Weihepriestertum aufbaut und von Hauptamtlichen und Ehrenamtlichen gemeinsam wahrgenommen wird. Dieses Miteinander lebt im Gemeindealltag aus der Anerkennung und Wertschätzung der Vielfalt geistlicher Berufungen. „Es gibt verschiedene Gnadengaben, aber nur den einen Geist. Es gibt verschiedene Dienste, aber nur den einen Herrn“ (1 Kor 12,4).*
- *Wir werden auch in der katholischen Kirche nicht an einem Weiterdenken der Frage der Zulassungsbedingungen zum Priesteramt vorbeikommen, wenn wir unseren Gemeinden nicht Sonntag für Sonntag die Kraftquelle des zentralen Lebensgeheimnisses der Eucharistie erschließen, die in unzähligen kleinen und größeren Gemeinden der Weltkirche aus Mangel an geweihten Amtsträgern am Sonntag nicht mehr gefeiert werden kann. Hier leidet die Kirche – in einem strikten ekklesiologischen, sakramenten- und gemeindetheologischen Sinn – an einer tiefen Wunde, die der Heilung bedarf.*
- *Dieses Symposion hat vielleicht zu wenig bewusst gemacht, dass christliche Gemeinde immer auch welt- und menschenoffene, diakonisch-solidarische Gemeinde zu sein hat. Neben der Gegenwart Jesu in Wort und Sakrament gibt es auch seine „Realpräsenz“ in den „Armen und Bedrängten aller Art'“ (Pastoralkonstitution n. 1) . Deshalb „umgibt die Kirche alle mit ihrer Liebe, die von menschlicher Schwachheit angefochten sind, ja in den Armen und Leidenden erkennt sie das Bild dessen, der sie gegründet hat und selbst ein Armer und Leidender war“ (Kirchenkonstitution, n. 8). An der tatkräftigen Aufmerksamkeit für menschliche Not entscheidet sich letztlich auch die Glaubwürdigkeit lokaler Kirchenpräsenz und Kirchenentwicklung.*

Dieses Symposion hat auf beeindruckende Weise gezeigt, dass Kirche dort zum „Zelt Gottes unter den Menschen“ wird, wo sie an einem Ort „Sakrament“, das heißt „Zeichen und Werkzeug der innigsten Vereinigung mit Gott und mit der ganzen Menschheit“ (Kirchenkonstitution n. 1) ist und als Hoffnung stiftende und Heimat schenkende Gemeinschaft erfahrbar wird. Kirche verwirklicht sich nicht im luftleeren Raum. Sie schwebt nicht über den Wolken. Sie ist eine Kirche „mit den Füßen auf dem Boden“ (Clodovis Boff), die immer zuerst Ortskirche ist und sich an einem bestimmten Ort, in einer bestimmten Kultur und Lebenswelt „inkulturiert“ und in und durch Menschen aus Fleisch und Blut leibhaftig Gestalt annimmt. So „geht Kirche“ und sie bleibt nur dort am Leben, wo sie zum Leben der Menschen kommt. In diesem Sinn gibt es keine Alternative zu einer Lokalen Kirchenentwicklung, für die dieses Symposion beeindruckende Beispiele vorgestellt hat.

Christian Hennecke

# Kirche geht weiter – Schlusswort

## Den Spielraum nützen

Die Erzählung ist und bleibt beeindruckend: Jesus kehrt zurück in sein Dorf, nach Kafarnaum, und er heilt. So viele wollen geheilt werden, dass es ein großes Gedränge vor der Tür gibt. Und nun der Mann auf der Bahre. Die vier Männer, die ihn zu Jesus bringen wollen, haben kein Durchkommen. Sie sind zu spät … und finden doch eine kreative Lösung. Sie steigen aufs Dach, öffnen es, lassen den Kranken direkt vor Jesus herunter. Und er wird geheilt, denn Jesus sieht den Glauben dieser vier. Den Glauben, der die Spielräume nützt, der riskiert und wagt.

Kirche geht weiter. Die Umbrüche und der Wandel sind unverkennbar. Der Geist Gottes ist dabei, ihr Angesicht zu erneuern. Kirchenentwicklung ist zunächst einmal sein Werk, das durch begeisterte Akteure und mutmachende Experimente sichtbar wird. Das haben wir in Lingen erlebt. Nicht nur in Lingen, an vielen Orten darf man die Erfahrung machen, dass Menschen mit hoher Kompetenz, tiefer spiritueller Sehnsucht, echtem und glaubwürdigen Engagement für die Nächsten und mit viel Leidenschaft Kirche weiterentwickeln. Das ist keine Frage von Alter und Milieu, das ist Glaube.

Wer solche Aufbrüche sieht, den überkommt zuweilen eine bange Sorge: Wird dieser Weg gelingen? Wo werden die Grenzen und Hindernisse sein? Denn viele Fragen liegen in der Luft: Lokale Kirchenentwicklung stellt in neuer Weise die Frage nach ökumenischer Spiritualität und Diakonie – und damit auch die Frage nach örtlichen Gemeinschaften, die gemeinsam aus dem Wort die Kirche am Ort beleben. Wie ist die gemeinsame Verantwortung für örtliche Gemeinden im sakramentalen Ermöglichungsraum der Pfarrei zu gestalten – und das Zueinander der verschiedenen Orte? Welches ist die Rolle der Pfarrer und ihrer hauptberuflichen Mitarbeiterinnen und Mitarbeiter? Und wenn sich die Kirche als ein Gefüge örtlicher Gemeinden und Orte kirchlichen Lebens darstellt, wenn also eine plurale Buntheit kirchlicher Gestaltwerdungen vor uns liegt – welche Bedeutung wird dann die Eucharistie haben, die ja innerste Mitte des Kircheseins ist?

## Theologische Spielräume

Hinter diesen Fragen stehen wesentliche theologische Vergewisserungen. Und das ist die erste Herausforderung für die Zukunft: Die dogmatische Tradition der Kirche gerät in ein neues Licht, wenn neue Erfahrungen und neue Ekklesiopraxis das Kirchesein prägen. Hier braucht es eine theologische Weiterarbeit. Sie kann nicht rein akademisch sein: Die Erfahrungen Lokaler Kirchenentwicklung weltweit sprechen da eine andere Sprache. Sie verweisen auf einen neuen Stil der Theologie, der anknüpft an den Weg der Kirchenväter: Praxis, Spiritualität und Theologie sind hier ursprünglich verbunden. Es ist eine gelebte Theologie, es ist eine betende Theologie und Praxis, die hier neue Erkenntnisse und überraschende Einblicke ermöglicht. Es wäre auch in Europa Zeit für ein solches Ressourcement und ein tief eingegründetes Aggiornamento der Theologie.

Sie bewegt sich nicht an den Rändern, sondern in der Mitte. Und damit nützt sie kreativ Spielräume, die die Lehre der Kirche und auch das Kirchenrecht ja ermöglichen will. Es geht also nicht um Zulassungsbedingungen, es geht nicht um sakramentalen Ungehorsam, es geht aber auch nicht um ein lustloses und überfordertes Weiter so. Es geht um ein kirchliches Denken, das gehorsam und Schritt für Schritt mit Mut und Vertrauen kirchliche Spielräume eröffnen will.

## Der Spielraum der Taufwürde

Lokale Kirchenentwicklung gründet in der Taufwürde und der Neuentdeckung des gemeinsamen Priestertums aller Gläubigen. Damit ist ganz gewiss die theologische und spirituelle Tiefe des II. Vatikanums angerührt. Aber hier liegt auch eine Herausforderung. Wir dürfen nicht zurückfallen in einer merkwürdige Theologie des „opus operatum", so wahr die Sakramententheologie dies auch formuliert: Wer getauft ist, hat die Würde des Gotteskindes. Doch gleichzeitig gilt: Jüngerschaft ist kein abgeschlossener Status, Taufwürde kein seliger Besitz.

Was wir weltkirchlich lernen können und was einen einfach nur staunen läßt, das ist die Konsequenz weltkirchlicher Pastoralentwicklung an diesem Punkt: Die Energie und die Ressourcen, die Ortskirchen weltweit in Wachstumsprozesse der Jüngerschaft einbringen, fordern uns zu einer tiefen Neuorientierung heraus. Taufwürde wird nur dann fruchtbare Grundlage einer örtlichen Kirchenentwicklung, wenn alle Energie aufgewandt wird, Jünger auf ihrem Wachstumsweg zu begleiten, mit ihnen gemeinsam die Frohe Botschaft zu vertiefen und ihre Gaben zu entfalten.

Unterbleibt dies in der Routine eines volkskirchlich geprägten Fortbildungsmarkts, wird die Potentialität dieses Ansatzes einer lokalen Kirchenentwicklung nicht ins Leben gebracht. Und dann riskiert der Fokus auf die Taufwürde abstrakt zu bleiben.

So ergibt sich ein zweites Desiderat: Wie kann es eigentlich gelingen, Kompetenz und Glaubenswachstum als fortlaufenden Wachstumsprozess zu begleiten. Denn in der Tat gilt: Der Ansatz bei einer Lokalen Kirchenentwicklung ist keine Einladung, einfach Freiräume der Fortführung des Überkommenen zu schaffen, die letztlich Leerräume der Vernachlässigung sind. Er zielt vielmehr auf wirkliche Entwicklung, auf echte Wachstumsprozesse des Christseins.

Das ist um so bedeutsamer, als in Zukunft immer mehr Menschen erste Erfahrungen des Kircheseins machen werden, die noch nicht die Chance hatten, in das Geheimnis des christlichen Glaubens hineinzuwachsen. Prozesse des Christwerdens sowohl derer, die schon getauft sind als auch derer, die gerne diesen Weg gehen wollen – das ist die eigentliche Bildungsherausforderung an unsere Kirche. Ohne diese deutliche Option wird Kirche nicht wachsen, wird der Spielraum nicht genützt, den die Taufe eröffnet. Und dann droht eine Vernachlässigung, die fahrlässig zu einer Verflachung der Kirchwerdungsprozesse führt, sie im bloßen Aktivismus, in einer ekklesiologischen Unterbestimmung und einer diakonischen wie spirituellen Ratlosigkeit beläßt. Alles heutige Klagen über zweifellos beklagenswerte Tendenzen in dieser Hinsicht fallen – aus dieser Perspektive – auf ihre Urheber zurück: denn es ist gerade jener Ausfall einer durchdachten personenbegleitenden wie ekklesialen Formation, die doch in der Verantwortung der Ortskirche liegt.

### Spielraum für Entwicklungsprozesse

Der beeindruckende Beitrag von Bischof Gilles Coté aus Papua Neuguinea macht noch einmal eines deutlich: Wer immer Kirchenentwicklung ernst nimmt, trifft eine weitreichende Entscheidung. Es reicht ja nicht, dass ein kluger Bischof – und das ist Gilles Coté – eine gute pastorale Idee umsetzen will. Wer immer einen pastoral nachhaltigen Prozess will, der kann gar nicht anders als im Schritttempo des Volkes Gottes gehen – und der wird alles tun, um zu einem gemeinsamen Prozess zu kommen.

Wer also die Frage nach Partizipation und Taufwürde, nach gemeinsamer Verantwortung und Charismenorientierung, nach Lebensraumorientierung und verantwortlicher Spiritualität in diesen Entwicklungsweg des ihm anvertrauten Volk Gottes einbringen und gestalten will, der wird eher in längeren Entwicklungsbögen denken und handeln. Er wird es vor allem ermöglichen, dass die Impulse, die er setzen möchte, sich im Dialog entfalten dürfen – und sie so bereichern: die Mitverantwortung des ganzen Volkes Gottes und sein „sensus fidelium" wird so aktiviert und fruchtbar ins Spiel gebracht.

Dabei zeigt sich eines deutlich: Entwicklungsprozesse der Diözesen wie Pfarreien sind ja Mitwirkungsprozesse am Handeln des Geistes Gottes in seinem Volk. Und deswegen leben sie aus der Wahrnehmung von Krisen wie Bedürftigkeiten: Sie sind häufig der Ort, an dem in gemeinsamer Verantwortung neue Impulse erwachsen können (vgl. Apg 6, 1–7).

Den Spielraum für solche Prozesse gibt es. Aber nützen wir diese Spielräume? Und haben wir den Mut, uns auf einen verheißungsvollen, aber nach vorne nicht abschließbaren Weg einzulassen? Mit anderen Worten: Sind wir bereit, an einem Dom zu bauen, dessen Bauplan sich erst Stück für Stück erschließt, und dessen Einweihung ein eher eschatologisches Moment ist?

Ganz gewiß: Gott erneuert seine Kirche auch ohne unser Mitwirken. Dennoch: Er möchte zweifellos, dass wir mitbauen. Wenn in Zeiten der gewachsenen Volkskirche der Bau schon fast vollendet schien, so sind wir heute mehr denn je herausgefordert, uns auf die hohe Kunst einer partizipativen Prozesslogik einzulassen.

## Spielraum für die Entwicklung kirchlicher Orte

Es gab und gibt – und das war auch auf diesem Symposion zu spüren – eine echte Verwirrung, was die Rede von Sozialformen in der Kirche angeht. Da werden fast deckungsgleich Pfarrei und Gemeinde benannt, da wird Gemeindeleitung und sakramentale Leitung durch den Pfarrer bunt gekreuzt. Wo immer dies geschieht, verengen sich Spielräume. Sie weiten sich, wenn man theologisch klar argumentiert und entsprechend handelt.

Dann zeigt sich zunächst einmal, dass die katholische Ekklesiologie und das kanonische Ermöglichungsrecht gar nicht jener ekklesialen Monokultur entspricht, mit der wir uns zur Zeit in depressiver Resignation üben. Denn dann, wenn Pfarreien zu sogenannten XXL Pfarreien zusammengeführt werden, oder Seelsorgeeinheiten gebildet werden, dann verwechselt man Kirchenentwicklung häufig mit zweifellos notwendiger, theologisch notwendiger Strukturentwicklung. Nun ist ohne Zweifel die Bewahrung der sakramentalen Struktur der Kirche ein wesentliches Element der Kirchenentwicklung, aber wir dürfen aus den Erfahrungen des vergangenen Jahrzehnts ja auch lernen, dass diese sakramentale Grundgestalt, die uns mit der Pfarrei gegeben ist, die ermöglichende Dimension jener Entwicklung sein will, die das ganze Volk betrifft.

Dort wurde also unreflektiert Widerstand und Ärger erzeugt, wo die Zusammenführung von Pfarreien auch eine Zusammenführung der Gemeinden mitmeinte: Doch niemand hat das Recht, die gewachsene örtliche Tradition des Volkes Gottes, ihr Leben als Gemeinschaft der Glaubenden, aufzulösen und zu fusionieren, zumal Gemeindebildung ja die lange Wirkungsgeschichte der sakramentalen Ekklesiogenesis ist. Und zugleich gehört es zu der Wirkungsgeschichte des sakramentalen Handelns Gottes, wenn in Zukunft Kirche wächst: Frische Ausdrucksformen der Kirche, „fresh expressions of church", können auch hier wachsen, ja sind schon da, wenn man hinschaut.

Zu fördern, dass Schulen, Kindergärten, Familienbildungsstätten, Verbände, geistliche Gemeinschaften, Basisgemeinden als Orte kirchlichen Lebens erfahren werden, das ist sicher eine der vornehmsten Aufgaben sakramentaler Leitung: Das würde bedeuten, geduldig zusammen mit den vielen Christen an einem glaubwürdigen und vielfältigen Netzwerk zu wirken, dessen Mitte der eucharistische Christus ist: Quelle und Zielpunkt aller Entwicklung des Kircheseins.

Zur Verantwortung des sakramentalen Dienstes an der Einheit gehört es dann aber auch, auf die Spielräume des Werdens hinzuweisen: In einer Welt der evangelisierenden Kreativität ist zu hoffen und zu erwarten, dass gerade für die vielen Zeitgenossen, die sich auf den Weg machen zu ihrer Begegnung mit Christus, wahrscheinlich vielfältige Wege kirchlicher Gemeinschaft erforderlich werden.

Zu fördern ist aber auch die Entwicklung eucharistischer Gemeinden: Die Erfahrungen der jüngsten Zeit zeigen, dass Kirche sich eben genau dort in neuen Formen zeigt, wo Christen in eucharistischer Leidenschaft und Hingabe sich auf „Freude und Hoffnung, Trauer und Angst der Menschen, besonders der Armen und Bedrängten jedweder Art“ (Gaudium et spes 1) einlassen.

## Kirche geht weiter – eine umfangreiche Agenda

Die uns zugespielten Räume zu nutzen, das ist nicht nur eine Möglichkeit, sondern eine innere Notwendigkeit. Im Blick auf die Heilungsgeschichte, die am Anfang unserer Überlegungen begleitete, ist dies eine Glaubensfrage: Glauben wir, dass Gott seine Kirche ins Gehen bringt, dann sind wir zur kreativen Mitwirkung eingeladen. Es zeigt sich dann, dass wir einen Ortswechsel wagen und riskieren müssen, um kreativ und neu jenem zu begegnen, der uns in Bewegung bringen kann.

Das ist eine anspruchsvolle Herausforderung: Theologie der Kirche neu zu denken, im Gehorsam zur großen Tradition der Kirche, und zugleich in der Inspiration neuer Erfahrungen des Geistes Gottes; Spiritualität und Bildung der Getauften neu zu wagen, nicht als überwältigenden sondern als dienenden Prozess; pastorale Prozesse zu riskieren, die neues ermöglichen und schließlich offen zu werden für das vielgestaltige Gefüge ekklesialer Orte, die nur zusammen und mit allen gemeinsam in IHM Kirche sind.

Hier kristallisiert sich auch noch einmal heraus, dass diese kirchliche Entwicklung zu einem tieferen Verständnis des sakramentalen Dienstamtes und dann auch überhaupt aller pastoralen Beruflichkeit führt: der sakramentale Dienst der Leitung, Heiligung und Verkündigung bedarf einer neuen Perspektive. Auch hier scheint es so, als wären die Intutitionen des Konzils, wie sie sich in Lumen Gentium, in Optatam Totius und Presbyterorum Ordinis zeigen, noch lange nicht ausgeschöpft. Vielleicht gerade gilt umgekehrt: Sie beginnen neu zu leuchten in jenem Kairòs, den Gott uns heute zumutet.

Der Kongress „*Kirche geht*“ wird weitergehend theologisch reflektiert in einem Sammelband, den in Bälde V. Dessoy herausgeben wird. Verwiesen sei auch auf die Veröffentlichungen auf der Homepage
**www.futur2.org.**